共生共赢
大学与城市良性互动

周能寿　张付安　著

中国原子能出版社

图书在版编目（CIP）数据

共生共赢：大学与城市良性互动 / 周能寿，张付安著. —北京：中国原子能出版社，2022.8（2025.3 重印）

ISBN 978-7-5221-2119-2

Ⅰ. ①共… Ⅱ. ①周…②张… Ⅲ. ①高等学校–关系–城市经济–发展–研究–世界 Ⅳ. ①G649.1

中国版本图书馆 CIP 数据核字（2022）第 169228 号

共生共赢 大学与城市良性互动

出版发行 中国原子能出版社（北京市海淀区阜成路 43 号 100048）
责任编辑 张书玉
装帧设计 崔 彤
责任校对 冯莲凤
责任印制 赵 明
印 刷 北京天恒嘉业印刷有限公司
经 销 全国新华书店
开 本 787 mm×1092 mm 1/16
印 张 12.5
字 数 266 千字
版 次 2022 年 8 月第 1 版 2025 年 3 月第 2 次印刷
书 号 ISBN 978-7-5221-2119-2 定 价 **75.00** 元

网址：**http://www.aep.com.cn** **E-mail：atomep123@126.com**
发行电话：**010-68452845**

前 言

大学与城市共生共长，相得益彰。大学与城市都是人类社会发展到一定程度的产物，两者互为联系、互为促进。大学的发展需要城市的滋养，大学的发展使城市更有底蕴；城市的发展需要大学的知识和人才支撑，城市的发展使大学更具魅力。

大学与城市的互动是一个循序渐进、逐步深化的过程，总体上经历了从自发的互动到互动的自觉，从你就是你、我就是我到你中有我、我中有你的发展阶段，并一定将走向两者共生共赢的发展新阶段。

在农业经济时代，农业和手工业生产主要依靠“师傅带徒弟”式的经验传授，对高深知识、高新技术的需求不高，高等教育是游离于经济社会发展之外的“象牙塔”。在工业经济时代，自动运转的机器逐步代替了双手劳作，为了推进经济社会发展，社会需要高深知识、高新技术，高等教育逐步参与经济社会发展，为工业生产提供人才支撑、技术支持等，但仍处于经济社会发展的边缘；到了知识经济时代，高等教育的地位有可能成为经济以至整个社会的中心[①]。在知识经济时代，知识是第一生产力，知识成为城市发展的引擎，城市发展亟须基于区域特色谋求新知识的发现及转化，形成独具区域特色的产业发展形态。大学的诞生及其演变是一部围绕知识发现、传播、转化与应用的发展史，时至今日，大学既是以“闲逸的好奇”精神追求知识的“象牙塔”，也是以知识推动国家和社会发展的发动机，已从经济社会发展的边缘，逐步走向了经济社会发展的中心。在知识经济时代，大学的作用及对大学的评价都将发生重大变化，正如英国牛津大学校长约翰·胡德所言：“评价优秀大学，不光要看它有多少学术研究成果，还要看它是否对社会的发展起到推动作用。”大学走出“象牙塔”，大踏步迈进社会发展的中心，特别是城市发展的中心，是时代的呼唤，也是大学职能实现的需要，更是城市高质量发展的现实需要。

巍巍城池、庠庠太学。一直以来，大学与城市有着千丝万缕的联系，在人类文明演进进程中互为依存，互为促进。大学这个组织自诞生之日起，就与其所在的城市的发展密不可分，彼此之间同呼吸共命运，在彼此孕育中互促发展，大学在获取城市的资源支持外，深知城市的发展渊源及其所求，并能以自己所拥有的知识、人才反哺城市的发展，从美国的硅谷、128 号公路，到中国的中关村，都是现实的例证。正如潘懋元先生所言，

① 潘懋元．潘懋元论高等教育［M］．福州：福建教育出版社，2000.

高等教育，尤其是大学成为经济社会的中心，主导经济与社会的发展，将是一种可能的趋势。正因为此，大学与城市良性互动既有了学术研究的需要，也有了现实发展的需要，是一个值得深入研究、审视和考察的话题。从学术界研究的现状来看，大学与城市互动的话题已成为学术界关注的重点话题之一。2005 年，复旦大学举行了一场大学校长论坛，来自世界各国 150 多所大学的校长围绕“大学与城市互动发展”这一话题，从“高等教育与城市文明、文化的相互影响”“大学与当地政府决策、社区建设的相互关系”和“成果转化、创业精神”三大主题展开了热烈讨论。2020 年 11 月，第 55 届中国高等教育博览会在长沙举办，以“服务新发展格局　开启高教新征程”为主题，隆重发布了“城市与高校协同发展指数框架”，举办以“共生，共兴，共荣”为主题的首届中国城市与高校发展论坛，以“城市与高校：可持续、高质量发展”为主线展开研讨。2021 年，第 56 届中国高等教育博览会在青岛举行，举办了以“融合、创新、共赢”为主题的第二届中国城市与高校发展大会，设置“高校科技创新与创新城市建设”和“高等教育现代化与城市治理体系和治理能力现代化”两个论坛。

目前，出现了一些研究大学与城市的著作，如约翰·戈达德与保罗·瓦斯兰的《大学与城市》、张德祥的《大学与城市互动发展论》、李志红的《大学与城市互动研究》、郄海霞的《高校与城市互动机制比较研究》等代表性著作。

本书从高等教育哲学为出发点，以生物学视角的共生理论、社会学视角的三螺旋理论、管理学视角的资源依赖理论等为基点，着力研究大学与城市这两个社会组织的良性互动，包括良性互动的理论基础、逻辑基础，基于对国内外大学与城市互动发展历程以及对美国、欧洲、日本、俄罗斯等国家的大学与城市互动案例的考察，对大学与城市良性互动的模式进行分析，提出大学与城市实现良性互动的策略。

本书共由八个部分组成。

第一部分，绪论。主要回答大学与城市互动的由来与初衷，结合文献综述，对大学与城市互动研究的历史进程、研究现状进行概述。

第二部分，大学与城市良性互动的理论基础。本部分内容，基于多学科视角，分别从哲学、生物学、社会学与管理学等视角，阐述大学与城市良性互动的理论基础。

第三部分，大学与城市良性互动的逻辑基础。本部分从大学与城市的使命、功能及发展前景出发，找出大学与城市共生共赢发展的逻辑起点。

第四部分，大学与城市互动发展历程。坚持历史的观点，对国内、国外大学与城市互动的发展历程进行归纳分析。

第五部分，大学与城市良性互动的国外考察。本部分重点介绍美国、欧洲、日本和俄罗斯等国外大学与城市互动的案例，并在分析的基础上对大学与城市良性互动的新趋向进行阐述。

第六部分，大学与城市良性互动的模式研究。提出大学与城市良性互动的三种行为模式：以高校为主导的学术驱动模式、以城市为主导的政府推动模式、以企业为主导的市场引领模式。

第七部分，大学与城市良性互动的策略研究。本部分对大学与城市实现良性互动的阻力因素进行分析，基于共生理论，按大学与城市良性互动共生单元（大学、政府、企业）所发挥作用情况，分析大学与城市良性互动共生的组织模式和行为模式，为大学与城市良性互动提出对策与建议。

第八部分，结论与展望。

在写作过程中，参考和借鉴了众多学者的优秀成果以及网络资源，在此向各位专家学者表示衷心感谢，恕不一一列出。本书的写作过程中得到了浙江农林大学郑凌峰、任俊俊、刘畅等同事的大力支持，在此深表谢意！

本书的出版得到了2022年度浙江省高等教育协会高等教育研究项目“地方高校与城市共生发展机制的构建研究”（编号KT2022091）、2021年度教育部产学合作协同育人项目“数字经济时代产教融合协同育人路径研究”（编号202102629142）、中国珍珠学院教育教学研究项目“新文科背景下创新创业精品案例开发及在中国珍珠产业学院的应用研究”（PCC2022JYB13）、2021年度浙江省教育厅科研项目“共生视角下农林院校产教融合模式及实现路径研究”（编号Y202147239）的项目资助。在此致谢。

大学与城市互动发展是一个永恒话题，本书仅仅是研究的一个开端，只能代表初步和局部的研究成果。在写作过程中，深感压力与不安，努力以新思想、新体系和新面孔展现在读者面前。然而，由于自身学术水平有限，仍有不少不尽如人意的地方，敬请读者批评指正，不吝赐教。

浙江农林大学　周能寿

于杭州西郊临安东湖畔

2022年6月6日

目　录

第一章

绪　论

大学与城市都是人类文明的伟大成果。大学聚集人才、培养人才、传播知识与科技，是人类精神的重要家园。城市是人类生产生活的聚集地，为人类提供舒适、便利、安全的生存环境。长期以来，大学与城市之间的互动一直是学者关注的话题，探索大学与城市互动的过程、模式和策略是一种富有创造性并具有一定指导意义的重要尝试。

第一节　问题的由来

大学的发展经历了游离于社会发展之外、处于社会发展的边缘和走向社会发展的中心三个阶段，大学的职能也由单纯的人才培养，到人才培养与科学研究兼备，再到目前普遍认可的人才培养、科学研究和社会服务三大职能。从大学发展的阶段及大学职能的历史演变来看，大学与城市的关系都在不断发展、更加密切，在大学与城市彼此之间的促进以及对经济社会的发展作用等都愈加凸显。正是由于大学发展历程的不断演变、大学职能的不断延伸，大学才实现了从传授高深学问的“象牙塔”到成为社会的“服务站”的转变，也为大学与城市的交流与互动提供了可能。

一、缘起：理论与现实

1. 大学组织的兴起

关于大学组织的起源，学术界有很多种观点，最远的可以追溯到古埃及、古印度和中国古代。但学术界较为认可的是，近现代大学起源于中世纪，一般认为，1088 年意大利建立的第一所正规大学——博罗尼亚大学（意大利文：Università di Bologna；英文：University of Bologna），是世界范围内广泛公认的、拥有完整大学体系并发展至今的第一所大学，被誉为“世界大学之母”，与法国巴黎大学、英国牛津大学和西班牙萨拉曼卡大学并称欧洲四大古老名校。促使近现代大学产生的根源在于中世纪城市的发展以及经济贸易的兴起，为大学的产生创造了客观条件。10 世纪至 11 世纪，经济社会快速发展，城市开始复兴。城市的复兴，不仅创造了丰富的物质条件，也为人民追求丰富的精神生活孕育了土壤。随着城市的出现，出现了商业和手工业等职业，行会开始形成。行会是手工业者或商人为了保护自身的利益，联合起来对付封建势力的侵犯以及防止外来竞争而建立起来的组织①。行会不仅是生产组织，也具有军事、宗教和互助组织的性质。行会组织为最初大学的形成提供了制度上的参照。欧洲中世纪大学的产生，就与当时的宗教教育有着密切的联系，当时大学践行的理念是追求一种超国界的精神世界，以教化人的心灵为目的。

世界范围内的现代大学，起源于 19 世纪初，是指启蒙运动以后经过理性主义改造，特别是指以德国洪堡创办的柏林大学为代表的新型大学。一般认为，1809 年德国柏林大学的创立标志着现代意义上的大学的诞生。现代大学与中世纪大学的根本区别在于大学职能的转变。中世纪大学是传授已有知识的场所，将研究和发现知识排斥在大学之外，而现代大学则将科学研究作为自己的主要职能，将增扩人类的知识和培养科学工作者作为自己的主要任务，推崇“学术自由”和“教学与研究的统一”，对世界高等教育也产生了深远影响，为近代大学的形成奠定了基础。

2. 城市组织的兴起

城市的出现，是人类社会发展到一定阶段的产物，是人类走向成熟和文明的标志，也是人类群居生活的高级形式。城市的起源从根本上来说，有因“城”而“市”和因“市”而“城”两种类型，因“城”而“市”就是城市的形成先有城后有市，市是在城的基础上发展起来的；而因“市”而“城”则是由于市的发展而形成的城市，即是先有市场后有城市的形成，这类城市比较多见，是人类经济发展到一定阶段的产物，本质上是人类的交易中心和聚集中心。城市的形成，无论多么复杂，都不外乎这两种形式。

学术界关于城市的起源有三种说法：一是防御说，即建城郭是为了不受外敌侵犯。《吴越春秋》一书有这样的记载：“筑城以卫君，造郭以卫民。”城以墙为界，有内城、外城的区别。内城叫城，外城叫郭。二是集市说，认为随着社会生产发展，人们手里有了多余的农产品、畜产品，需要有个集市进行交换。进行交换的地方逐渐固定了，聚集的人多了，就有了市，后来就建起了城。《世本·作篇》记载：颛顼时“祝融作市”。颜师古注曰：“古未有市，若朝聚井汲，便将货物于井边货卖，曰市井。”这便是“市井”的来历。三是社会分工说，认为随着社会生产力不断发展，一个民族内部出现了一部分人专门从事手工业、商业，一部分专门从事农业。从事手工业、商业的人需要有个地方集中起来，进行生产、交换。所以，才有了城市的产生和发展。

城市是人类文明的主要组成部分，城市也是伴随人类文明与进步发展起来的。远古

① 郑建林，马立武. 从大学发展的源头看高等教育的职业性特征——欧洲中世纪大学的职业性分析［J］. 河北师范大学学报（教育科学版），2011，13（11）：81-84.

时代，人类开始定居；伴随工商业的发展，城市崛起和城市文明开始传播。其实在古代，城市就出现了，但作用是军事防御和举行祭祀仪式，并不具有生产功能，只是个消费中心。那时城市的规模很小，因为周围的乡镇提供的余粮不多。每个城市和它控制的乡镇，构成一个小单位，相对封闭，自给自足。

学者们普遍认为，真正意义上的城市是工商业发展的产物。如13世纪的地中海沿岸、米兰、威尼斯、巴黎等，都是重要的商业和贸易中心；其中威尼斯在繁盛时期，人口超过20万。工业革命之后，城市化进程大大加快了，由于农民牧民不断涌向新的工业中心，城市获得了前所未有的发展。到第一次世界大战前夕，英国、美国、德国、法国等国绝大多数人口都已生活在城市。这不仅是富足的标志，而且是文明的象征。

2010年上海世博会的主题“城市，让生活更美好”，应当成为每个城市未来发展的方向。未来城市应倡导低碳、节能、便利；倡导人际关系、人与自然关系的和谐；使每位市民、每位来访者都充分享有现代文明带来的丰硕成果等，对知识和文化的追求会越来越高，对大学的需求也越来越旺盛。

3. 大学与城市良性互动研究的缘由

对大学与城市互动的关注，起源于一次偶然的机会，在阅读文献时，发现2005年9月24日《文汇报》刊发的一篇新闻“名校校长纵论大学社会功能复旦大学校长论坛探讨‘大学与城市互动发展’”①。2005年9月23日，复旦大学举行大学校长论坛，来自世界各国150多所大学的校长围绕“大学与城市互动发展”，就“高等教育与城市文明、文化的相互影响”“大学与当地政府决策、社区建设的相互关系”以及“成果转化、创业精神”三大主题展开了热烈讨论。在论坛上，英国牛津大学校长约翰·胡德等一批知名大学校长围绕“大学与城市互动”发表观点，引起了对大学与城市互动话题的极大兴趣。如约翰·胡德校长在发言中强调：“评价优秀大学，不光要看它有多少学术研究成果，还要看它是否对社会的发展起推动作用。”由这一观点引起了了解牛津大学与城市互动状况的兴趣。据说在1167年，英格兰国王和法兰西国王之前发生了争吵，这次争吵直接促使了在巴黎大学的英国学者纷纷从巴黎回到伦敦，这些学者聚集于牛津，创建了牛津大学，开创了英国现代大学的历史。1209年，牛津大学的学生与所在地的镇民发生冲突事件，一批牛津大学的学者离开牛津，迁往剑桥镇，从而产生了剑桥大学。如今的牛津已是“大学中有城市”，商业区和学院区已没有明显的分界线。

确定对大学与城市的互动开展研究，主要源自三个方面的原因。一是作为一名高等教育工作者，对大学职能转变发展历程的极大兴趣。大学的职能一般认为有三个，第一个是人才培养，第二个是科学研究，第三个是社会服务。其实大学的前两个职能，培养人才和科学研究也是社会服务，但之所以将社会服务作为大学的第三职能，主要是突显

① 章佩銮，姜澎．名校校长纵论大学社会功能［N］．文汇报，2005-09-24（002）．

大学为社会服务的主动性和自觉性。当然，关于大学的职能，还有文化传承与创新、国际交流合作等的表述，但还未成为普遍承认的职能。大学的三大职能不是从大学一产生就同时出现的，他们有一个先后发展的阶段。中世纪大学的办学初衷，主要是培养社会所需要的官吏、法官、牧师、医生等专门人才，所以培养专门人才是大学最早也是最基本的社会职能。如当时意大利的博罗尼亚大学、法国的巴黎大学、英国的牛津大学和剑桥大学等。中世纪大学出现时，近代科学还没有产生，自然不存在科学研究的职能。15世纪后，工业革命为科学的发展奠定了基础，并要求为解决日益复杂的生产技术问题提供理论和方法，科学研究开始受社会所重视，社会需要有一批专门从事科学研究的人才。过去那种依靠个人经验在实践中传授和训练生产技术的方式，已不能适应社会的需要了。这样，大学也就成为当然的培养科学研究人才的最理想的场所①。特别是 19 世纪初，洪堡创办了柏林大学，提出“通过研究进行教学”“教学与研究统一”作为办学原则，要求教师不只是传授知识，而且要传授自己的研究思想、研究成果。这就从洪堡开始，进一步明确了大学的第二职能——科学研究。至于大学第三个职能——社会服务的职能的确定，一般认为是在美国的威斯康星大学正式确立的。威斯康星州立大学在创办之初，就提出要直接为本州服务，把提高本州的农业和工业生产效率作为办学的指导思想。这种办学思想，后被称为“威斯康星思想”，进一步明确了大学的第三职能——社会服务。社会服务在本质上就是将为社会直接服务作为大学的职责使命之一，且这种服务，在起初主要是服务所在城市的发展。

二是源自学术界对大学与城市互动话题的关注。2020 年的第 55 届中国高等教育博览会举办了首届中国城市与高校发展论坛，论坛以“共生，共兴，共荣”为主题，以“城市与高校：可持续、高质量发展”为主线展开研讨。中国高等教育学会副会长、教育部高等教育司原司长张大良将高等教育发展史定性为是一部高校与城市的互动融合发展史，它指出“从人类文明的视角来看，一部高等教育的发展史也是一部高校与城市互动发展、融合发展的历史，它贯穿高等教育从精英化到普及化的各个阶段，具有深刻的内在必然性，因为高校是人才第一资源、科技第一生产力、创新第一驱动力、文化第一软实力这‘四个第一’的重要结合点，高校是出思想、出成果、出人才的重镇，高校对城市发展起到重要的智力、科技和人才支撑作用。”②湖南大学党委书记邓卫教授指出：“大学因梦想而常新，城市因梦想而行远”。同济大学副校长吴志强院士指出：“城市孕育了大学，大学也滋养了城市”。论坛上，湖南大学建筑学院院长徐峰教授介绍“城市与高校协同发展指数框架”，一个是城市的指标体系，一个是高校的指标体系，目的是要共识知识经济价值，共建知识经济联盟，共享知识经济成果，做到城市与高校双赢共荣。2021 年第 56 届中国高等

① 纪多多. 高等教育大众化阶段教学与科研关系的理性审视［J］. 成都中医药大学学报（教育科学版），2012，14（04）：1-3.

② 张大良，高校因城市而兴，城市因高校而盛［EB/OL］. https：//news. eol. cn/yaowen/202011/t20201110_2035230. shtml.

教育博览会举办第二届中国城市与高校发展大会，围绕“融合·创新·共赢”的大会主题，积极探索构建城市与高校协同创新高质量发展的新思路、新理念、新机制，为进一步促进高校与城市的深度融合、共建共赢建言献策。借用中国知网，以“大学与城市互动”为关键词，共有 209 条研究成果，其中还不乏博士学位论文和硕士学位论文，说明在学术界已成研究的共识。

三是源自国家及地方发展战略的影响。推进大学与城市互动发展是国家和区域发展战略的需要。习近平总书记指出，科学技术从来没有像今天这样深刻影响着国家前途命运，从来没有像今天这样深刻影响着人民生活福祉。党中央、国务院高度重视科技创新在推动经济社会发展和城市迭代升级的重要作用，2021 年中央经济工作会议亦把“强化国家战略科技力量”列为首要重点任务。大学是知识生产、传播、转化和运用的重要场所，是科技创新的前沿阵地，是国家科技创新体系中不可或缺的重要力量。二次世界大战以来，世界发达国家经济社会发展经验表明，中心城市的创新需求依赖一流大学，没有一流大学很难产生创新竞争力。根据上海交通大学发布的《2016 年世界大学学术排名百强》和“全球化和世界级城市研究小组”发布的《2016 年 GaWC 世界级城市排名》进行统计，结果显示，71%的一流大学坐落于世界级城市，其中两所特级城市（伦敦和纽约）拥有 6%的一流大学；此外，22%的一流大学位于一级城市，27%的一流大学位于二级城市，7%的一流大学位于三级城市。从国内来看，我国先后批准建设北京、天津、上海、广州、重庆、成都、武汉、郑州和西安等九大国家中心城市，聚集了全国大多数的高水平大学，大多具有超强或较强的高等教育实力。其中，“985”大学、“211”大学、“双一流”建设高校、一流建设学科数量最多的前十名城市中，国家中心城市就有 7 座。

二、困境：发展与阻力

1. 大学高质量发展面临的困境

根据《2020 年全国教育事业发展统计公报》，全国共有普通高等学校 2 738 所，全国各类高等教育在学总规模 4 183 万人，在学总规模逐年攀升，居世界第一。高等教育毛入学率不断攀升，1998 年仅为 9.8%，2002 年上升为 15%，2011 年上升至 26.9%，2020 年则达到 54.4%，上升幅度非常之快。普通高等学校平均规模 11 982 人，其中，本科院校 15 749 人。按照马丁·特罗高等教育阶段化理论，我国高等教育早已成为国际公认的大众化阶段。从国际高等教育发展的经验来看，高等教育进入大众化，会呈现一个显著特征，由于大学数量的大幅增加使得每所高等学校获取政府的资源投入有限、彼此间的竞争加剧。且从我国高等教育现状来看，政府在高等教育的投入偏重于高水平大学，“985”工程、“211”工程、“双一流建设工程”的实施体现了国家在高等教育集中资源投入的思路与实践。根据教育部、财政部、国家发展改革委《关于公布第二轮“双一流”建设高校及建设学科名单的通知》，共有 147 所高校进入第二轮“双一流”建设高校及建设学科名录，仅占普通高等学校的 5.37%，多数大学将面临谋求内涵式跨越发展与政府资源投入相对不足之间的矛盾，特别是地方高等院校。

与此同时，国家对大学的经费投入往往存在滞后性，与高等教育的发展速度不相匹配。“这样带来的后果就是：多数大学难以从政府获得足够的资源，一所大学所绘制的蓝图越宏伟，那么所面临的拓展多元的筹资渠道的压力就越大。这就意味着对一部分大学而言，按照传统的发展模式将很难获得足够快的增长，而大众化阶段的高等教育意味着对大学之间日趋激烈的竞争，犹如逆水行舟不进则退。”①对于一所谋求发展的大学来讲，面临双重的困难，一是政府资源投入等资源的稀缺性的增加，二是大学彼此之间谋求发展的竞争日趋激烈。要突破这种窘境，大学作为一主体，从共生的视角，主动加强与所在城市的互动、拓展资源来源是必由之路。

2. 城市高质量发展面临的困境

改革开放以来，随着我国经济社会的快速发展，城市化进程和城市建设也相应地得到了快速发展。城市化进程的推进，本质上是经济社会结构变革的过程，是经济社会高质量发展的必然结果。根据国家统计局公布的有关数据，2019 年我国城镇化率首次突破 60%。根据美国城市地理学家诺赛姆（Ray.M.Northman）提出的“诺赛姆曲线”，“城镇化率从 30%提高到 60%，靠的是工业化的推动，属于工业化阶段；当城镇化率达到 60%以后，则属于后工业化阶段，主要靠第三产业来推动。”由此可见，当前我国城市化发展已到了一个关键的拐点，城市发展走向了从增量扩张转向内涵提升发展的新阶段。

近些年，我国关于城市社会功能的评比也渐趋增多，“文明城市”的概念融入了更多社会性因素及作用。进入新时代，衡量一个城市是否高质量发展，不仅仅取决于城市经济效益的增加和城市基础建设的提升。2012 年 9 月，旨在全面检测中国城市幸福感的中国城市幸福感评价体系在北京发布，该体系涉及城市的人情味、交通、医疗、教育、社保、治安、收入、环境、房价等诸多因素。从中国城市幸福感评价体系来看，城市的社会功能越来越引起人们的重视，以人为核心的价值导向日趋突显，城市品质提升的呼唤日趋高涨等等。但现实是，近段时间以来，城市之所以能得到快速的发展，主要依赖于资源的消耗和土地的扩张，在当前城市化建设的发展阶段，要实现高质量发展面临一系列的困境：资源环境的约束、技术创新的约束、区域发展的约束和社会环境的约束等，但归根结底的还是技术创新的约束。城市的高质量发展，核心要素还是人才和技术，最紧缺的也是人才和技术，人才是城市高质量发展的第一资源，技术是城市高质量发展的第一生产力，如何获取适合城市发展需要的人才、提升促进城市发展的技术水平，是城市实现高质量发展的最大困境，也是各城市间相互竞争的重头戏。

① 宣勇，张鹏．激活学术心脏地带——创业型大学学术系统的运行与管理［M］．北京：高等教育出版社 2013：53．

3. 大学与城市互动面临的阻力

从大学与城市发展的历程来看，大学与城市的互动与生俱来，但也是经历了一个漫长的过程的。大学与城市的互动也不是一帆风顺的。最初，大学与城市的关系并不总是融洽的，“城镇与学袍”之间的矛盾、冲突不断。关于牛津大学的诞生，历史上有两种说法，一种说法是，1167 年，英格兰国王同法兰西国王争吵，英格兰国王一气之下，把寄读于巴黎大学的英国学者召回，禁止他们再去巴黎大学；另一说法是，法兰西国王一气之下，把英国学者从巴黎大学赶回英国。不管是哪种说法，英国学者从法兰西回到英格兰，聚集于牛津，促使了牛津大学的诞生。1209 年，牛津大学的学生与所在地的镇民发生冲突事件，一批牛津大学的学者离开牛津，迁往剑桥镇，从而产生了剑桥大学。从历史发展长河来看，大学的师生与城市的市民长期交往，两者因日益紧密的联系和渐趋一致的利益而达成妥协，形成了共生共存的关系格局，但这种格局的形式过程是坎坷的。随着经济社会的发展，具体到我国，大学与城市的交流也日益密切，但由于毕竟属于两个组织，从良性互动的角度，还面临不少的困境。

这种困境，首先表现在思想观念上。大学受传统大学“象牙塔”观念的影响，对于为城市发展进行主动服务，在认识上存在偏差，往往存在“与己无关”的思想，有时还将开展社会服务与知识资本化相提并论，担心会对大学的纯粹性造成影响，主动围绕城市经济社会发展需求调整专业设置、课程结构等的主动性不强。从城市角度来看，追求的是经济社会发展等具体目标，对大学服务其经济社会发展的能力常持怀疑态度。这种思想观念的存在，会让大学与城市对对方产生抵触情绪，容易导致双方的互不了解和互不信任。其次表现在组织目标上。一个组织都有其特殊的组织使命，这种使命体现的是组织的根本目的，是一个组织创办、存在的终极追求和抱负。大学和城市虽然在漫长的过程中建立了良好的联系，但终究归属于两个不同的组织。大学有属于大学的独特使命，城市有属于城市的独特使命。大学的使命就是知识的发现、传播、转化及其应用，而城市的使命在于让人们更加幸福、让城市可持续发展。大学与城市两个组织之间，在使命上当然有其交叉之处，为大学与城市互动提供了现实的基础，但毕竟还是两个组织之间的关系，你还是你、我还是我，不可能完全实现你就是我、我就是你。另外表现在互动机制上。总体来说，大学与城市互动，从逻辑上讲，城市拥有的资源更多，在互动过程中更具主导性。从“三螺旋”理论视角看，随着市场经济的发展，市场的作用、企业的需求在大学与城市互动也发挥着日益重要的作用。因此，在现实生活中，大学与城市互动不外乎三种模式：以大学为主导的学术驱动模式、以城市为主导的政府推动模式、以企业为主导的市场引领模式。但无论哪种互动模式，在互动机制上都还不够完善，有其局限性，这种局限性体现在互动的组织化水平还不够高，大学主动参与城市社会经济发展的意识和能力有待加强，政府在推进大学与城市互动的政策支持力度、平台搭建、政策引领等方面还不够有力，市场对高校的了解与信任不足，对社会责任的承担有待加强等等，都在或多或少地影响着大学与城市的良性互动。

三、突围：动力与策略

1. 大学与城市良性互动的动力源

大学与城市良性互动、共生共赢。大学的发展需要城市的滋养，大学的发展使城市更有底蕴；城市的发展需要大学的知识和人才支撑，城市的发展使大学更具魅力。推进大学与城市良性互动，根源在于知识和人才。城市发展离不开高新技术，离不开人才；大学又恰好是培养优秀人才、开展科技创新的高等学府。大学要实现可持续、高质量发展需要资金、土地、环境等外部资源的支持，城市又恰好能为大学提供发展资金、发展空间和优良环境。这就为大学与城市良性互动，提供了不竭的动力。

从大学角度看，推进与城市的良性互动，既是实现大学职能的使命使然，也是大学突破自身发展瓶颈的内生式发展的需求。经过大学的漫长发展，大学已形成成熟且被广泛接受的职能与使命，即人才培养、科学研究和社会服务，前两个职能人才培养、科学研究实际上也是为社会服务的，只是第三个职能社会服务，突出的是直接为社会开展服务。大学推进与城市的良性互动，既能直接培养为城市经济社会发展而服务的人才，又能为城市经济社会发展提供创新技术支撑，还能开展以技术咨询、运用等组团式的城市服务，从根本上来说，促进与城市的良性互动，是大学实现其职能与使命的内在需要。此外，正如在分析“大学高质量发展面临的困境”内容中所述，在高等教育大众化背景下，对于一所谋求发展的大学来讲，将面临双重的困难，一是政府资源投入等资源的稀缺性的增加，二是大学彼此之间谋求发展的竞争日趋激烈。要突破这种窘境，与城市开展良性互动，获取城市发展支持，拓展资源来源是必由之路，这也是部分高校走学术资本化、创业型大学之路的根源所在。

从城市角度看，推进与大学的良性互动，是城市实现高质量发展的内在需求。知识经济时代，知识成为城市经济社会发展的引擎，城市经济社会发展急需基于区域发展特色谋求新知识的发现与转化。然而，大学刚好是知识创新的源泉、人才培养的摇篮，能为城市高质量发展提供源源不断的人才和智力支持以及全方位的科研支撑。城市经济社会发展依赖高校提供高质量的人才和可供转化的知识，加强与高校的合作交流，积极获取科技支撑，实施高校毕业生“留下来”等，是城市谋求发展的有效途径之一。正如耶鲁大学校长理查德·莱文所言“大学是经济发展的火车头”，他分析了美国政府对大学科研能力的投资如何在全国范围内产生巨大的经济效益，并就此推动城市的发展[①]。穆雷

① 理查德·莱文，唐文卿．大学、经济增长和地区发展［J］．复旦教育论坛，2005，3（6）：19-20．

桑·米哈埃拉等认为大学是地区创新文化和竞争力的发动机[①]。张希胜在其博士论文中指出，“大学已经和正在成为所在城市的区域创新和创业活动的主力和主体。创新型城市的建设和发展、城市竞争力的提升，都需要大学能够切实组织科技人才和资源，创建一系列的生产或研究等组织机构，在城市区域的创新系统中充分发挥龙头作用。”[②]

从国家层面来看，科技兴则民族兴，科技强则国家强，推进大学与城市良性互动，是推动国家创新驱动发展战略的内在需求。2014 年 6 月，在中国科学院第十七次院士大会、中国工程院第十二次院士大会上，习近平总书记指出，“我们比以往任何时候都更加需要强大的科技创新力量。要实现中华民族伟大复兴的目标，就必须坚定不移贯彻科教兴国战略和创新驱动发展战略，坚定不移走强国之路。”2020 年 10 月 29 日中国共产党第十九届中央委员会第五次全体会议通过的《中共中央关于制定国民经济和社会发展第十四个五年规划和二〇三五年远景目标的建议》，提出要“坚持创新驱动发展，全面塑造发展新优势”，“要面向世界科技前沿、面向经济主战场、面向国家重大需求、面向人民生命健康，深入实施科教兴国战略、人才强国战略、创新驱动发展战略，完善国家创新体系，加快建设科技强国。”[③]科教兴国战略、人才强国战略、创新驱动发展战略，都需要大学与城市的深度参与和合作。高校作为“为党育人、为国育才”的主阵地，必须积极响应国家号召，积极投身科教兴国战略、人才强国战略、创新驱动发展战略，顺应经济社会发展趋势，支持科研人员围绕国家发展需求、城市发展需求开展学术研究和技术攻关，加强大学生的创新创业能力培养与锻炼，为国家创新驱动发展战略储备绵绵不断的高质量人才。城市作为国家创新驱动发展战略的主战场，应主动对接人工智能、量子信息、移动通信和区块链等新型产业，加大科技研发投入及人才引进力度，加强与大学的深度融合合作，助力推动国家创新驱动发展战略。

2. 大学与城市良性互动的策略

从组织行为角度来看，动力可以有效催生行为，但具体如何行为，需要策略。具体来说，可以从大学与城市两个组织互动的要素出发，研究推动大学与城市良性互动的策略；也可以从大学与城市两个组织互动的参与主体出发，研究推动大学与城市良性互动的策略等等。张希胜在其博士论文中，在介绍成功的“硅谷”模式后，提出了推动大学与城市良性互动，值得思考研究和借鉴的地方，一是政府的作用和角色，二是大学与科研机构的作用。在第 55 届高博会上，湖南大学建筑学院院长徐峰教授发布了“城市与高校协同发展指数框架”。据他介绍，“城市与高校协同发展指数框架”分为两个指标体系，

① Muresan Mihaela，Radu Daniela Ana-Maria，Gogu，et al. Intercultural Sensitivity—Driver of the Global Knoeledge Economy［C］. 4th International Technology，Education and Development Conference，2010：1260-1267.

② 张希胜. 大学推动创新型城市发展研究［D］. 上海：同济大学，2008.

③ 中共中央关于制定国民经济和社会发展第十四个五年规划和二〇三五年远景目标的建议辅导读本［M］. 北京：人民出版社，2020.

一个是城市的指标体系，一个是高校的指标体系。城市的指标体系主要包含环境、经济、文化、管理四个一级指标，高校的指标体系主要包含空间、人才、研发、交流、管理五个一级指标。但据徐峰教授介绍，目前该框架仍是建议，希望在未来能不断修正、改进。如这个指标体系科学合理，被学术界认可，大学与城市良性互动的策略就可以围绕城市与高校协同发展指数进行谋划。在城市与高校协同发展指数正式发布前，我们还是倾向于围绕大学与城市良性互动的主体，研究对接大学与城市良性互动的策略和模式，一是以大学为主导的学术驱动模式，二是以城市为主导的政府推动模式，三是以企业为主导的市场引领模式。

四、共赢：使命与呼唤

大学与城市良性互动，是大学与城市共生共赢的必由之路，既是大学实现人才培养、科学研究和社会服务职能的使命之需，也是城市实现社会、经济、文化高质量发展的内在呼唤。大学与城市关系的演变，折射出大学、城市功能与使命的不断深化、变迁。大学在城市中创生，从最初的与世隔绝，到打破封闭，走出“象牙塔”，大学的发展自始至终都离不开城市的滋养，从历史的观点来看，大学的产生及其发展壮大，都需要与城市的深度融合发展。大学服务城市，大学主动参与推动区域经济、政治、文化的发展，并与政府、社会密切联系，让大学自身的发展与城市的经济、科技和文化发展相适应。大学引领城市，大学与城市从资源依赖的合作关系，发展为大学重塑城市的新阶段，这种塑造不仅仅是外观，更深入在城市的内在，从经济、政治、社会等多个方面产生多重影响。大学与城市的联系成为一个高度复杂的生态系统，既有共生联系，又有紧张关系。城市成为了大学生存发展的重要载体，而大学则完全融为城市的一部分，成为城市发展的“名片”，没有一所重要大学的城市便无法立足于世界一流城市之列。

黄可乐在《深圳，正在疯狂建大学》中提到：深圳从荒凉渔村，到国际都市，短短 40 多年时间，深圳跻身中国城市第一梯队，但深圳所拥有的大学却少得可怜，被冠上“高校荒漠”的名号。根据教育部网站公布的全国普通高等学校名单（截至 2021 年 9 月 30 日），北京拥有的大学最多，全市共有普通高等学校 92 所；其次是拥有百万大学生的武汉，拥有普通高等学校 83 所；拥有大学数高居榜单前列的还有广州、上海、重庆等。2000 年以前，整个深圳的普通高等学校不到 4 所，截至 2021 年 9 月 30 日，通过教育部网站公布的全国普通高等学校名单，深圳也只有 8 所（不含分校），不仅远落后于其他一线城市，还被不少二三线城市超越，这与深圳城市的实力极不相符。为此，深圳正在以建设特区的速度建设大学，2011 年来是几乎每年新增一所高校。2011 年，南方科技大学问世；2012 年，香港中文大学（深圳）诞生；2016 年，深圳北理莫斯科大学在龙岗区落地；2017 到 2020 年，哈尔滨工业大学、中山大学相继在深圳设立分校区。到 2022 年，据深圳市教育局公布的数据，深圳已有 15 所普通高校，还有深圳海洋大学、深圳理工大学、深圳音乐学院和香港大学（深圳）等高校在筹建中。

从深圳建设大学的发展历程来看，综合现有国家中心城市的大学建设现状，高质量运行的大学与高质量发展的城市有极强的正相关性，城市的快速发展必将催生大学的高质量发展，大学的蓬勃振兴必将催生城市的迭代升级。根据教育部网站公布的全国普通高等学校名单（截至 2021 年 9 月 30 日），全国共拥有普通高等学校 2 756 所，国家先后批准建设的北京、天津、上海、广州、重庆、成都、武汉、郑州和西安等九大国家中心城市分别拥有普通高等学校数为 92、57、64、83、69、57、83、67、63 所，共 635 所，占全国普通高等学校的 23%，且聚集了全国大多数的高水平大学。

无论从历史的角度来看，还是从现实情况来看，大学与城市是彼此不可分离的两个组织，你需要我、我也需要你，你中有我、我中有你，你成就我、我也成就你，彼此影响，彼此成就。实现大学与城市的良性互动，是知识生产、传播、转化与运用的内在需要，也是大学高水平发展和城市高质量建设的内在要求，更是国家创新驱动发展战略实现、区域经济社会发展的客观需要。

第二节 研究的历史进程和基本概况

大学与城市是人类文明发展的两大标志性成果，自诞生之时，两者便结下了深厚的渊源。纵观大学与城市的发展脉络，业界通常将大学视为城市的产物，认为大学源于中世纪的欧洲，在大学出现之前，教育几乎被教会所垄断，直到中世纪前后，在历史主义思潮的影响和推动下，现代意义上的大学的前身才在城镇中诞生。望眼中国的大学，在政府通过教育控制人的思想的内在动机和读书人通过教育谋求政治生命的外在需求的双重推动下，我国古代城市成为一定区域内的教育中心，这种教育亲近城市的传统在 1905 年废除长达 1 300 多年的以科举制度为核心的旧式教育体制，建立近代新式教育后依旧延续[①]。在经历了战争、科技革命、城市化等社会变迁后，大学与城市两个组织之间的资源要素形成了互补，并逐步构建了功能耦合网，形成了“你中有我、我中有你”的共同体，这也使得大学与城市的关系问题成为了高等教育史上备受关注的问题。目前，研究大学与城市的著作不多，主要有约翰·戈达德、保罗·瓦斯兰的《大学与城市》，郄海霞的《美国研究型大学与城市互动机制研究》，李志红的《大学与城市互动研究》、张德祥的《大学与城市互动发展论》等。本章将主要通过文献研究法，进一步阐述上一章节的主题，呈现大学与城市关系的演变、分析大学与城市互动的动因、归纳大学与城

① 同玉洁，大学与城市的互动——基于比阈下的地方大学发展之路探寻［J］. 同玉洁. 当代教育科学，2009，11：15-18.

市互动的模式。

一、大学与城市的关系研究

（一）从对抗到互动

虽然通常观点认为大学产生于城市，然而大学与城市的关系并非自结缘就“和谐相处”。在 12 至 15 世纪的欧洲，大学和所在城市围绕租金和特权等问题发生过一系列冲突，“镇袍之争”贯穿数个世纪[①]。例如 1167 年，英格兰国王同法兰西国王争吵，导致巴黎大学的英国学者从巴黎回到伦敦[②]。这些学者聚集于牛津，创建了牛津大学，开创了英国现代大学的历史。然而，1209 年，牛津大学的学生与当地居民发生冲突，学者和学生的离开给牛津城的经济带来严重的损失，并由此衍生出大学特权的扩张，随着大学特权的扩张，大学与市民间的矛盾冲突日趋激化[③]。而美国人一开始就具有一种向往田园生活和开天辟地的精神，因此早期的大学建设者更希望将大学建立在具有田园生活气息的乡村小镇而不是正在发展中的大城市[④]，这种反城市倾向使得美国大学与城市的关系从开始就是“分离”状态，并一直持续到南北战争结束之后。在亚洲，日本大学与城市因被“国家主义”主导，二者缺乏互动，相互联系被弱化[⑤]，也曾出现“战前城市化初始期的‘淡泊疏离’阶段”。

然而，上述这种大学与城市分离、对抗的关系并没有一直延续下来，追溯全球部分国家大学发展历史，发现二战是其分水岭，同时也是大学与城市互动的分界线。大学与城市之间相互妥协并合作共事发生在 18 世纪末到 19 世纪初，这也是两者关系发生微妙变化的开始。在美国，早在 1863 年《莫里尔法》颁布后，社会服务逐渐成为大学的新职能，自此，高等教育不再是仅限于知识传递，不问世事的“象牙塔”[⑥]，第二次世界大战则为大学履行新职能提供了关键契机。由于军事国防需要，政府动员哈佛等大学参与原子弹、雷达、无线引信等研究，二战末期，在日本上空投下的原子弹更是赢得了人们对科学的认可，基于大学科研技术改善民生、促进发展的议题愈受关注，为大学与城市的密切互动奠定了坚实的根基。同一个时间的东方，大学与城市的关系也逐步走向共生。

① 曲纵翔，赵丽文. 从对抗到共生：中世纪大学与城市关系变迁——以牛津大学为例 [J]. 现代大学教育，2020（1）：61-68.

② 蒋洪新. 大学与城市 [N]. 文摘报 2018-1-27（07）.

③ 曲纵翔，赵丽文. 从对抗到共生：中世纪大学与城市关系变迁——以牛津大学为例 [J]. 现代大学教育，2020（1）：61-68.

④ 郄海霞. 美国大学与城市关系的形成特点及相关思考 [J]. 比较教育研究，2008，30（1）：1-6.

⑤ 张臻汉，张海英，张彦通. 从历史视角探析日本大学与城市的互动关系 [J]. 现代大学教育，2015（4）：26-32.

⑥ 杨九斌，卢琴. 艰难中的卓越《莫里尔法》后美国赠地学院之嬗变 [J]. 教育学术月刊，2021（2）：12-19.

例如日本，在 1945 年至 1955 年期间，就经历了“接轨结合”“匹配相生”“引领融合”的三个阶段[①]，因战后城市急于发展民用工业，从而向大学提出了人才需求，大学在由军工转向民用来迎合城市和民众需要的过程中，看到了发展机遇，这使得大学与城市在供求关系上有了结合点，便也成为了两者良性互动的开始。我国学术界最早提出中心城市办大学思想的要追溯到 1983 年屈伯川发表的《关于发展市办大学的探讨》，这正是由于 1978 年十一届三中全会以来，随着改革开放政策的不断推进落实，经济社会的发展对各类人才的需求增加，而大学是培养人才的地方，一批学者意识到大学对中心城市经济社会发展至关重要，才使得大学与城市逐渐产生了互动关系。

（二）大学对城市发展的引导作用

大学产生于城市，在经历了对抗后，两者一直处于密切互动状态，随着大学服务功能的提出，大学对城市的全方位的作用受到高度重视和重新评估；在当代社会，随着软实力竞争的加剧，发挥大学对城市社会发展的主导和引领作用的呼声日益强烈[②]，主要表现在对经济、文化以及城市综合竞争力的推动上。

1. 大学对城市经济的推动

科学技术是第一生产力，科技成果转化实际是知识的应用与输出，因此要推动一座城市经济的发展，就像潘懋元、刘振天（1999）所说：知识经济实际上是一场知识价值的革命，它不仅改变着经济的性质和生产要素，也使大学进入经济运行过程，从经济社会边缘走向经济社会中心，成为知识经济发展的人才库、知识库、思想库、产业孵化器。大学的人文资源和文化环境还为知识经济发展提供价值导向。中国发展知识经济，必须依靠大学力量，要积极创造条件，解决大学外部因素以及内部自身变革问题，保证大学中心地位的落实和作用发挥[③]。

对于教育具有经济功能的认识，可追溯到古希腊时代，但从经济学视角系统阐述教育的经济功能的是亚当·斯密《国富论》，其中提及了人与人之间的能力差异与教育有关。库兹涅茨则从经济增长理论的定义出发，根据历史资料总结了经济增长的一个特征即生产率具有较高的增长率。这一特征是科技进步的标志，不断进步的科学技术与教育功能的发挥不可分割。同时，丹尼森认为，促进经济增长的因素包括三大项：劳动投入量的增加（包括就业人数和工时总数的增加，以及劳动质量的提高等）、资本投入量的增加和每单位投入量的产出量的增加。其中他又把教育作为提高劳动者素质的一种手段，占劳动投入量的 3.5 左右[④]。

① 张臻汉，张海英，张彦通．从历史视角探析日本大学与城市的互动关系［J］．现代大学教育，2015（4）：26-32．

② 张希胜，大学推动创新型城市发展研究［D］．上海：同济大学，2008．

③ 潘懋元，刘振天．发挥大学的中心作用促进知识经济发展［J］．教育发展研究，1999（6）．

④ 萨伊．政治经济学概论［M］．北京：商务印书馆，1963．

立足教育学视角，大学与城市互动模式的趋同性发展是世界经济全球化的一种必然结果[①]，这种互动促进了区域经济、政治、文化的综合发展。张臻汉等（2015）指出日本在城市化成长期，大学与城市的关系发展到“匹配相生”阶段，期间大学通过迅速扩大规模提高对城市的人才供给，以合理的布局来契合城市的经济格局，城市经济获得高增长[②]。他们通过调整大学的学科结构，使之与城市的产业分工相匹配，逐步提高二、三产业人口比率，实现振兴贸易和出口，拉动经济腾飞。杨九斌，卢琴（2022）将20世纪80—90年代的大学与城市的结合比喻为“复兴锈带”[③]，随着“后工业化”经济时代的来临，专利转化的生物、IT技术让研究型大学成为周边企业的孵化器，也为当地城市创造了就业机会，形成集聚效应，吸引其他研究密集型企业，进而刺激了当地经济[④]。沈蕾娜（2020）认为大学在城市发展和经济增长中发挥关键作用，城市经济发展的“粘性资本”[⑤]。她通过大学与城市系统发展的空间逻辑阐述了伦敦大学以专业技术人才培养和培训等方式，向城市增加高端人才供给，也促进了产业结构的调整和城市资源的优化配置，形成了大学发展与金融之都协同格局[⑥]。

1995年江泽民同志在全国科技大会上的讲话中提出，“实施科教兴国的战略”，“要深化经济体制和科技体制改革”，促进“科技与经济的结合”[⑦]。然而大学对于城市经济作用的研究并没有成为当时的学术研究热点，直到21世纪，知识时代的来临以及新技术革命的需要，大学或大学城给城市所带来的经济效应之间引起了人们的关注[⑧]。从研究方法上看，趋于多样性，将定性研究与定量研究相结合，研究内容也更加广泛，从理论研究逐步转向应用研究，学者大多认为大学对城市经济发展是利好的，例如郄海霞（2007）通过数据分析了美国研究型大学对城市经济和产业的贡献，认为城市经济的发展和城市竞争力的提高切不可忽视研究型大学的作用，城市不仅要看到研究型大学为其带来的直接经济效益，更要意识到研究型大学所具有的潜在的经济影响[⑨]。张邦辉和彭

① 牛军明．形势与选择：大学与城市互动关系的理性审视［J］．当代教育科学，2017（12）：75-78.

② 张臻汉，张海英，张彦通．从历史视角探析日本大学与城市的互动关系［J］．现代大学教育，2015（4）：26-32.

③ 杨九斌，卢琴．二战后美国研究型大学与城市互动的历程考察［J］．教育学术月刊，2022（1）：11-18.

④ Pasonsk．Universities and Cities：The Terms of Truce between Them［J］．Journal of Higher Education，1963，34（4）：205-216.

⑤ 沈蕾娜．互惠与正义：大学与城市协同发展的空间逻辑——以英国大伦敦区为例［J］．国家教育行政学院学报，2020，275（11）：88-95.

⑥ 沈蕾娜．互惠与正义：大学与城市协同发展的空间逻辑——以英国大伦敦区为例［J］．国家教育行政学院学报，2020，275（11）：88-95.

⑦ 1995年江泽民在全国科学技术大会上的讲话［EB/OL］．http://hn.rednet.cn/c/2008/07/03/1542423.htm［2017-09-28］.

⑧ 张德详，李枭鹰．大学与城市互动发展论［M］．北京：科学出版社，2018.

⑨ 郄海霞．美国研究型大学对城市经济和产业的贡献［J］．清华大学教育研究，2007（6）：70-79.

洪洋（2007）[①]、白丽红和李平叶（2014）[②]、范英（2016）[③]等通过定性研究和效用分析，证明了大学对地方经济的直接拉动作用。储大建和鄢妮（2008）分析了大学对区域和城市经济的前向与后向关联效应，并以美国 128 公路为例，论述了大学对地方经济发展的极大推动作用[④]。

2. 大学对城市文化的推动

文化建设作为“五位一体”总体布局中的“一位”，是建设社会主义进程中的重要环节，而大学则是城市文化建设的中坚力量。新加坡大学校长施春风认为，伟大的城市要有伟大的大学，大学将继续成为城市的文化知识和智力的源泉，而且将成为城市的发展动力。悉尼大学校长盖文布朗认为，大学创造的应该是创新氛围，而不是走从校园到产业的简单线性道路；要把大学看作一个根本性的社会组织，是所有创造力的活力“中枢”[⑤]。

我国学者对大学与城市文化的研究起步比较晚，最早可追溯到 1995 年，直到 2003 年，业界开始出现一些关于大学对城市文化影响研究，这些研究主要有以下几种：一是大学文化对城市文化建设的引领作用，正如陈业桃（2005）撰文指出高等教育的作用几乎渗透到城市文化的各个层面，它为城市文化建设提供人才和科技、高素质市民和社会服务，同时作为城市文化组成部分的高校校园文化对城市文化建设有它独特的辐射作用；二是大学文化与城市文化的互动。主要表现为高校文化与城市文化二者之间相互作用和影响。要实现两者的良性互动，城市党委和政府应当高度重视发挥大学在城市文化建设中的独特的重要作用；作为高校，不但要高度重视校园文化建设，更要树立积极参与城市文化建设的意识，在城市文化建设中不断提升自身的品质和知名度[⑥]。孙天胜、戚洪（2006）[⑦]也同样认为，在城市文化这一独特的地域文化中，大学日益彰显出与城市文化相依相伴的密切关系。就其对城市文化的意义和作用而言，大学无疑起到了人才聚合、科技孵化和人文精神传播与扩散的作用。尤其对城市文化品味的提升，大学肩负着重大责任。三是大学文化与城市文化的关系研究。胡满春、李佑成（2004）[⑧]认为城市文化是城市凝聚力和综合竞争力的重要因素，也是城市现代化的重要基础和特征。高等教育层次较高，能动性较强，充满生机与活力，其集中的智力、荟萃的人才、优越的设备和科研条件为城市文化的丰富活跃、引导提高、变革更新提供了得天独厚的有利条件。高等教育通过多种形式参与城市文化建设，通过培养人才、发展科学技术、服务城市社会，

① 张邦辉，彭洪洋．重庆大学城对重庆城市经济的直接拉动［J］．重庆社会科学，2007（07）：24-26．

② 白丽红，李平叶．山西大学城建设对晋中城市、经济发展作用分析［J］．当代经济，2014（17）：94-96．

③ 范英．大学对所在城市经济发展的效用分析——以哈尔滨为例［J］．大庆师范学院学报，2016，36（04）：14-19．

④ 诸大建，鄢妮．大学对所在城市和地方经济发展的关联作用研究［J］．同济大学学报（社会科学版），2008（04）：27-32+46．

⑤ 张希胜．大学推动创新型城市发展研究［D］．上海：同济大学，2008．

⑥ 刘文俭，高晓洁．高校文化与城市文化关系探析［J］．中共青岛市委党校．青岛行政学院学报，2006（02）：11-14．

⑦ 孙天胜，戚洪．大学在城市文化中的意义和作用［J］．自然辩证法研究，2006（02）：84-87+99．

⑧ 胡满春，李佑成．城市文化建设中的高等教育［J］．哈尔滨学院学报，2004（10）：116-120．

从而提升城市文化的整体素质、科技素质及人文精神。张晶、刘静宁（2021）认为大学文化与城市文化是共生的，城市在大学文化发展过程中发挥着指引作用，为大学文化发展提供自由的空间，同时大学文化建设也能够辐射城市文化的发展[①]。

文化成为一座城市间竞争的软实力，城市借助大学的人才、图书、文化活动等资源加深自身发展的理论基础和文化底蕴是未来发展路径之一。

3. 大学对城市综合实力提升的作用

在当前“知识经济”时代背景下，地域的综合实力主要体现在创新性和竞争力上，因为创新是进步的灵魂，是兴旺发达的不竭动力。而如今的大学已经成为培养人才的摇篮，成为社会前进的动力，成为一个国家和地区城市经济和文化进步的巨大支撑[②]。

德国在两次世界大战中失败后都能迅速崛起，与其有众多高水平大学的支撑有很大关系，尤其二战之后，原德意志帝国的众多大学和新兴的职业技术教育在德国的重建和发展中发挥了不可替代的作用。20 世纪 60 年代，鲁尔工业区在整顿传统产业的同时，在波鸿、多特蒙德等地区先后建立大学，该地区随后成为欧洲境内大学密度最大的区域，同时大学和研究所都配备“技术转化中心”，从而为产业结构的转型升级输送科技成果[③]，鲁尔工业区的“矿山变公园”转型的典范，正得益于该地区引进大学人才。在国外，高等教育为地方服务的成功案例比比皆是。

相比之下，国内大学服务地方城市发展的理念产生较晚，珠江三角洲高等教育弱势直接导致的投资失利也让人们认识到远离大学的弊端，有学者开始意识到城市高校与所在城市关系日益密切，理应成为所在城市的一张城市名片[④]。大学对城市综合实力提升主要表现为两个方面，一方面是体现在对城市的竞争力的拉动上。例如，寇亚辉（2003）将城市竞争力概括为资源（广义）聚集力、价值创造与实现力和居民生活质量提高力，以及诸多子力构成。即城市竞争力＝F（资源聚集力，价值创造与实现力，居民生活质量提高力）。在诸多子力要素中，创新是城市（包括企业）不断发展的内在动力，是城市竞争力持续提升的“推进器”，而科技力已经成为一些企业和城市长期保持较强竞争力的关键。从长远看，科技力还有赖于该城市基础研究和创新所形成的技术资源的丰富程度以及教育的发展水平。因此，一个城市科技力的形成与提升，是一个系统工程。因此，城市的政府、高校等科研机构和企业应加强合作，建立政产学研的科研联系机制与渠道[⑤]。张建东（2004）对教育产业与城市竞争力之间的关系进行了初步探讨。他从教育产业对

① 张晶，刘静宁．“十四五”时期对高等教育发展的期待——基于大学与城市互动关系视角［J］．教育评论，2021（10）：18-22．

② 宫侠．大学与城市竞争力——对建设沈阳大学名城的思考［J］．沈阳建筑工程学院学报（社会科学版），2003，5（2）：81-83．

③ 克拉克．科尔（著），陈学飞（译）．大学的功用［M］．南昌：江西教育出版社，1993．

④ 凌水明，唐安国．大学如何形成办学特色［J］．河南教育（高校版），2007（01）：46-47．

⑤ 寇亚辉．论城市竞争力［J］．西南民族学院学报（哲学社会科学版），2003（04）：181-186+1．

城市的供给能力、集聚与吸引能力、创新能力进行了分析。认为从微观角度讲，教育产业具有再生产科学技术的功能；从中观角度看，教育产业的发展也体现在企业创新能力上；从宏观上分析，教育产业为构造城市创新能力提供了极为重要的新方式[①]。

另一方面，大学对城市综合实力的影响还体现在促进城市创新力的提升。王生洪（2005）在复旦大学百年庆典活动中的世界著名大学校长论坛上指出大学是城市创新的源泉，通过讲述复旦大学的实践证明了大学是知识创新的引擎[②]。郑健壮、李彬（2016）[③]以2014年全国GDP排名前200的城市为样本，采用结构方程模型验证城市的大学水平与城市创新能力的相关性，并得出了大学生和大学教师的数量以及大学质量对区域创新能力有显著促进作用的结论。施孝忠（2018）指出大学不但聚集了大量基础扎实、创新思维强、学术敏感性强以及敢于挑战与创新的专家、学者，同时还有完整的高等教育人才培养体系，有利于知识与思想的碰撞以及新知识的产生。学科是大学的基本单元，绝大多数现代大学都具有多学科的优势，多种学科的聚集有利于边缘学科、交叉学科与横向学科的生成，可以为科技创新提供知识基础[④]。他认为大学的知识资源禀赋为创新型城市发展提供了基础性的创新要素。初帅等（2022）以中国大学城建设作为外生冲击，从集聚经济视角探究了高校集聚对城市创新的影响，得出以大学城建设为外生冲击的高校集聚能够促进城市创新的结论，且能通过高校集聚共享效应为所在城市吸引更多的新建企业，促进研发投入[⑤]。

综上所述，经历了对抗之后，在大学与城市的互动过程中，大学不断扮演创造和传播知识、培养人才的角色，也从全方位推动城市建设的整体提升。

（三）大学与城市的协同共生

“共生思想”的观念构成主要来源于生物学领域、社会学等相关领域的研究，是一个“综合”概念。历史的经验和教训表明，大学和大学所在城市以一种顺其自然的方式来处理与对方的关系，远不能满足大学和大学所在城市的发展要求。换言之，仅仅依靠城市的规模和发展水平，或者仅仅依靠大学的规模和知名度，并不能卓有成效地推动对方的发展。大学与城市的“利益输送”是相互的，大学的繁荣也离不开城市，在经历互动之后，两者将逐步走向“协同共生”。

张德祥（2018）在《大学与城市互动发展论》中写到：大学与城市作为一个关系共

---

① 张建东. 谈地方本科院校如何构建应用型人才培养模式［J］. 泰山学院学报，2004（04）：91-93.

② 王生洪. 大学——城市创新的源泉［J］. 复旦教育论坛，2005（06）：13-15.

③ 郑健壮，李彬. 大学水平对城市创新能力的影响研究——以我国200个地级市及北京市为例［J］. 浙江树人大学学报（人文社会科学），2016，16（06）：36-43.

④ 施孝忠. 大学与创新型城市协同发展研究［J］. 江苏高教，2018（07）：37-41.

⑤ 初帅，曾湘泉，张哲元. 高校集聚提升了城市创新水平吗——大学城建设的经验研究［J］. 财经科学，2022（04）：106-117.

同体、利益共同体、责任共同体、命运共同体而存在。两者融合的路径主要是：高校的研究成果转化在产业中实现，需要城市提供良好的生态的环境，以便双方磨合，加速落地见效，例如打造以科技园为代表的产业园区。在此过程中，城市提供的投资、基金，以及对科研人员创业的社会保障等软件条件也有利于二者的融合。

在知网中搜索关键词，关于大学与城市共生主题的文章还没有很丰富，较早的发表于20世纪90年代，祝世璋（1994）[①]撰文，认为应该把大学学习和知识与信息奉献给社会，即走出校门与当地人士、企业经营者、有关人员合作探讨，尝试搞“外出座谈”。而地区大学因人力资源的优势，将小贡献变为大贡献。在近10年的研究中，学者大都倾向于阐述城市与大学融合发展的逻辑与路径，陈述大学对城市的经济、政治、社会的推动作用。李峻峰（2007）从可持续发展角度分析了大学与城市互动的作用、大学城建设与城市发展存在的问题，最后提出对策：紧密结合城市发展战略制定大学城的建设战略；大学城建设选址要符合城市空间拓展方向；大学城建设要着眼于拉动城市产业结构优化升级；大学城建设用地要最大程度实现集约化与可持续化等[②]。同玉洁（2009）基于比较视域，对大学与城市的互动融合进行探索，认为首先政府要引导民间资本进入高等教育领域，实现政府、大学、企业的多赢；其次要结合城市产业特点，培养特色人才，走差异化竞争道路；此外还要以联动理念为指导，发挥地方大学的引领作用，形成大学与城市社区的互动、良性发展；最后区域内地方大学合理布局，打造区域教育品牌，发挥大学的聚拢效应[③]。任梅（2021）从动因分析出发，总结了大学与城市在各个领域相互依赖的程度不断加深，呈现需求内生性、互动双向性、优势耦合性等三个方面的特征，并提出面对新发展格局，大学和城市要以问题为导向加强统筹谋划，优化战略布局实现同频共振，聚焦资源配置实现共生共利，探索具有中国特色的融合发展道路[④]。

此外，还从城市规划建设、区位因素等角度讨论了大学城建设对城市发展的影响。王婷婷等（2020）[⑤]以华中科技大学为例，运用问卷调查和空间法分析了校园内外部的交通出行需求问题，结合校园现状分析、人员需求分析与相关案例等探索校内公交与城市交通耦合发展的具体方法，有效解决城市问题。

① 祝世璋．日本大学与地区“共存共荣”为社会作贡献［J］．世界教育信息，1994（12）：10-11．

② 李峻峰．大学城建设与城市可持续发展良性互动研究［J］．华中科技大学学报（城市科学版），2007，24（1）：86-89．

③ 同玉洁，大学与城市的互动——基于比阈下的地方大学发展之路探寻［J］．同玉洁．当代教育科学，2009．11：15-18．

④ 任梅，大学与城市融合发展的内在逻辑及实践路径［J］．教育评论，2021（12）：19-25．

⑤ 王婷婷，赵守谅与陈婷婷，基于开放街区理念的大学与城发展——以华中科技大学为例［C］．交通治理与空间重塑——2020年中国城市交通规划年会论文集，2020．

二、大学与城市互动的动因研究

陈茜（2021）运用 CitySpace.5.7R2 对 2000—2020 年中国知网数据库中的大学与城市互动关系领域相关文献进行可视化分析，系统展现了我国大学与城市互动关系领域的研究进展、研究前沿以及研究热点等情况①，其中将关键研究主题归纳为大学与城市互动领域研究、大学与城市互动理论研究、大学与城市互动个案研究和大学与城市互动视角研究这四种，而对于大学与城市互动的动力和原因探析的文献较少，而在科学研究和论文撰写中，问题的提出和原因分析是其不可或缺的一部分，本小节将对通过梳理现有文献，对大学与城市互动的动因进行归纳和总结。

（一）大学与城市互动发展存在制约

随着土地紧张、地租增长、入学需求膨胀等因素影响，大学与城市之间在利益上的冲突愈加明显。一方面是大学对城市在大学建设中的投入和支持存在不满，另一方面城市认为大学没有培养出社会发展所需要的对口人才，在科研成果转化上不能解决现实生产力需要的问题。王海稳（2008）认为制约大学与城市互动发展的因素有三点，一是思维上急功近利，缺乏大学与城市互动发展的科学理念；二是办学机构限制了大学与城市发展的深度融合；三是互动机制缺位导致城市与大学融合发展的滞后②。在当下“政绩观”的诱导下，地方决策者往往简单地把大学看成是利益赚取的工具，从而盲目建设大学城等，进而造成对大学与城市互动关系的误读③。此外，章仁彪、王雁（2009）认为校园、园区规模扩张与发展空间不足，重经济、轻人文，社区建设尚未真正融入互动，大学科技成果转化渠道不畅、产业链尚未形成以及科技园区功能定位不准，过分关注产值，“孵化功能”不到位等亟待解决的问题和矛盾，推动了大学与城市的互动发展。

（二）大学与城市各自发展存在需求

1. 大学与城市之间利益纽带的加强

马克思主义的唯物辩证法认为，万事万物都在联系之中，大学作为一个组织，其生存与发展也与其他组织有着千丝万缕的联系，这种组织之间关系的建立促使大学与城市的互动。庄西真（2008）基于组织间关系理论视角阐述了学校与其他组织发生关系的必要性，他认为组织间关系的发生不是随随便便的，从经济学角度出发，组织通过开展组

---

① 陈茜，基于 Citespace 大学与城市互动关系的可视化分析［J］. 河北建筑工程学院学报，2021. 39（02）：138-144.

② 王海稳，试论大学与城市互动发展的历史、困境及实现［J］. 高等农业教育，2008（05）：16-19.

③ 初帅，曾湘泉，张哲元. 高校集聚提升了城市创新水平吗——大学城建设的经验研究［J］. 财经科学，2022（04）：106-117.

织间的活动可以有效避免因市场失灵所带来的不确定性和机会主义，从而有效降低生存和交易成本；从资源依赖理论出发，组织必须通过控制关键资源降低自身对外部组织的依赖，同时通过资源占有提高其他组织对自身的依赖，同时战略选择、组织学习和新制度主义均是大学和城市两个组织互动原因的理论支撑。利益相关者理论也被视为两者互动原因之一，该理论认为，组织间关系形成的动因在于，组织可以通过组织间关系谋求所有利益相关者利益的最大化，同时可以降低环境的不确定性[①]。对此，李枭鹰（2021）[②]表示赞同，他认为大学与城市是关系共同体、利益共同体、责任共同体和命运共同体，这种共同体逻辑是两者互动发展的根本原因。曲纵翔、赵丽文[③]（2020）以牛津大学与牛津城长期共生的案例阐述了大学与城市利益交互的显著增强是双方达成和解而减少冲突和对抗的首要原因。因为随着大学的发展，师生数量的大幅增加会促进周边消费从而能够在一定程度上繁荣城市经济。

2. 大学自身发展需要

虽然专门针对大学与城市互动发展动因分析的文献并没有很多，通过梳理现有文献，发现对于两者互动的原因分析更侧重于从大学发展历程来剖析。从欧洲大学的发展史来看，两个组织的最初对抗因大学的特权而起，随着大学特权逐步弱化，使其余地方关系得以缓和。以牛津大学为例，其在地方高等教育中的“垄断地位”的丧失，使大学权利的收缩及市民力量的增长，彼此间的权利分配达到相对均衡状态，在此过程中，大学与城市的关系也由冲突走向缓和[④]。同时，学院制的完善，使得大学拥有自己的房产和地产，学生不再需要通过租赁房屋解决住宿问题，从而很大程度上缓和了大学与市民因住宿难问题引发的摩擦冲突[⑤]。在国内，党的十九大报告明确指出：“建设教育强国是中华民族伟大复兴的基础工程”，进一步确立了高等教育在服务国家和社会中的地位和作用，在此背景下，高等教育高质量发展的自身需求显然成为大学与城市融合发展的原因之一。任梅（2021）认为随着城市化进程的加快和城市功能的不断分化，大学与城市之间形成了双向互动关系，大学成为直接促进或制约城市发展的关键因素。同时，城市的创新发展离不开大学先发驱动的智力支撑，例如，以美国斯坦福大学和加州伯克利大学分校为核心的硅谷地区等。因此，要实现高等教育高质量发展，必须要求高校紧跟国家、区域战略需求，加强科技创新、突破关键核心技术，推进大学与城市的深度融合，才能满足区

① 庄西真. 学校为什么要与其他组织发生关系——基于组织间关系理论的视角［J］. 教育理论与实践，2008，28（11）：23-27.

② 李枭鹰，大学与城市互动发展的共同体逻辑［J］. 北京教育（高教），2021（12）：22-27.

③ 曲纵翔，赵丽文. 从对抗到共生：中世纪大学与城市关系变迁——以牛津大学为例［J］. 现代大学教育，2020（1）：61-68.

④ 曲纵翔，赵丽文. 从对抗到共生：中世纪大学与城市关系变迁——以牛津大学为例［J］. 现代大学教育，2020（1）：61-68.

⑤ 张立娟. 地方大学与地方社会发展关系研究［D］. 南京：南京师范大学，2008.

域经济社会发展对高等教育的深层次需求[①]。此外，大学能与所在城市良好地融合发展，也是其社会职能延伸的重要体现。

3. 城市发展定位需求

从城市角度看，一流的城市才会吸引一流的大学，良好的经济环境、制度环境和人文环境是大学与城市互动发展的前提和基础[②]。因此，区域经济社会发展的迫切需求是两者融合发展的前提。在当下，城市已然成为高端科学技术创新资源的集聚地和区域高质量发展的主阵地，而大学是城市基础研究的主力军、原始创新的主战场、人才培养的主阵地，是支撑城市发展的重要引擎，在推进城市化进程、促进社会发展方面发挥着巨大的作用[③]。由此看来，为满足城市发展需求，大学不可或缺。资源共享往往是双向的，城市发展为大学提供了广阔的生存和发展空间，特别是优质资源集聚的中心大城市为大学办学空间、人才培养、科学研究等提供了极大的便利。因此，大学与城市的融合发展已成为区域经济社会发展的中流砥柱[④]。陈蓉蓉、冯典（2020）同样认为创新型城市的理念对大学和城市关系的深化提出新的要求。传统城市的经济发展主要依赖于交通、工业区位、原材料等要素，此时城市与大学联系仅仅维持在人才集聚和转移层面，而建设创新型城市，其中创新是决定因素，它要求城市与大学、科研机构、企业等的多方合作，共同实现城市的知识创新、技术创新与环境创新。基于此，大学与城市的经济互动还要凭借其先天的知识禀赋与特有的文化氛围，在科技创新、文化创新、工业创新、服务创新等方面发挥应有的作用[⑤]。郄海霞、陈超（2013）[⑥]以纽约市与其高等教育系统的互动为例，强调城市定位对大学的需求。他们认为无论是打造科技之都还是绿色城市，纽约城从传统的消费城市、金融城市向高科技城市和绿色城市转变，对大学在专业设置、成果转化以及人才培养等方面都提出了新的诉求。

三、大学与城市互动的模式研究

大学与城市的互动模式是大学与城市在双向互动发展的现实过程中所体现的简化形式[⑦]，国内关于两者互动模式的研究主要有两种划分依据，一种是根据要素资源形成的空间集聚形态角度，将大学与城市互动发展的基本模式分为：团块集群模式、边缘扩散模

① 任梅，大学与城市融合发展的内在逻辑及实践路径［J］. 教育评论，2021（12）：19-25.

② 施孝忠. 大学与创新型城市协同发展研究［J］. 江苏高教，2018（07）：37-41.

③ 祝世璋，日本大学与地区“共存共荣”为社会作贡献［J］. 世界教育信息，1994（12）：10-11.

④ 祝世璋，日本大学与地区“共存共荣”为社会作贡献［J］. 世界教育信息，1994（12）：10-11.

⑤ 陈蓉蓉，冯典. 大学与城市在经济层面的互动机制分析：理论与挑战［J］. 高等理科教育，2020（04）：38-45.

⑥ 郄海霞，陈超. 城市与大学互动关系探讨——以纽约市与其高等教育系统的互动为例［J］. 清华大学教育研究，2013，34（01）：73-79.

⑦ 张德详，李枭鹰. 大学与城市互动发展论［M］. 北京：科学出版社. 2018.

式和区域联动模式[①]。任梅（2021）将其归纳为集群型、辐射型、扎根型、共生型等不同类型。而就区域联动模式下的不同主体间的互动路径，又将互动模式分为校地合作模式、校企合作模式和校校合作模式，他们分别反映了政府推动、市场引领和学术主导的模式导向。无论哪种互动模式，大都论证了集中在大学科技人才培养、大学科技成果转化与产业升级推动城市发展的互动，而针对此类互动模式的研究，国内学者的研究成果较为丰富，耿宁荷（2017）[②]认为当前大学与城市互动类型主要有三种，一是大学推动型，主要有斯坦福大学的硅谷、哈佛大学的“放学后计划”、罗格斯大学的“城市研究中心”等，二是企业引导型，典型案例有哥伦比亚大学和威斯康星大学等开展“城市扩展项目”，第三种即政府搭台型，打造互动的区域环境尤为重要，诸如《莫雷尔法案》、2011 年加利福尼亚州出台的“FAIR 教育法案”、2015 年美国众议院通过的 NCB 法案等。赵淑雯（2017）认为，作为科技创新人才培养的大学是城市新兴产业发展的重要组成部分，要借助大学科技创新人才的推动力量，主动为城市新兴产业发展服务[③]。王颖（2014）通过建立苏南地区五市战略性新兴产业 GDP 与高校招生人数之间面板数据分析模型，得出大学应加快培养适应新兴产业发展的科技创新人才，加快校企互动的步伐[④]。王琳，王新媛，王瑾（2016）等人从科技创新成果的角度，深入探讨了大学科技创新成果与产业需求发展之间的有效对接机制，地方大学应努力提升科技创新成果转化的能力，为城市产业发展提供科技支撑[⑤]。

针对大学与城市互动的研究，国外学者往往通过小视角切入，约翰·戈达德（2019）指出，增加教学课程、“服务学习”、开展社会活动研究等是为了加强高等教育的核心活动，而对于解决社会排斥问题的方法更多采用当地伙伴关系模式，这一模式中包括公共部门和第三部门的各种参与者。高等教育机构作为政策制定和社会治理的参与者，嵌入性并不普遍[⑥]。此外，还有一些学者通过研究大学对城市产业、经济互动形式研究来探索大学与城市互动新模式。瑞典学者 Enrico Baraldi（2013）通过研究瑞典西部大学、乌普萨拉大学等瑞典办学水平较高的大学研究人员的学术行为后发现，由于研究行为的出发点与利益驱使度不同，大学与新兴产业的互动模式主要包括共同参加、相互影响、联合行动、密切关系四大类，且他们之间是层层递进的关系[⑦]。德国的弗朗霍夫学会作为德国

---

① 张德详，李枭鹰．大学与城市互动发展论［M］．北京：科学出版社．2018．

② 耿宁荷．大学与城市互动发展的战略选择［J］．保险职业学院学报，2017，31（06）：55-59．

③ 赵淑雯．提升高校服务地方战略性新兴产业发展能力的思考［J］．河北企业，2017（12）：64-65．

④ 王颖．战略性新兴产业发展视域下的苏南地区高校人才培养研究［J］．教育探索，2014（9）：72-73．

⑤ 王琳，王新媛，王瑾．建立地方高校科技成果与产业发展需求有效对接机制研究［J］．中国轻工教育，2016（6）：44-46．

⑥ 约翰·戈达德．大学与城市［M］．天津：天津大学出版社，2019．

⑦ Baraldi E，Forsberg P B，Severinsson K．Crafting University-Industry Interactions：A typology and empirical illustrations from Uppsala University，Sweden［J］．Teknik Och Teknologier，2013：157-193．

国家创新体系的重要组成部分，以其独有的弗朗霍夫模式（Fraunhofer-Gesellschaft Modle），以大学为依托，以市场应用为导向，实现大学与产业的互动[①]。

纵观国内外研究发现，国外对于大学与城市的研究起步较早，这与国外大学发展历史渊源存在一定关系，国内关于大学与城市关系的研究在21世纪以来有明显增长。通过文献查找及对比，发现在大学与城市的主题研究，有以下几个特点。一是研究内容上，在大学与城市关系的研究中，探索大学与城市互动和协同共生关系较多，分析大学与城市互动的阻力或者研究对抗关系的较少；在“单边”影响研究中，以大学对城市发展的影响研究居多，而城市对大学发展影响的研究较少，在大学对城市发展的影响研究中，热点集中于大学与城市文化互动以及大学对城市经济的影响这两方面[②]。二是研究方法上，以定性研究为主，定量研究较少。定性分析中有运用文献综述法、比较研究等总结研究现状，寻找相关理论支撑，也有案例研究，通过讲述特定大学与城市发展及相互影响的历史，佐证大学与城市逐步走向互动这一结论。定量研究采用回归分析等通过构建计量模型研究大学与所在城市经济、文化发展的相关性研究，鲜有通过基于CitySpace文献分析工具进行两者互动关系探析。三是在大学与城市互动关系研究主题上，主要体现为互动领域、互动理论、互动历史、互动个案、互动视角研究等[③]。

因此，在大学与城市关系研究领域现有研究运用计量方法和理论模型分析手段略显不足，比较研究中也以定性分析为主，而对于使用QCA等创新研究方法不够。研究多侧重于大学与城市在经济、文化、竞争力等方面的互动研究，对高校促进城市政治、城市规划、基层社区治理和服务等方面的研究不够充分。虽大学与城市互动路径研究也较为普遍，但都体现为讲述从对抗到互动的历史、互动模式及策略，对于机制性研究较少，例如文献中的对策以搭建校企合作平台、探索人才联合培养等，然而对于如何构建合作平台的顶层设计和机制构建研究较少，从而使得大学与城市互动的核心内容即互动模式和策略的研究略显淡薄。对此，本书将在从研究方法、研究主题上进行一定创新，深化大学与城市互动领域研究。

① Jia-Qiang Zhao. Study on Fraunhofer-Gesellschaft Model Based on Generic Technology Research［J］. Industrial Engineering and Management，2012（5）：132-137.

② 陈茜. 基于Citespace大学与城市互动关系的可视化分析［J］. 河北建筑工程学院学报，2021. 39（02）：138-144+150.

③ 曲纵翔，赵丽文. 从对抗到共生：中世纪大学与城市关系变迁——以牛津大学为例［J］. 现代大学教育，2020（1）：61-68.

第二章

大学与城市良性互动的理论基础

大学与城市良性互动既有实践的需要，也有理论的支撑。本章主要从高等教育哲学的发展进程及主要观点，从高等教育认识论、政治论的哲学观出发，看大学的职责使命以及大学与城市互动所具备的哲学基础；基于共生理论，从生物学视角分析大学与城市共生发展的共生单元、共生环境、共生模式；基于三螺旋理论，从社会学视角分析大学与城市共生发展的三螺旋协同发展模型；基于资源依赖理论，从管理学视角分析大学与城市良性互动的资源有效配置等。

第一节　哲学视角：基于高等教育哲学的思考

高等教育哲学就是用哲学的视角去研究高等教育的根本问题。研究高等教育哲学领域的代表作是美国布鲁贝克著、王承绪等译的《高等教育哲学》，也是西方第一部以高等教育哲学为书名的专著，是作者布鲁贝克在达特茅斯学院、耶鲁大学、密执安大学等从事高等教育 50 余年的工作经验总结和对高等教育的哲学思考，对高等教育借以存在的哲学基础、学术自治、学术自由、高等教育为谁服务等八方面的问题进行了论述。关于高等教育哲学研究的基本问题，宋景华在其《高等教育哲学概论》中概述为 4 个方面：一是高等教育或高等教育机构应当是什么（目标或价值）；二是高等教育机构怎样才能达到这种理想（策略）；三是为了实现高等教育的基本功能，高等教育机构应当做什么（措施）；四是为保障上述三个方面，社会和高等教育机构应当提供什么制度支持（条件）[①]。

截至目前，高等教育领域主流的哲学观仍是继承布鲁贝克的认识论哲学和政治论哲学。在 20 世纪，大学确立他的地位的主要途径有两种，即存在着两种主要的高等教育哲学，一种哲学主要是以认识论为基础，另一种哲学则以政治论为基础[②]。强调认识论的人，在他们的高等教育哲学中趋向于把以“闲逸的好奇”精神追求知识作为目的[③]。强调政治

① 宋景华．高等教育哲学概论［M］．石家庄：河北教育出版社，2009．

② 约翰•S•布鲁贝克．高等教育哲学［M］．王承绪，等译．杭州：浙江教育出版社，2001．

③ 约翰•S•布鲁贝克．高等教育哲学［M］．王承绪，等译．杭州：浙江教育出版社，2001．

论的人认为，人们探讨深奥的知识不仅出于闲逸的好奇，而且还因为它对国家有着深远影响[①]。

布鲁贝克的《高等教育哲学》中译本出版后，在中国高等教育界引起了巨大反响，被誉为是高等教育界的“必读书目”。与此同时，也有一批学者对布鲁贝克的高等教育哲学观提出异议。如张楚廷主张生命论的高等教育哲学，他指出，当高等教育哲学强调认识论和社会论基础时，就已经忽视了高等教育哲学的核心基础—生命论。教育起源于人这种特殊生命的活力，高等教育是这种活力的进一步腾升和上扬，可能也正因为这种腾升和上扬而更易引起社会和政府的关注，更想将其置于自己的把握之下，但是，总不能因此而把这种“后天的事实”视为先天的事实吧[②]。如卢彩晨主张经济论的高等教育哲学，认为经济论是当代高等教育哲学的必要基础。随着和平与发展成为时代主题、人类社会进入知识经济时代以及经济全球化的进一步深化，当代世界高等教育哲学的基础不仅是认识论和政治论的，也是经济论的[③]。周光迅从哲学是爱智之学这一旨归出发，提出智慧论的高等教育哲学基础，他指出，人出于闲逸的好奇而认识世界、掌握世界（认识论），高等教育必须对民族、国家的发展承担起应有责任和义务（政治论），以人本身作为教育的出发点和归宿（人本论），这无疑都是教育应该承担的使命，但这一切都首先必须让人拥有一种“大智慧”，即引导人类文明健康理性发展的大智慧，而这正是高等教育存在和发展的最高使命，等等。综合学术界的认可度等因素，我们还是以布鲁贝克提出的认识论、政治论两个哲学观点作为高等教育哲学的研究基础。

一、认识论：以“闲逸的好奇”精神追求知识

高等教育哲学来源于高等教育本身。高等教育诞生之初处于社会的外围，研究生院以不受市场和政界影响为荣，本科生院趋向于成为与世隔绝的修道院式的机构[④]。从大学职能的演化进程来看，大学成立之初，是简单纯粹的知识探索与传授的“象牙塔”。布鲁贝克指出，强调认识论的人，在他们的高等教育哲学中趋向于把以“闲逸的好奇”精神追求知识作为目的。人们对所生存世界的探索、发现与思考，主要是受个体“闲逸的好奇”的驱使，这种探索、发现与思考，可以同社会的发展和人类的进步丝毫无关，只是纯知识的探究。正如纽曼认为大学是传授普遍知识的场所，是一切知识和科学、事实和原理、探索和发现、实验和思索的高级保护力量[⑤]。雅斯贝尔斯指出，大学是一个由学者

① 约翰·S·布鲁贝克．高等教育哲学［M］．王承绪，等译．杭州：浙江教育出版社，2001.

② 张楚廷．高等教育生命论哲学观［J］．湖南文理学院学报（社会科学版），2005（05）：14-18.

③ 卢彩晨．经济论：当代高等教育哲学的必要基础［J］．教育研究，2015，36（11）：43-48.

④ 约翰·S·布鲁贝克．高等教育哲学［M］．王承绪，等译．杭州：浙江教育出版社，2001.

⑤ 约翰·亨利·纽曼．大学的理想（节本）［M］．徐辉，顾建新，何曙荣，等译．杭州：浙江教育出版社，2001.

和学生共同组成的追求真理的社团①。

然而，这种对知识的探究不仅是闲逸的好奇，只有越来越精确的知识验证才能使人们得到满足。高深学问忠实于真理，不仅要求绝对忠实于客观事实，而且要尽力做到理论简洁、解释有力、概念文雅、逻辑严密。真理能够站得住脚的标准是它的客观性，学术的客观性或独立性来自于德国大学所称的价值自由（werfreiheit），教授们依据这一原则力求得出“不受价值影响（value-free）”的结论，尽力排除所有的感情色彩②。19世纪初，洪堡创立了柏林大学，主张“通过研究进行教学”“教学与研究统一”等办学原则，教授们不只是传授知识，还需传授对知识的研究思想、研究成果。这样，教授们和学生们都要从事科学研究。这种做法，德国的许多大学纷纷效仿，使得德国的科学事业快速发展。柏林大学成立的第一年，只有52名教授和256名学生。然而这所大学的建立，却使柏林成了当时的精神中心，也使当时的普鲁士国成了有计划推动发展科学事业的样板③。柏林大学之所以伟大，正是因为它确立了“以高深学问”为主的思想，促进教授们与学生们探究“高深学问”的学术自由，也就是将科学研究作为大学的主要职能。这一做法后来被世界各国效法，特别是美国，许多新成立的美国大学学习德国的做法，开展科学研究活动，且一批美国学子赴德留学，产生了一批顶尖的研究人员和大学管理者，包括执掌哈佛大学长达40年的艾略特。他们回国后，借用柏林大学的办学理念，治理美国大学，如哈佛大学于1825年开始试行，1870年全面实行的选修制；哈佛学院于1826年首开研究生教育，1872年正式成立的研究生院等。

认识论的进步意义在于排除价值影响，特别是摆脱了宗教的束缚和教会的控制，将知识、真理公布于众，让大家来鉴别和批判，且这种鉴别和批判是没有国界没有时限没有宗教色彩的。在20世纪，象牙塔的存在不是没有根据的，它摆脱了外界的束缚，放弃了暂时利益，成为保护人们进行知识探索的自律的场所④。因此，高等教育认识论哲学对于高等教育发展的贡献是跨越式的。但从发展的观点看，认识论的局限性也是显而易见的。

二、政治论：知识对国家和社会发展有深远影响

布鲁贝克指出，第二种高等教育哲学是政治论的。按照这种观点，人们探讨深奥的知识不仅出于闲逸的好奇，而且还因为它对国家有着深远的影响。强调高等教育除了排除价值判断探讨和传授深奥的知识外，还应该关注国家的需求、社会的诉求。如果说没

① 雅斯贝尔斯. 大学的理念［M］. 邱立波，译. 上海：上海人民出版社，2007.

② 约翰·S·布鲁贝克. 高等教育哲学［M］. 王承绪，等译. 杭州：浙江教育出版社，2001.

③ 金秀芳. 洪堡人文主义理想在德国大学中的体现［J］. 德国研究，2001（1）：65.

④ 约翰·S·布鲁贝克. 高等教育哲学［M］. 王承绪，等译. 杭州：浙江教育出版社，2001.

有学院和大学，那么，想理解我们负责社会的复杂问题就几乎是不可能了，更不用说解决问题了。过去根据经验就可以解决的政府、企业、农业、劳动、原料、国际关系、教育、卫生等问题，现在则需要极深奥的知识才能解决。而获得解决这些问题所需要的知识和人才的最好场所是高等学府[①]。国家和社会想要了解、认识、解决复杂的问题，想要认识和解释自然和宇宙间的奥秘，想要解决政府、企业、农业、劳动、原料、国际关系、教育、卫生等问题，都需要高深知识的支撑，都需要高深知识的参与，因为这些知识和技术主要掌握在掌握高深知识学问的大学教授和学生们。所以，对于国家和社会来讲，高等教育至关重要，关乎一个国家和社会的健康发展、持续发展，于是高等教育不应仅仅是以"闲逸的好奇"精神追求知识的场所，与此同时，还需关心和服务政府和社会的发展需求，这就是一个政治问题。对高等教育在政治上的合法地方用不着大惊小怪，所有伟大的教育哲学家都把教育作为政治的分支来看待，如柏拉图的《理想国》、亚里士多德的《政治学》、约翰·杜威的《民主主义与教育》等都是如此[②]。

实际发生的事情是，贯穿19世纪的不断加速的工业革命的力量，给学院和大学所发现的知识以越来越现实的影响。学术知识，特别是占优势地位的研究性大学所提供的知识，发展了工业生产上的奇迹，与此同时，也被用来建设发展生产时所引起的弊端。结果，政治论的高等教育哲学与认识论的高等教育哲学并驾齐驱，甚至压倒了认识论的哲学[③]。一般认为，19世纪中后期，美国威斯康星大学的正式成立，是高等教育政治论的最佳例证。在威斯康星州，地处麦迪逊中心大道两端的大学和州议会并肩协力为民众的意愿服务[④]。

威斯康星州立大学在创办之初，就提出要直接为本州服务，把提高本州的农业和工业生产效率作为办学的指导思想。这种办学思想，后被称为"威斯康星思想"。威斯康星大学是一所州立大学，是根据美国的莫里尔法案建立起来的。法案规定，联邦政府按每一名国会议员赠送三万英亩土地给所属的州作为建立一所农业和机械工程学院的经费，专为发展当地的农业和地方工业服务。由于威斯康星大学在成立之初，土地是所在州拨付的，其初衷也是专为发展当地的农业和地方工业服务的，就和地方的关系很是密切。所以，威斯康星州立大学创办之初，就提出要直接为本州服务，提高本州的农业和工业的生产效率，作为办学的指导思想。这样，威斯康星大学直接为地方服务，对州的发展起了很大作用；这个州的生产、经济很快发展起来，这个大学也得到很大益处，因为资本家、企业家肯拿钱出来了，政府也肯帮助了。所以它的财政来源很丰富，大家很愿向学校投资。很多学校也纷纷效法，向它学习。如同一时期的另一所赠地学院加州大学伯

① 约翰·S·布鲁贝克．高等教育哲学［M］．王承绪，等译．杭州：浙江教育出版社，2001．

② 约翰·S·布鲁贝克．高等教育哲学［M］．王承绪，等译．杭州：浙江教育出版社，2001．

③ 约翰·S·布鲁贝克．高等教育哲学［M］．王承绪，等译．杭州：浙江教育出版社，2001．

④ 约翰·S·布鲁贝克．高等教育哲学［M］．王承绪，等译．杭州：浙江教育出版社，2001．

克利分校，积极参与国家和军方科研项目，迅速壮大了自身实力。

政治论的进步意义在于，认为高等教育不仅仅是排除价值判断探讨和传授深奥的知识的封闭状态下的“象牙塔”，而是面向国家和社会开放的，是面向国家和社会发展需求，并为国家和社会发展解决实际问题的，要探讨与国家和社会发展需求相关的知识，使得知识根据现实性，要传授与国家和社会发展需求相关的知识，培养国家和社会需要的更适合的人才。高等教育政治论认为必须考虑高深学问的价值判断问题，即需要关注探究和传播的知识“有没有用”，一旦无视高深学问的价值判断，则会导致高深学问束之高阁、无人问津。

三、实用主义：认识论与政治论结合的可能

尽管“威斯康星思想”取得了成功，然而，在高等教育哲学的政治论和认识论之间仍然缺乏和谐。其矛盾之处在于，探讨高深学问的认识论方法想方设法摆脱价值影响；而政治论方法则必须考虑价值问题①。其实，从历史的观点来看，不同国家不同时期不同阶段的高等教育，有不同的高等教育哲学的选择。高等教育哲学多元化是高等教育多元化的必然结果，也是高等教育哲学不断完善的发展过程。于是，布鲁贝克指出：大概把认识论的和政治论的高等教育哲学结合到一起的最好途径，是重新探讨当前关于知识本身的理论。价值自由的认识论的基础是现实主义。当然高等教育和社会需求的这种结合根本不能采取预防方法以保护其免于价值自由。因此，现实主义的认识论必须用实用主义的认识论做补充。这种方法大概可以使高等教育哲学的政治论和认识论之间达到最有效的和谐②。

认识论和政治论的高等教育哲学虽然有其矛盾之处，但并没有对错之分，只有是否适合之分。所以，高等教育不可能只接受一种高等教育哲学观，而是可以在不同的国家、不同时期选择不同的高等教育哲学观。正如布鲁贝克所言，如果大学不可避免地要卷入到复杂的社会中去的话，那么我们就既需要专业方面的高深学问，也需要研究方法的高深学问。经验和历史表明，当这两方面相互结合起来的时候，他们各自都得到繁荣并发展③。

以美国高等教育为例，建国初期的美国，高等教育主要遵循的是政治论的高等教育哲学观。我们把学院和大学看作是提供牧师、教师、律师和医师的场所，这种观念是殖民地时代继承下来的，而这种观念在殖民地时代又是从欧洲继承下来的④。而自约翰·霍

① 约翰·S·布鲁贝克．高等教育哲学［M］．王承绪，等译．杭州：浙江教育出版社，2001．
② 约翰·S·布鲁贝克．高等教育哲学［M］．王承绪，等译．杭州：浙江教育出版社，2001．
③ 约翰·S·布鲁贝克．高等教育哲学［M］．王承绪，等译．杭州：浙江教育出版社，2001．
④ 约翰·S·布鲁贝克．高等教育哲学［M］．王承绪，等译．杭州：浙江教育出版社，2001．

普金斯大学建立以后，美国的高等教育则主要遵循的是认识论的高等教育哲学观。直至19世纪中后期，威斯康星大学成立后，政治论哲学和认识论哲学在美国高等教育中并驾齐驱，因为适合当时时代发展的需要。正如牛津大学坚持以应对人类挑战为愿景强化使命担当，实施城市未来项目，引导学生学习如何应对城市不断变化带来的挑战，使城市变得灵活、健康、稳定、繁荣、包容、有韧性及充满活力，促进相关联合持续发展目标的实现。因此，高等教育作为一个客观存在，自有其合理之处，不管是认识论的高等教育哲学观，还是政治论的高等教育哲学观，只要有利于高等教育自身的发展，高等教育就应该向何处去，不去考虑其他的因素，而是回归到高等教育之本，也就是高等教育所应承担的职责和使命。

基于以上对高等教育哲学的回顾与分析，认识论和政治论的高等教育哲学观都是合理的，都是高等教育及社会发展到一定阶段的产物，且两者是可以相互融合的。纵观中国现有的高等教育，必须坚持认识论的价值观，不遗余力地支持大学教授们开展知识的发现探寻与传播，揭示人类社会和自然社会的规律问题，这就要求大学要必须坚持以人才培养和科学研究为根本，为国家和社会培养延绵不断的人才、提供取之不竭的高新技术；同时，要在此基础上，践行政治论的哲学观，紧密结合国家和社会发展需求，对接乡村振兴、共同富裕等国家发展战略，主动谋划、积极开展有效的社会服务，将发现探寻的知识与实际相结合，促进高深知识的转化与运用，推动国家和社会的高质量发展。

城市的发展对一个国家或地区的经济和社会发展起着引领作用，也是一个国家或地区经济和社会发展水平的重要标志。为此，大学必须坚持认识论与政治论相统一的高等教育哲学观，既不遗余力地开展人才培养和科学研究，且这种人才培养和科学研究要紧密结合所在城市及区域经济社会发展需求，又要在人才培养和科学研究的基础上，提升自身社会服务的能力与水平，积极与城市开展富有成效的良性互动，在服务城市高质量发展的同时，获取社会价值，提升社会影响，并谋求自身的高水平发展。与此同时，城市要积极响应国家科教兴国、“双一流”大学建设等发展战略，充分发挥自身的优势，重视并积极扶持大学的发展，为大学的高质量发展提供空间、财政、政策等方面的支持，在推进大学高质量发展的同时，获取自身发展所需的人才、技术等。因此，基于高等教育哲学探讨大学与城市的良性互动，可以为大学与城市良性互动找到哲学基础，特别是作为大学既要践行高等教育认识论，且在新时代背景下，要更加重视践行高等教育政治论，在服务城市高质量发展中彰显更大作为、作出更大贡献。

第二节　生物学视角：基于共生理论的观察

共生理论源自于生物学领域，认为生命有机体与新的生物群体融合的共生，是地球上所发生的进化过程中最重要的创新来源。透过生物共生现象，人们认识到共生是人类之间、自然之间以及人与自然之间形成的一种相互依存、和谐、统一的命运关系。大学与城市作为一个独立的单元，都是人类社会发展到一定阶段的产物，在两者的发展历史长河中彼此之间互为交织、互为促进，彼此的目标和利益存在耦合，这是大学与城市两者形成共生关系的关键。

一、共生理论的产生

共生概念的提出，最早源自生物学领域。学术界普遍认为，第一个提出广义的生物共生概念的是德国医生、著名的真菌学奠基人德贝里（Anion De Bary）（1831-1888 年），他在 1879 年明确提出："共生是不同生物密切生活在一起（Living together）"。1884 年，其又大讲共生、寄生、腐生的问题，并且描绘了许多生物间的共生方式。随后，范明特（Famintsim）、科勒瑞（Caullery）和斯哥特（Scott）等生物学家发展了德贝里的共生思想，形成了系统的共生理论。1969 年，斯哥特提出：共生是两个或多个生物在生理上相互依存程度达到平衡状态。1970 年，美国生物学家马格里斯（Margulis）提出"细胞共生学"，共生学说由此盛极一时。但共生学说的学术争论在 70 年代一直没有停歇，国际学术会议关于共生学说的探讨频繁进行，比如 1978 年英国伦敦皇家学会讨论过"细胞作为栖息地"的问题，1979 年在美国俄亥俄州讨论"寄生物或共生物细胞的相互关系"，同年又在美国纽约举行"真核细胞器的起源和演化"的国际学术会议，但这些国际会议针对的都是纯生物学领域的共生概念。马格里斯在 1981 年从生态学视角指出："共生是不同生物种类成员在不同生活周期中重要组合部分的联合。"1998 年，我国学者将共生理论引入经济领域，把共生定义为共生单元之间在一定共生环境中按某种共生模式形成的关系，并提出以共生三要素（共生单元、共生模式和共生环境）来描述共生的本质，建立了以共生密度、共生界面、共生模式分析共生关系状态的理论框架。复旦大学洪黎民教授在 1996 年发表的《共生概念发展的历史、现状及展望》一文对生物共生论的历史作了简要勾勒。

人文区位学认为，各区位之间的成员在相互的竞争与共生中可以促使自身的能力得到提升，从而在各成员之间达到一定的均衡。均衡的状态对于维持社区内成员生存和发展有着重要的作用，这正是共生的意义所在。如果这个均衡一旦被打破，那么共生将不复存在[①]。中国著名社会学家费孝通曾提到："帕克曾经具体地研究出人类社会中人与人的关系，第一种指人是为自己而生的，其他人都是自己生存发展中的'工具'。第二种承认人是有独立于自身的意志，在生存发展中是与自己相等的'对手'。他把第一种关系概括为共生，把第二种关系概括为接洽。共生在生物学领域内是司空见惯的现象，并不为

① 中国大百科全书．社会学［M］．北京：中国大百科全书出版社．1991．

奇。而在人类之中，除却共生，还可以发现另外一种与生物学领域完全不同的现象：这些人类为了保全别人的意志不顾及自身的利益关系。”[①]胡守钧在其《社会共生论》中这样描述：“社会共生是人的基本存在方式，任何人都生活在人与人、人与自然的共生系统之中。共生关系不只是存在于某个社会某个方面，而是遍布人类社会的经济、政治、文化、社区、社群、家庭等所有领域，其表现更是形形色色，千姿百态。没有共生，也就没有人的存在。就此而言，社会共生论是一种关于人如何存在的哲学。”[②]日本著名建筑师黑川纪章在《新共生思想》中说：“迄今为止，在对共生思想的研究与发展的过程中，我们可以看到共生与调和、共存、妥协等类似词语之间的差别。共生的关系是矛盾的，存在于共生关系里的个体不仅是单纯的合作关系，一损俱损，一荣俱荣，还是竞争关系，在竞争中并不是各方面无谓的损耗，而是在竞争中互相进步，激发各自的潜能，而最后的结果则是实现创新性的共赢。在共生关系中，并不是单纯的资源共享，所得到的利益也不只是单独个体的叠加，而是在共生的关系中，竞争中要有合作，合作中不断竞争成为一种可能性的关系，使各个方面的资源都能发挥最大的作用，使每一个个体都能实现自己的目标，这就是共生所被赋予的含义。”[③]“从古至今，共生是一种永远不会被淘汰的关系，相反的，随着时间的推移，人们还会不断地扩充、发展共生关系。直至现在，共生关系已经运用到人文、社会等各个方面。”[④]

二、共生系统结构及共生类型

社会现象复杂纷呈，共生关系千姿百态、各有特色。但从共生系统的结构来看，共生系统一般由共生单元、共生界面、共生环境和共生能量 4 个基本要素构成。共生单元是指在共生关系中具有一定的资源要素并且能够流动交换的单位或组织，共生单元是组成共生体的基本条件。不同的共生体中，共生单元有着不同的性质和特征，在不同的阶段不同层次的共生分析中共生单元的性质和特征也是不同的。对共生单元的描述我们可以按两条路径进行：一条是共生单元的外部特征；另一条是共生单元的内部特征。外部特征描述共生单元的性状和表现，以共生维度体现出来；内部特征描述共生单元的内在性质和内在关系，以共生密度体现出来。共生单元的内、外部特征的交换作用是共生单元存在和发展的基本动力。

共生界面是一个综合的概念，包括了共生单元之间资源要素交换与流动的方式、运行机制等，同时还涵盖了共生单元之间互动平台、传输通道等。共生界面代表着共生主

① 费孝通．乡土中国［M］．上海：上海人民出版社，2006．

② 胡守钧．社会共生论［M］．上海：复旦大学出版社，2012．

③ 黑川纪章．新共生思想［M］．覃力，杨熹微，暮春暖，等译．北京：中国建筑工业出版社，2009．

④ 唐娟，中国高校共生发展问题与策略探究［D］．镇江：江苏大学，2019．

体之间共生关系成立的基础，也是共生关系能够维持，高效、稳定运转的保障。一般共生界面主要包括信息传输、资源要素交换、能量传输等中介功能。共生界面也分为两种，一种是共生单元直接发生作用的界面，一种是共生单元间接发生作用的界面。

共生环境是共生主体自身因素以外的所有影响因素的综合，共生环境往往决定了共生关系以及主体单元的产生与发展。共生界面中共生单元所有资源要素的物质流、信息流和技术流等，都受到共生环境的影响，但又反作用于共生环境。在共生关系中，用来描述共生模式、共生单元、共生环境相互作用的稳定性和效果的叫做共生能量。共生能量是共生系统稳定和持续发展的具体表现，也是共生系统质量提高和数量扩张的前提。

在共生关系存在的前提下，在一定的共生环境中，共生单元通过共生界面形成不同的共生类型。根据每一类共生类型决定因素的内部差异，我们可以把共生组织划分为许多不同的共生类型。首先，根据共生单元间的资源要素价值，我们可以把共生划分为水平共生和垂直共生；其次，根据共生的组织程度，我们可以把共生划分为点共生、间歇共生、连续共生和一体化共生等；再次，根据资源要素的分配，我们可以把共生体划分为寄生型、偏利型、非对称互惠型和对称互惠型等。

三、共生理论对大学与城市互动的改进与完善

首先，共生理论在大学与城市关系的发展中具有较强的适用性。在大学与城市的关系研究中嵌入共生理论，可以为大学与城市良性互动开辟新的思路。大学和城市构成了一个个共生单元，在人才培养、科技创新、产业发展等方面存在共生度，大学与城市之间存在偏利共生和互惠共生关系。特别是改革开放以来，我国社会治理体系不断完善，经济社会得到快速发展，但在发展中也出现了人才缺失严重、科技创新乏力、行政干预过多等问题。共生理论的引入，以促进资源要素合理流动为导向，提供促进大学、政府、市场主体协同共生的组织模式和行为模式，能够使共生主体之间资源要素供给更加系统化、一体化，促使各方获取理想收益，使主体间共同合作、共同发展。大学与城市的共生关系应该向着互惠共生模式发展，当然，互惠共生并非让大学与城市完全实现一致化，因为两者具有各自的组织使命、组织目标和行为方式，通过互惠共生模式的引导，促使二者在实现经济社会高质量发展上的资源要素效能最大化。综合来看，共生理论在人才培养、科学研究等方面能够促进大学与城市的良性互动，并对“高等教育资源支持城市经济社会发展、城市资源促进大学发展”的双向互动关系具有较强的指导意义，为开展大学与城市良性互动研究提供了广阔的空间。

其次，共生理论嵌入大学与城市良性互动的内在机理。将共生理论引入到大学与城市关系的研究，可以从共生单元、共生环境和共生模式等要素以及彼此之间互相影响、互相结合的共生界面进行适用性分析。共生单元的差异性，使大学与城市产生能量辐射

的差异。共生单元是共生关系中的主体表现形式，也是能够进行基本能量、资源要素的生产和交换的主体。根据大学与城市互动的相关研究，在促进大学与城市良性互动中的共生单元主要包括大学、政府和市场。据此，可以将大学与城市共生中的主要共生单元界定为由大学系统、政府系统和市场系统。其中，大学组织、政府部门（监管部门）、企业等成为系统中较为分散的共生单元。共生单元在共生系统中互相传递信息流、技术流、能量流等资源要素。这些资源要素一部分流向大学，促进大学系统的高质量发展，还有一部分流向大学之外，为经济社会发展提供动力源泉。共生环境的供给，使得大学与城市共生具有发展基础。共生环境是促进长期有效的共生关系，并促进共生模式的快速运转，共生环境的变化会影响共生关系、共生模式的发展。除了分析客观的共生环境之外，从对共生单元的影响来看，共生环境还可以分为积极的共生环境和消极的共生环境。积极的共生环境，可以有效推动大学与城市的良性互动，为共生提供良好的环境支持。消极的共生环境，也就存在很多因素制约着大学与城市的良性互动，造成大学与城市之间的冲突，促使大学与城市难以形成协同共生关系。

最后，共生界面的构建，使大学与城市资源要素共生的能量相互流动、交换。共生界面包括共生单元、共生模式、共生环境，是一个综合的共生系统界面。包括了系统内各种要素之间相互影响、相互结合的主体和介质。在共生界面中，信息流、技术流和能量流等在共生单元之间进行流动、交换和传导。其中，大学系统主要包括知识、人才、科技等介质，政府系统包括了法律、税收、政策等介质，市场系统则包括市场主体、资金等。在实施与发展中不断调整和优化，在充分发挥市场“看不见的手”的资源配置的功能同时，强化政府“看得见的手”的监管与引导，通过将共生主体间的资源要素进行有效配置，在共生单元之间搭建平台，促进能力的传递与交换，同时，让共生主体“各司其职”，为大学与城市的良性互动承担各自责任，发挥各自能量作用。

第三节　社会学视角：基于三螺旋理论的分析

“三螺旋”理论诞生于生物学领域，但被广泛运用于社会学领域。在“三螺旋”理论中，埃茨科维茨强调了大学及知识生产机构正在成为社会的主要机构，是创新的主体。其实，“三螺旋”理论不刻意强调谁是主体，而是强调政府、产业和大学作为政策链、创新链和知识链之间的彼此融洽的合作关系，强调政府、产业和大学都可以分别代表政策链、创新链和知识链，成为“三螺旋”体系的主导者或参与者，分别以三条各自独立的螺旋链存在并在彼此间动态平衡中实现螺旋上升。大学与城市良性互动，除了大学与城市两个主体外，企业是中介介质，促使大学、城市、企业三者螺旋交织、良性互动。

一、“三螺旋”理论的产生及主要观点

20 世纪 50 年代，三螺旋概念出现在生物学领域。20 世纪 90 年代，随着知识经济的到来，知识的生产、转化与运用在经济社会发展中的作用日益突显，经济社会要实现高质量发展必须以高深知识为基础，且这种高深知识要与产业发展紧密结合。无独有偶，随着大学职能的不断演化，大学社会服务的职能得到有效拓展，大学在专业设置、人才培养等方面与地方经济、产业发展等的联系日益密切，对地方经济社会发展及产业升级的贡献越来越大，已经成为服务地方经济社会发展和产业进步的重要力量。有作为自然而然就有地位，地方政府和产业公司普遍发现了大学知识的贡献和作用。在整个创新体系中，高校作为知识生产和基础科研的中心，逐渐从创新的边缘组织成为参与创新的直接主体，创新的组织和运行方式也随之发生变化，原来政府主导的创新模式和基于市场的只有放任模式逐渐被高校、政府、企业三方协同合作模式所代替[①]。

在这样一个大背景下，纽约州立大学社会学家亨利·埃兹科维茨（Henry Etzkowitz）及其团队借鉴生物学的“三螺旋”概念，创新运用到了社会学领域。1995 年亨利·埃兹科维茨和洛埃特·雷德斯多夫（Loet Leydesdorff）合作发表的《政产学关系的三重螺旋：一个知识经济发展的实验室》等一系列文章，在三螺旋概念基础上创新提出了著名的官、产、学三螺旋理论，分析在知识经济时代政府、产业和大学之间的新型互动关系，被学界认为开创了一个创新研究的新领域、新范式。埃兹科维茨将三螺旋概念描述为三重螺旋是一种创新模式，是指大学—产业—政府三方在创新过程中密切合作、相互作用，同时每一方都保持自己的独立身份[②]。即政府、企业与大学是知识经济社会内部创新制度环境的三大要素，它们根据市场要求而联结起来，形成了三种力量交叉影响的三螺旋关系，这就是所谓三螺旋理论[③]。

在三螺旋结构中，知识经济社会的运行不再是政府—产业或大学—产业的双螺旋的线性关系，也不再以某一根螺旋为主，而是政府—产业、大学—产业、政府—大学三根螺旋之间的交叉互动。一根螺旋线可以代替另一根螺旋线为主驱动力，而此时原来起核心螺旋线作用的那个机构就变成了支撑机构，大学、产业、政府都可以成为创新的领导型机构范围，三者相互作用，实现动态平衡[④]。三条螺旋链各自既以独立的身份螺旋式地相互作用，又以动态平衡的合作关系相互作用、紧密合作，在实现自我提升的同时，促进彼此间的发展，推动经济社会快速发展。三螺旋理论强调作为创新主体的大学、产业

① 郄海霞．高校与城市互动机制比较研究［M］．北京：高等教育出版社，2019．

② 亨利·埃兹科维茨．三螺旋——大学·产业·政府三元一体的创新战略［M］．周春彦，译．上海：东方出版社，2005．

③ 马全成．产学研协同创新模式对产业技术创新质量的影响研究［D］．株洲：湖南工业大学，2020．

④ 亨利·埃兹科维茨．三螺旋——大学·产业·政府三元一体的创新战略［M］．周春彦，译．上海：东方出版社，2005．

和政府，可以理解为是相互缠绕的三条螺旋链，其中，各级政府机构是行政链；具有一定程度的组织化、市场化和产业化的公司或企业等组成产业链；以及由大学和科研学术机构组成知识链[①]。

三螺旋理论克服了国家主义（见图 1）、自由放任主义（见图 2）单独将政府、产业作为经济社会发展的单一主导者的弊端，建立了三螺旋模型（见图 3）。

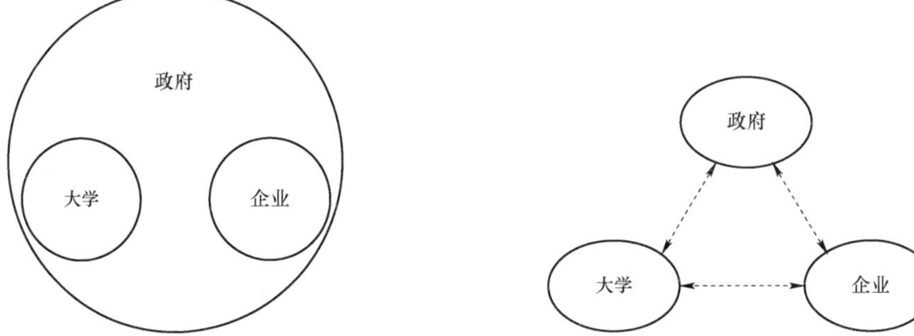

图 1　国家主义下大学-企业-政府的关系模型　　图 2　自由放任主义下的大学-企业-政府关系模型

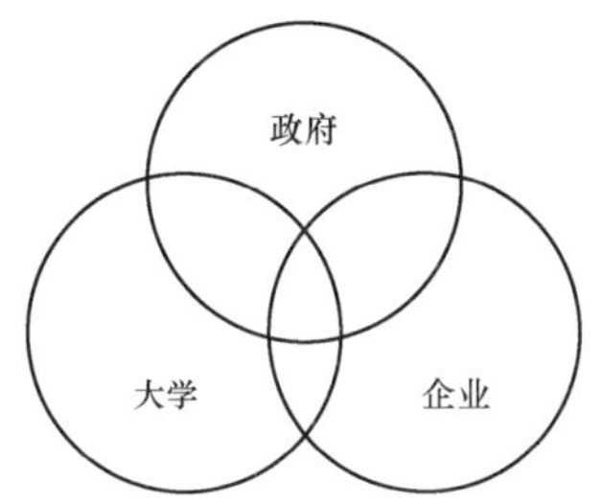

图 3　大学-企业-政府关系的三螺旋模型

“三螺旋”理论不刻意强调谁是主体，而是强调政府、产业和大学的合作关系，强调这些群体的共同利益是给他们所处在其中的社会创造价值，政府、产业和大学三方都可以成为动态体系中的领导者、组织者和参与者，每个机构范围在运行过程中除保持自身的特有作用外，可以部分起到其他机构范围的作用，三者相互作用、互惠互利，彼此重叠[②]。也就是说，政府、企业和大学作为三个主体，各自以统筹协调、产业发展和知识创新为职责，分别以三条各自独立的政策链、产业链和知识链三个螺旋链条存在，并在科技创新发展过程中通过彼此间动态平衡的缠绕和绞合的方式，形成三螺旋体进行相互合作。

三螺旋理论认为，政府、企业和大学的“交迭”才是创新系统的核心单元，其三方联系是推动知识生产和传播的重要因素[③]。在知识链条向产业链条转化的过程中，政府所

① 王书素．政产学合作模式研究——基于“三螺旋”理论视角［M］．广州：广东教育出版社，2017．

② 马全成．产学研协同创新模式对产业技术创新质量的影响研究［D］．株洲：湖南工业大学，2020．

③ 侯晓苏．广西新建公办本科院校转型发展政府引导机制研究［D］．南宁：广西大学，2018．

提供的政策链条发挥着重要的保障作用，在三条链条彼此作用的情况下，推动创新螺旋持续上升。三螺旋模型理论还认为，在创新系统中，知识流动主要在三大范畴内流动：第一种是参与者各自的内部交流和变化。第二种是一方对其他某方施加的影响，即两两产生的互动。第三种是三方的功能重叠形成的混合型组织，以满足技术创新和知识传输的要求①。

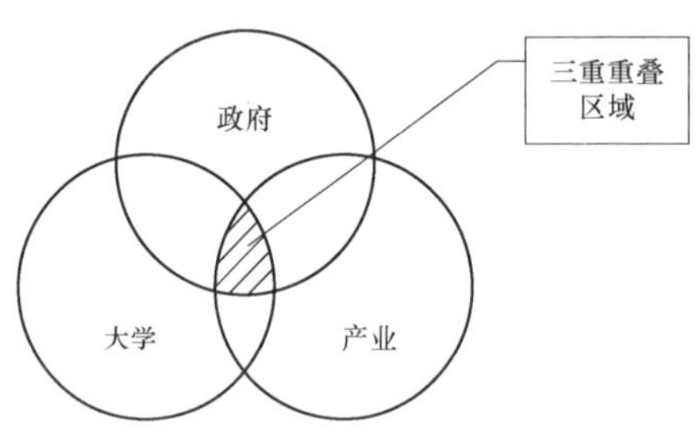

图 4　政府-产业-大学关系的三螺旋模型

三螺旋模型最发达模式是三重重叠模式（见图 4）。其具体结构是政府、大学、产业等三个机构在保持各自独立身份的同时，又都表现出与另外两个机构的一些能力，也就是说政府、大学和产业三机构除了完成他们的传统功能外，还表现出另外两机构的作用。该理论着重探讨了以大学为代表的学术界、产业部门、政府等创新主体，是如何借助市场需求这个纽带，围绕知识生产与转化，相互联接在一起，形成三种力量相互影响、抱成一团又螺旋上升的三重螺旋关系的。由于三重螺旋模型超越了以往的大学—产业、大学—政府、产业—政府的双螺旋关系模式，克服了以往的产学/产学研合作模式忽略国家层面考虑的不足，自提出以来一直为学界所热衷②。

二、大学与城市互动三螺旋协同的可能性分析

世界经济合作与发展组织（OCED）在 1997 年《国家创新体系》报告中指出：创新是不同要素和企业相互作用的结果，创新并不是以一个完美的线性方式出现，而是系统内部各要素之间的相互作用和反馈结果。在三螺旋理论视角下，大学与城市要实现良性互动，要充分考虑企业也就是市场这个因素，即大学（知识链）、城市（政策链）与企业（创新链）三者的螺旋关系，而城市则充当的是政府的角色。

首先，大学、城市和企业三螺旋协同的意愿是一致的。大学作为为党育人、为国育才的重要阵地，具有知识生产、发现、传播与运用的功能，是大学、城市和企业三螺旋协同的知识链条，肩负着人才培养、科学研究和社会服务的重要使命。从西方高等教育

① 侯晓苏．广西新建公办本科院校转型发展政府引导机制研究［D］．南宁：广西大学，2018．

② 边伟军，罗公利．基于三螺旋模型的官产学合作创新机制与模式［J］．科技管理研究，2009，29（2）：4-6．

发展史来看，大学服务区域包括城市高质量发展也是其重要职责使命之一。国家计划委员会、国家教育委员会、财政部联合印发的《“211 工程”总体建设规划》中，明确指出“对于人才的培养则是要更好的满足社会的需要……。”与此同时，新时代背景下，大学要实现自身的高质量发展，面临资源瓶颈、竞争加剧等困境，加强与城市及企业的合作，获取自身发展的资源和空间，尤其至关重要。城市要实现自身的高质量发展，知识和人才是其至关重要的两个要素，恰好大学、企业能满足城市的发展需求。城市可以代表政府为大学和企业提供事业发展的政策支持、资源信息等，搭建政校企合作协同创新平台，引导大学参与城市及企业发展中，引导企业主动参与大学人才培养中，推动城市、大学与企业三者的优质资源共享共建、协同育人，为校企深度融合提供制度保障。企业要能实现高质量发展，需要城市提供优质的政策支持，也需要大学提供的技术和人才支撑。与此同时，企业的高质量发展能有效推动城市经济社会发展，为城市高质量发展带来可观的税收、吸引大量的高层次人才、拉动消费等，为大学培养人才提供实训基地、为大学学生就业提供就业岗位等等。

其次，大学、城市和企业三螺旋协同的功能一致。大学作为知识链，是知识生产、传播、转化与运用的主体，是构建大学与城市互动发展的关键因素，起着重要作用。大学随着自身的发展，其功能外延在不断外扩至兼具人才培养、科学研究和社会服务等，通过以创新人才培养、高新技术研培、高新技术转化与运用等，为城市提供政策咨询、产业规划等技术支持及人才支撑，为企业提供技术支撑和人才支持，可以为城市和企业培养培训管理人才。并通过大学科技园孵化高新技术公司，转移转化新技术，发展新产业等等①。城市作为政策链，是构建大学与城市互动发展的主导因素，通过政策制定与实施，在整个机制中起到主导和驱动作用。城市在大学与城市互动中，具有举旗定向的作用，负责把握方向，通过教育政策、法律规章、产业规划、协同创新平台、科技创新项目、招生指标、专业目录调整等各种方式调动高校培养创新人才和开展科技创新积极性，通过产业政策、税收、补助、平台、金融以及各类产业扶持项目等各种调控工具鼓励企业创新和转型升级，同时支持和鼓励校企融合，协同发展②。企业作为创新链，是技术创新的主体，是推动大学与城市互动的推动者，起拉动作用。企业是城市经济社会发展的创新主体，能为城市发展特色产业、新兴产业提供载体，并为城市提供和创造就业岗位，为城市发展基础设施等，并在城市政策的指引下，与大学共建产学研平台等，为大学与城市的密切合作、互动发展提供强大推力。

因此大学作为知识链、城市作为政策链、企业作为创新链，形成了你中有我、我中有你，相互依赖、相互推拉的三螺旋协同，呈现出融合发展、螺旋上升的良好发展态势。

---

① 陈伟斌．基于“三螺旋”理论的地方高校校政企深度融合机制构建［J］．福州大学学报（哲学社会科学版），2019，33（6）：97-102．

② 钟德仁，张晓秀，高芳凝，等．产业学院协同创新三螺旋理论分析［J］．洛阳师范学院学报，2020，39（10）：51-55．

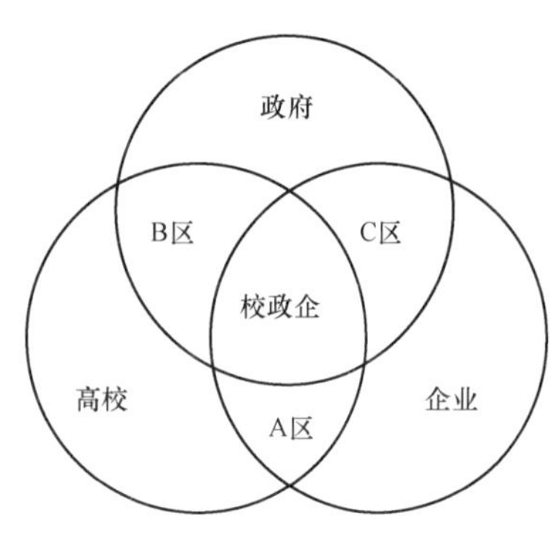

图5　大学、城市、企业三螺旋模式图

大学、城市和企业在三螺旋模式中，在各自的组织区域出现了组织活动的重叠区域，这些组织活动的重叠区域，是不同组织之间的知识、技术、政策等资源要素的重叠、组合和聚集。如图 5 所示，有两两协调的校企、校城、城企互动模式，也有校城企三方协同的三螺旋协同模式。

A 区域是校企组织双重重叠区域，是大学组织和企业组织在人才、技术、资金等资源的重叠区域。大学作为知识链，可以结合区域经济发展需求，调整设置相应专业，紧贴企业和市场需求培养合适人才、谋求科技攻关；企业可以结合自身发展需求，与大学开展协同育人，合作开展人才培养、技术攻关和科技研发，在帮助大学实现科技成果转化的同时，解决自身发展所需要的技术攻关，同时利用大学资源吸收优质人才及自身人才的继续教育等。当前校企合作既是政府力推的行为，也是大学和企业谋求自身发展的趋势，具体而言，校企合作方式有订单或冠名班人才培养、共建研发基地或实践基地、委托课题和联合研发、产学研合作中心等[①]。

B 区域是校城组织双重重叠区域，是大学组织和城市组织在人才、技术、政策等资源的重叠区域。城市作为政策链，可以围绕国家和区域发展战略，从城市经济社会发展角度出发，充分发挥政策指挥棒的作用，引导大学调整专业结构、人才培养方案及科技服务政策等，引导大学有针对性地行使人才培养、科学研究、社会服务等职能。与此同时，大学也在参与城市经济社会发展中获取城市资源、提升发展水平、扩大声誉影响。校城合作中城市起到关键作用，为大学的高质量发展提供政策支撑、财力支持和环境保障等，是校城合作的直接动力。

C 区域是城企组织双重重叠区域，是城市组织和企业组织在政策、资金等资源的重叠区域。城企组织重叠区域是有形的手与无形的手的巧妙组合。企业作为产业链，可以充分发挥市场的资源配置（无形的手）优势，在城市宏观政策调控（有形的手）下进行生产经营，既接受城市政策的管理和约束，也享受城市政策的服务与支持，在城企有效合作中推动城市经济社会发展和企业高质量发展。城企合作中城市是主导，城市可以通过调整经济发展政策、人才引进政策、招商引资政策等，主导企业发展方向，并实现城市自身的质量提升。

D 区域是校城企组织三重重叠区域，即三螺旋融合区域，是大学、城市、企业三个组织在知识、人才、政策、资金等资源的黄金重叠区域。D 区域突破了校企、校城、城企双双重叠模式的高级组织模式，资源配置更为有效、资源投入更为多样、组织参与更

① 钟德仁，张晓秀，高芳凝，等. 产业学院协同创新三螺旋理论分析［J］. 洛阳师范学院学报，2020，39（10）：51-55.

为多元，既有三螺旋体系的独立子系统，又基于共同目标实现三螺旋系统螺旋上升的总系统。大学作为知识链，是知识和人才输出中心；城市作为政策链，是政策保障中心；企业作为创新链，是经济创新中心。大学、城市、企业两两之间彼此互补互惠、共享共建，是知识链、政策链、产业链的高度融合，集知识、人才、政策、资金等资源要素于一体，集人才培养、科学研究、技术研发、成果转化、产业升级、政策优势、市场引导等功能于一体，形成彼此推进、螺旋上升的高效组织范式。

由三螺旋理论可以看出，以知识生产、人才培养、科学研究为核心使命的大学在创新中的作用日益凸显，甚至成为取代产业和政府的创新引领者[①]。在大学与城市的互动关系中，大学、城市与企业三者之间相互影响、相互依赖，形成了紧密相连的三螺旋关系，特别是D区域的高效组织范式大大推动了大学与城市的高效互动及其互动成效。近年来，随着国家“双一流”大学的推进，以及一系列创新驱动发展战略的实施，大学在紧扣城市经济社会发展开展人才培养、科学研究和社会服务的能力越来越强，在智慧城市、创新城市等建设过程中发挥的作用越来越强，已成为城市发展的主要参与者之一。因此，据于三螺旋理论探讨大学与城市的良性互动，可以更加明确大学与城市之间的关系，推动大学与城市良性互动。

第四节　管理学视角：基于资源依赖理论的探讨

资源依赖理论萌芽于20世纪40年代，在70年代以后被广泛应用到组织关系的研究中，其主要代表著作是杰弗里·普费弗（Jeffrey Pfeffer）与萨兰奇克（Gerald Salancik）在1978年出版的《组织的外部控制：对组织资源依赖的分析》。资源依赖理论属于组织理论的重要理论流派。早期的组织理论主要是以研究组织的内部规则、组织成员的激励为主的，几乎不考虑外部因素对组织运行的影响[②]。这种研究组织的观点被称为封闭组织观。资源依赖理论更为关注环境对组织的影响、组织与环境之间的关系等问题，属于开放的组织观。资源依赖理论认为，任何组织都不是孤立存在的，都是一个开放的系统，除了自身发展所需的内在资源外，需与其他组织进行交流，从而获取彼此所需的外部资源。大学与城市良性互动，实际上就是大学与城市两个组织在实现各自的发展使命和目标中，努力获取彼此所需的关键性、稀缺性资源，并在彼此获取资源过程中形成依赖关系，实现彼此间的良性互动。

① 郄海霞．高校与城市互动机制比较研究［M］．北京：高等教育出版社，2019.

② 李学楠．行业协会政治行动的逻辑与资源依赖结构［D］．上海：复旦大学博士论文，2014.

一、组织依赖理论的理论渊源及其产生

组织依赖理论的渊源，一般认为有三种不同的理论渊源：古典社会学理论，组织理论中对封闭系统模式的回应，和社会心理学中的社会交换理论[①]。且组织依赖理论的形成也有其广泛的理论基础，如塞尔兹尼克的"共同抉择"概念、汤普森的权力-依赖模式、扎尔德的政治经济视角等。

1949 年，塞尔兹尼克提出了"共同抉择"的概念，主要源自对田纳西流域当局的研究，被认为是资源依赖理论的萌芽。田纳西流域当局是美国所建成的最大的公共机构，它把电和先进的农业技术带到了南方的农村地区。发现自己依赖于南方的地方精英，田纳西流域当局就把他们吸收到它的决策结构中，塞尔兹尼克把这一过程称为"共同抉择"。虽然共同抉择也许会导致与被增选行动者的权力分享，但它也可能主要是一个象征性的策略。共同抉择涉及的组织之间权力的相对平衡已经成为组织间关系分析的一个主要争论来源[②]。

基于塞尔兹尼克的"共同抉择"观点，汤普森和麦克埃文提出了组织间合作关系的三种类型，即联盟、商议、共同抉择。在此基础上，汤普森在 1967 年提出了依赖模式。他指出，一个组织对另一个组织的依赖与这个组织对它所依赖的那个组织能够提供的资源或服务的需要成正比例，而与可替代的其他组织提供相同的资源或服务的能力成反比例。针对一个组织对其他组织潜在的屈从和替代者不稳定的可获得性所造成的困境，汤普森认为，依赖性组织的董事会通过参与所依赖组织的竞争和合作策略来保护自己组织的技术核心，像董事会这样的边界跨越单元在依赖性组织中是非常重要的[③]。

沿着这样的路线，扎尔德引入了一种"政治经济"视角。虽然它主要是为了解释组织变迁的方向和过程，但是这一方法着重于组织内外的政治结构。与汤普森的模式一致，焦点组织的自主性被削弱，因为对资源的控制（和与之伴随的制裁）掌握在另一个组织的手中。为了解决这一问题，组织从事于正式或非正式的联盟，包括横向联盟和纵向联盟。横向联盟发生在同一市场的参与者中，包括合法的手段如合并，非法的手段如价格垄断。纵向联盟发生在消费者、供给者和分销者之间，包括合并、合资企业以及共同董事会。扎尔德认为组织可以运用正式和非正式的方式来互相影响[④]。

塞尔兹尼克的"共同抉择"观点、汤普森和麦克埃文关于组织之间合作关系的研究、扎尔德的"政治经济"视角以及马克思和韦伯的古典社会学理论、社会心理学的社会交

① 马迎贤．资源依赖理论的发展和贡献评析［J］．甘肃社会科学，2005（1）：116-119，130．

② 伍宸．日本国立大学非政府办学经费拓展研究［D］．北京：北京师范大学，2013．

③ 邵楠．国际非政府组织在华发展的资源困境及应对策略分析［D］．杭州：浙江大学，2010．

④ 马迎贤．资源依赖理论的发展和贡献评析［J］．甘肃社会科学，2005（1）：116-119，130．

往理论等，为组织理论的进步都奠定了基础，也促使组织理论逐步脱离封闭系统模式。但直到20世纪70年代，杰弗里·普费弗与萨兰奇克于1978年出版的《组织的外部控制：对组织资源依赖的分析》专著，标志着组织理论关于组织分析的重点转向了组织间的分析层次。

二、资源依赖理论的重要假设及基本观点

资源依赖理论的重要假设是：组织最重要的是关心生存；为了生存，组织需要资源，而组织自己通常不能生产这些资源；组织必须与它所依赖的环境中的因素互动，这些因素通常包含其他组织；组织生存建立在一个控制它与其它组织关系的能力基础之上。资源依赖理论的核心假设是组织需要通过获取环境中的资源来维持生存，没有组织是自给的，都要与环境进行交换。在和环境的交换中，环境给组织提供关键性的资源（稀缺资源），没有这样的资源，组织就不能运作[①]。

组织依赖理论的基本要点是：组织是资源依赖理论的基本单位；组织除了自身的内部运行外，还依赖其他组织还能更好地生存，或者说离开了其他组织，孤立的组织将无法生存；为了积极生存，一个组织除了依赖周边其他组织之外，必须对周边组织作出积极反应。这就造成了组织环境的不确定性，影响组织的生存与持续成功；组织采取行动管理外部环境的不确定性，但新的行动又将导致对其他组织的新的依赖。

资源依赖理论强调组织权力，把组织视为一个政治行动者，认为组织的策略无不与组织试图获取资源，试图控制其他组织的权力行为有关。资源依赖理论也考虑组织内部因素。普费弗等也分析了组织内部的权力问题，认为能够提供资源的组织成员显然比其他成员更加重要。后来的研究者又对资源依赖理论进行了大量的经验研究，使其成为了一个系统的理论[②]。

三、资源依赖理论视角下的大学与城市良性互动

大学和城市都属于开放性组织，都需要与外界的其他组织和环境进行交流而得以更有效地发展。基于资源依赖理论分析大学与城市的良性互动，具有很强的理论指导性。在大学与城市的互动关系中，大学和城市两个组织都在为实现自己的战略目标而不断努力，而这种努力除了大学和城市两个组织内在的努力外，需向外部积极争取自身发展所需的关键性资源，在彼此获取资源的过程中，由于资源的稀缺性等，大学和城市之间便

① 邱泽奇．在工厂化和网络化的背后——组织理论的发展与困境［J］．社会学研究，1999（4）：3-27．

② 杨永林．企业集团管控模式研究［D］．北京：北京交通大学，2012．

形成了强大和持久的相互依赖关系。从大学的发展历程来看，自从大学诞生之日起，就与其周边的其他组织和环境发生着千丝万缕的联系，特别是与其所在的城市，必将形成相互资源依赖关系，这种依赖关系主要表现在大学对城市办学空间的依赖、办学政策的依赖、财政支持的依赖等。而城市对大学的资源依赖主要体现在知识和人才资源等方面。

大学对城市的资源依赖主要体现在对政府财政和政策支持的依赖上。大学对城市资源的依赖，首先体现在对城市的财政资源依赖上。大学的发展与所在城市的经济发展水平有着莫大的联系，一座城市的经济社会发展水平往往与高等教育的发展水平正相关，如北京、上海、广州、江苏等经济发达省份，均是高等教育发展强省。城市对大学的财政支持是大学赖以发展的最基础和最重要的命脉资源。因为财政资源是地方高校开展正常教育教学、科学研究、社会服务、文化传承创新活动所必需的命脉资源。地方高校需要地方的财政支持维持基本的高等教育活动，地方政府拥有的财政支持越多，在经费收入方面的自主权也就会越大，对地方高校发展与人才质量支持力度也会更大[①]。大学需要城市的财政支持维持基本的高等教育活动，且城市的经济社会发展水平越高，对大学财政方面的支持的力度可以越大。从资源依赖理论角度看，大学对城市的财政依赖是大学组织自身发展的核心资源依赖，是大学与城市形成稳定资源依赖关系的关键。大学对城市财政资源的依赖程度越深，大学与城市之间的互动就会越密切，大学与城市之间的资源依赖关系也就越紧密。与此同时，在大学长期并稳定地获取城市财政支持的基础上，大学也会在加强与城市互动过程中，深化与城市互动的关系，并积极发挥自身的作用，服务城市的经济社会发展，从而为大学与城市的良性互动关系更为稳定更为持久而不断努力。

大学对城市资源的依赖，其次体现在对城市的政策资源依赖上。大学对城市政策支持的依赖是一所大学对城市最稳固的依赖。政策资源是大学生产与发展的必要保障，一些国家以法律形式明确规定高校的性质、价值标准和发展方向，为大学的发展提供必要的法律保障。如美国联邦政府和州政府颁布的 1787 年《权利法案》、1862 年颁布的《莫雷尔法案》1963 年颁布的《高等教育设施法》、1965 年颁布的《高等教育法》等，对大学的发展、大学的办学空间、学生资助政策、科研经费管理和使用等都做了明确规定。日本政府也制定了关于大学发展的相关法律法规，如 1919 年颁布的《大学令》解决了私立大学和帝国大学的不公平待遇问题，1975 年颁布的《私立学校振兴援助法》规定了国家应对私立大学提供经常性费用的补助以及税收优惠政策等。从实际情况来看，这种政策资源，主要来自于地方政府即所在城市。如 2018 年浙江省委印发的《关于全面实施高等教育强省战略的意见》，就优化高等教育布局和结构、大力引进优质高等教育资源、推进资源整合和合作帮扶、提升高校科研与创新能力、建设高素质师资队伍、激发高校办

① 曾婧．基于资源依赖理论的地方高校转型发展策略［J］．黑龙江高教研究，2019（4）：28-31．

学内生活力、积极推进数字高校建设等方面，均提出了明确的政策支持。

城市对大学资源的依赖主要体现在对大学知识和人才资源的依赖上。在新时代发展背景下，中国经济进入高质量发展阶段，城市要在经济高质量发展中崭露头角，除了自身的努力外，还需借助外部组织的资源，特别是所在城市的大学提供的源源不断的知识和人才资源。大学是知识生产的重要机构，且大学知识的产生与社会环境密不可分①。知识经济时代，知识成为城市经济社会发展的引擎，城市经济社会发展亟须基于城市发展特色谋求新知识的发现及转化，形成独具城市特色的产业发展形态。大学的诞生及其演变是一部围绕知识发现、传播、转化与应用的发展史，是最求高深学问的学术组织，探究知识和真理、培养人才是其根本职能，并在长期的发展过程中，不断拓展自己的职能：人才培养、科学研究、社会服务。大学在实现这些职能中，不断传播知识、创造知识，并促进知识的转化与运用，培养大批城市和社会经济发展所需的人才，均是城市经济社会发展所需的重要资源。大学的知识和人才资源，对于其所在城市的发展来讲，是巨大的资源，且是延绵不断的资源。

资源依赖理论为我们分析大学与城市的互动提供了新的视角，对大学而言，如何有效地利用城市的财政、政策等资源，使这些资源与大学内部的资源有效整合并发挥最大效用；对城市而言，如何有效地利用大学的知识、人才等资源，使这些资源与城市内部的资源有效整合并发挥最大效用，是大学与城市良性互动、协同发展、共生共赢的关键所在。

① 钟建林．现代大学的社会性：关于知识生产与社会服务的讨论［J］．江苏高教，2019，219（05）：44-48．

第三章 

大学与城市良性互动的逻辑基础

大学和城市是社会历史发展的产物，大学和城市在历史进程的轨迹中，不断互动，相互融合，可以称得上是人类文明进步史的一项伟大的创新。从高等教育史的视角来看，高等教育的发展史也是一部大学与城市互动发展、融合发展的历史，它贯穿中西方高等教育从精英化到普及化、从“象牙塔”到走向社会中心的各个阶段，具有深刻的内在必然性，大学具有第一资源人才、第一生产力科技、第一软实力文化和第一驱动力创新，这“四个第一”的重要结合点，大学是出人才、出理论、出理想以及出成果的地方，高校在推动城市发展的进程中起到重要的人才支撑、智力支持和科技保障。城市大学存在双向服务、双向赋能、共同驱动的互动融合发展力量，城市的基础设施建设、物质供给，充分保障了大学的办学需要；城市的“五位一体”建设，既对大学提出了服务需求，又有力地推动着大学深化教学改革、科学研究、科技创新和文化传承创新等。本章从大学的职能与承担的历史使命出发，找准当代城市在共同富裕道路上坚持高质量可持续发展的内在原生需求，探究实现大学与城市共生共赢的逻辑基础。

第一节　大学职能与使命的历史演进：走出象牙塔

大学自诞生之日起就在“象牙塔”的庇护下保持着学术独立、自治和自由的历史传统，并长期徘徊在社会的边缘。随着现代社会的发展，大学与社会的关系越来越密切，社会发展需要大学走出“象牙塔”并为社会提供服务的呼声越来越高。与此同时，大学自身的发展及其职能的不断演化，也促使大学走出“象牙塔”，逐步走向社会的中心。这既是经济社会发展的需要，也是大学自身繁荣发展的需要。

一、西方大学“象牙塔”中的理想与使命

近现代意义的大学是从中世纪发展而来。意大利的博洛尼大学已有 1 100 多年的历史，是公认的世界上历史最悠久的大学，与英国牛津大学、法国巴黎大学、西班牙萨拉

曼卡大学并称为欧洲四大古老名校。西方大学随着社会经济的发展，大学的职能也在不断发生变化：如法国中世纪的巴黎大学确立了教授治校的传统；英国纽曼的《大学的理念》确立了大学要以教学为基本职能；德国洪堡则提出了大学要以研究为基本职能的理念；美国威斯康星大学的海斯校长提出了大学要以服务为基本职能的理念。除了教学、研究和社会服务的职能外，西方的一些大学也发展了大学的其他职能，如美国加州大学伯克利分校克尔校长提出的大学要以国际交流为基本职能的理念，美籍华裔科学家李政道则又进一步提出了大学要以文化的传承与创新为基本职能的理念等等。

（一）英国纽曼的大学理想与使命

1. 时代背景

19 世纪英国维多利亚时代的著名神学家、文学家和语言学家约翰·亨利·纽曼，同时也是著名教育家。他曾写成的《大学的理想》，在教育领域极为全面、综合地阐述了大学教育相关理论，在西方高等教育史上留下深刻的印记。

纽曼在 19 世纪提出了自由教育。当他撰写《大学的理想》一书时，形成自由教育的传统政治、宗教、经济、文化基础就开始改变。在政治上，18 世纪后期法国和美国开始的政治革命宣告了每个人都应享有政治自由，而在此基础上产生的自由教育则为实现这一目标提供了可能；在社会方面，随着工业化进程的加速以及城市人口的急剧膨胀，工业文明带来了前所未有的巨大压力；在文化教育方面，新知识层出不穷。此外，为满足大规模生产要求，向外拓展殖民地、维持国际竞争的优势，政府迫切需要大批懂得技术的、擅长经营的人才；在思想领域，由中世纪神学向近代理性转变，强调人的个性解放与全面发展；在教育领域，从学校转向社会，提倡终身学习。这些变化为自由教育提供了丰富资源。1833 年英国牛津运动启动，目的是加强圣公会中天主教的成分，呼吁按 15 世纪教会模式来整顿圣公会并唤醒公众注意政府给教会带来的危机境况，在经济上英国工业革命兴起，机械化渐渐代替原来手工业，这样每个人都可以从业，而且休闲的时间也越来越多，慢慢地人们意识到为获得更多好处，让生产继续发展下去，需要靠教育来培养优秀的实用人才，而文化基础上宗教的影响力也在不断下降，科学地位与影响力也在不断提高，科学知识精英也开始代替传统宗教。而随着资本主义发展到垄断阶段，社会对各类专业人才需求急剧增加；科学技术日益成为生产力中最活跃、最有决定意义的因素之一。为适应这些转变和保障本阶级利益，英国资产阶级将眼光转向高等教育。而牛津、剑桥等英国高校则坚守传统、强调理性培养与性格养成、拒绝科学教育。为扭转这一状况，英国大学探索新路子，开展了“新大学运动”。这些模仿苏格兰大学模式的新型大学是由市场推动的，其特点是收费低廉，对入学要求不高，对学生住校没有要求，拒绝宗教教育，对知识整体性没有重视。在英国历史上第一次出现这样规模的新型大学——“新英格兰学院”。它与当时的“剑桥学院”一起被称为近代英国最重要的大学。但是，它们很快就衰落下去了。这些新型大学的出现危害着英国高等教育数百年间所形成的古典人文主义教育传统，使得英式大学的传统理想面临着严重挑战。同时，以斯宾塞和赫胥黎以及爱丁堡评论派为代表的功利主义和科学主义的倡导者，不断抨击牛津和剑桥的保守和封闭，要求这两所大学进行改革。取消宗教考试、将自然科学成果吸纳进大学教育内容、要求开设自然科学课程和设立科学实验室等。到了这个时候，英国的传统大学理想已经出现了危机四伏。纽曼就是在这一语境中作为一个人文主义者，对大学教育中存在的重大问题作了全面而综合的理性反思。

2. 基本观点

（1）教学是大学的唯一功能

在纽曼看来，整个讨论的逻辑起点是基于对大学本质的阐释和对全部知识组成了一个整体的理解。作为一名哲学家，他提出了大学应该具有两个基本职能：一是向社会输送和传播知识；二是培养人的理性能力。这一观点与他的认识论有直接联系。在词源学视角下，他主张“大学（university）是传授普遍（universal）知识的地方”[①]。在此基础上，大学更关注传播知识。因此，大学教育注重学生理性思维能力的培养，更要弄清楚培养什么样的理性，传播什么种类的知识。在他看来，大学教育需要提供完整的知识与普遍教育而非狭隘的只在专业领域有所教学。知识是一种状态，表现人的心智，而追求知识正是这样一种精神追求，目的在精神本身。综合而言，纽曼认为大学存在的主要目的绝不仅仅是使人有学问或是为工作做准备或提升个人品质等研究性、专业性、道德性的缘由，而应当是为获取知识而存在的理性，培养公民素质进而推动社会和谐有序发展。

（2）大学的主要目标是实现自由教育

纽曼的通识教育是一种思维、理性和反思的操作活动，其目标是培养思维、培养性格和理性发展。自由教育的具体体现是集智慧、勇气、宽容和修养于一体。为了知识本身而追求知识是实施这一教育的重要途径，他反对大学里狭隘的专业教育。他认为，当知识按其程度变得越来越特殊时，知识就不能称为知识。换言之，一个人的知识越是特殊和经验性的，他拥有的知识就越少，教育的自由也就越少。他用“好”与“实用”之间的关系来论证通识教育与专业教育之间的关系[②]。实用的东西并不总是好的，但好的东西必须是实用的。既然通识教育的目的是培养理性，而理性的培养本身就是一件好事，也是一种实践教育。虽然“实用”和“好”分别属于工具层面和价值层面的概念，但它们可以完全统一。自由教育与专业教育的培养目标并不矛盾，因为接受自由教育的人有能力立即从事相关的科学和专业工作。纽曼的自由教育思想虽然不追求功利主义和实用性，但它并不否认其功利主义和实用性，这是对功利主义的有力反驳。

---

① 约翰•亨利•纽曼. 大学的理想［M］. 徐辉，等译. 杭州：浙江教育出版社，2001.

② 约翰•亨利•纽曼. 大学的理想［M］. 徐辉，等译. 杭州：浙江教育出版社，2001.

为了实现这种免费教育，他除了坚持以知识换知识的原则外，还主张学生应该真正主动地进入知识领域，接受并掌握知识。他认为学生们必须采取行动来应对即将到来的事实。他说，学生们不仅仅是来听课或读书的，而是来进行问答式教学的，这种教学存在于师生之间的对话中。他理想中的大学生不仅要积极、主动、开放、互动地学习，还要从普遍联系的角度掌握知识。他主张学生要在新旧知识之间建立联系，通过分析、分类、比较、协调、匹配、整合等手段，使新知识真正内化为学生整个知识体系的有机组成部分，真正实现学生智力的增长。由于学生不可能学习对他们开放的每一门学科，为了实现大学应该提供普遍而完整知识的教学目标，他主张大学应该成为“教育场所”而不是“教学场所”，即学生应该生活在“代表整个知识领域的人”中，强调学生应该在充满普遍知识的教育团体氛围中进行自我教育。

（3）大学的职能在于知识的传播

纽曼在他的大学教育观中主张教学与研究分离。他认为发现和教学是两种截然不同的功能。大学的职能是教学，而不是科学研究。科研院所是知识创新的重要场所。大学旨在传授知识。他们大多数是没有受过智力训练的学生。他们主要准备接受一般知识的学习，所以教学是他们唯一的功能。他指出，大学是教授综合知识的地方，这是知识的普及和扩展。如果一所大学的目的在于科学发现和哲学探索，人们就看不出它为什么需要学生；如果它是为了宗教训练，它就不能成为文学和科学的中心。因此，在大学里，教师的责任是与学生建立联系，并将知识传授给学生，重点放在教学上。也就是大学教育的重点领域在知识传播中得以体现。

（二）德国洪堡的大学理想与大学使命

1. 时代背景

威廉·冯·洪堡是高等教育史上一位划时代的教育家。洪堡在19世纪初普鲁士改革期间担任普鲁士教育主管一年多。在他短暂的任期内，他为柏林大学的成立做出了巨大贡献，从而开创了德国大学史上的一个新时代。洪堡在进行改革的过程中，撰写了几份手稿，特别是关于柏林大学的建立，如《科尼斯堡学校计划》《立陶宛学校计划》《文化和教育部的工作报告》以及《高等学术机构的组织》。他发表的一系列文章构成了洪堡大学教育的基本命题。

2. 基本观点

（1）大学的两大使命

洪堡指出大学的两大使命，一是探索科学，二是培养人格和道德。洪堡所谓的科学就是所谓的纯科学。纯粹的科学是以深刻的概念为基础的，与历史和自然科学不同，这些“经验科学”可以统领所有学科，是世界上各种现象知识的最终归宿。换句话说，纯科学就是哲学。思辨哲学是科学发展的极致，是各种科学学科的升华和纯粹形式。纯科学不追求自身以外的任何目标，只追求纯知识和纯理论。所谓修为，是新人文主义的核心概念，是指道德和人格的境界修为。它是人格全面发展的结果。这是作为一个人应该具备的素质，与特殊的能力和技能无关。相反，任何专业和实践的学习都会使人偏离正确的修身之路。在他看来，只有纯科学才能达到修养的境界，因此摒弃所有有使用价值的杂质。大学应当是这样一个完全从事科学的研究机构，而不是狭义层面的教育机构。

当然，科学活动有其独立的价值，并不从属于其他目标。正如洪堡所说，科学不是有意为自我修养做准备，而是天生适合自我修养[①]。换句话说，大学可以尽可能地专注于科学。只要它是一种探索科学的活动，它就可以在大学里蓬勃发展，从而实现自我修养的目标，“科学也可以培养品格”。因此，洪堡非常重视科学在大学中的核心地位。他说大学应该“专注于科学”。同时，洪堡的科学观也包含着对科学的具体态度。他指出，大学应该将科学视为一个尚未完全解决的问题，因此他们始终处于探索过程中。大学所依赖的原则是“视科学为取之不尽、用之不竭的东西，永不放弃探索”。这不仅适用于教师，也适用于学生。洪堡认为，大学教师不是严格意义上的教师，大学生也不是真正的学生；大学生已经在做研究了，老师只是在指导和帮助学生做研究。

（2）大学的组织原则是孤独和自由

洪堡从大学是纯科学研究机构这一核心理念出发，认为大学的组织原则应以纯科学概念为基础。根据纯科学的要求，大学有两个基本的组织原则：自由和孤独。洪堡认为，对于纯科学活动来说，自由是必要的，孤独是有益的；大学的所有外部组织都基于这两点。在大学里，孤独和自由是主导原则。

根据洪堡的论述，他所谓的孤独应该包含以下三层含义：

第一，大学应该独立于国家的政府管理体制，即独立于所有国家的组织形式[②]。洪堡认为，大学从事的科学活动是一种精神活动，不同于任何更严格的组织形式。然而，在现实中，大学的生存和发展离不开国家提供的经济和组织保障。因此，国家有义务为大学提供这种保障。同时，洪堡提醒国家，国家为不同性质的大学组织提供资金，必然会产生一些消极的作用，精神会被事物所掩盖，高尚会落入庸俗。

第二，大学应该独立于社会和经济生活[③]。洪堡说，关于大学与国家关系的规范也适用于大学和社会的实际生活。如上所述，洪堡将纯粹的科学和培养视为大学的任务，因此大学的活动与社会经济对知识和技能的要求截然不同。科学的目的是探索纯粹的知识和真理，而不是满足社会的实际需要[④]。洪堡认为，当科学似乎多少有些忘记生活时，它往往会给生活带来最好的福祉，而修身只能在纯粹的科学活动中获得。任何专为满足社

① 宋洁绚．我国研究型大学科研发展研究［D］．武汉：华中科技大学，2005．

② 王琼．洪堡的大学理念及其对我国高等教育改革的启示［J］．泰山学院学报，2017，39（5）：131-135．

③ 徐美娜．影响世界一流研究型大学形成的关键因素的研究［D］．兰州：兰州大学，2011．

④ 肖海涛．大学理想演变的历史轨迹［J］．高等教育研究，2000，21（1）：104-108．

会实际需要而设计的专业知识，只会使人变得庸俗，偏离自我修养的方向。洪堡在关于人文教育的讨论中指出，必须排除现实生活或某个行业的需要。如果与通识教育课程混为一谈，教育将是不纯的，完整的人将无法培养。

第三，大学教师和学生应该愿意孤独，不受任何世俗事务的干扰，充分沉浸在科学中。洪堡用孤独或闲暇来描述大学生活，并将其视为学习的重要条件。但孤独并不排除大学成员之间的学术交流。根据他的假设，大学不过是一群从事科学的人的精神生活。在这里，有些人专注于独自冥想，有些人与同龄人生活在一起，还有一些人将学生聚集在一起。他们想要的只是科学，生活在科学中。对于学生来说，大学的意义在于让他们有时间进行科学思考。

另一个同样重要的原则是自由，它也包含三个含义：

首先，自由属于国家。孤独强调大学、科学和国家或政治本质之间的差异，而自由则强调大学的权利和国家的责任。根据科学的内在要求，大学只能在自由的条件下开展活动。洪堡认为，威胁大学自由的因素来自两个方面。首先，就其性质和对大学的责任而言，国家是侵犯大学科学活动的主要潜在因素。因此，洪堡非常重视国家与大学的关系，反复强调国家应尊重科学活动的特点，明确自身对大学天然和潜在的危害，尽可能限制对大学的干预，不试图将大学活动纳入政府的行为体系。另一方面，对大学自由的唯一伤害来自于大学内部。他们可能会在一开始接受一些想法，然后倾向于压制其他不同的想法。

洪堡认为，消除这些有害因素必须依靠国家。具体措施主要通过国家对大学教师的聘任来解决。洪堡认为，国家应该利用大学教授任命权来确保大学教授的多样性，防止大学出现门户概念或行会风气。

第二，教师的自由。根据洪堡的观点，大学教师在孤独和休闲中从事学术工作，不受国家的控制，也不受各种社会利益的约束。他们完全服从科学的内在要求，自由地进行科学探索。当然，他们享有完全的自由。

第三，学生的自由。在洪堡看来，大学生和教师肩负着同样的任务，无论是学术还是科学，他们都应该像教师一样享有充分的自由。根据洪堡的假设，大学生应该独立地进行科学思考。他们可以接受老师的指导，与老师一起学习，或独立从事研究，甚至偶尔听课。

（3）大学与外部世界

这里的外部世界可以看作是政府和社会。洪堡生活的时代，大学与社会的关系与纽曼时代有很大的不同。洪堡认为，大学应该是相对独立的，不受国家政治和经济的干涉，但并不要求国家放手。国家应该对大学给予支持，采取措施防止各种弊端损害大学的健康发展。洪堡认为，大学的学术自由实际上是与国家利益相一致的。总的来说，国家不应该以利益相关者的角度对大学提出要求，而应该认为，如果大学实现了自己的目标，也就在更高的层次上实现了国家的目标，由此产生的效果和影响远远超出了国家的权力范围。

洪堡在谈到大学的孤独和自由时，强调的是大学和学术界的利益。然而，洪堡作为政府的教育总监讨论了柏林大学。事实上，洪堡并没有忽视国家的利益。他提出大学应该保持独立地位的原因仍然是为了整个国家的利益。在洪堡看来，孤独和自由可以促进大学的繁荣，而大学的繁荣和科学的发达是国家的利益。因此，国家应该为大学创造条件，保证其繁荣，让其发展，而不是让大学直接服从国家的各种实际需求[①]。

（三）美国威斯康星州立大学的宗旨与使命

19 世纪末，美国的高校中，由于民主思想的扩大，公共事业已成为学校的一项重要任务。美国近代高校的公益思想是其民主思想的必然结果。1862 年到 1890 年间，美国先后两次以土地捐赠方式为威斯康星州立大学提供资金，并呼吁各高校扩大其在农艺与机械学领域的教育及服务性工作，由此开始，美国的高校为社区发展提供便利。该议案被称作“赠地法”，它要求联邦向每个国会成员提供 30 000 英亩的土地，用以建立至少一所教授农业和机械工艺的学院。美国土地面积大、人口少、农业生产水平低、食品短缺严重制约着美国的工业快速发展，因此要加强对农业的科学和机械化。要发展农艺，发展农机化，发展地方的轻工业，必须要有专门的技术人员，因此，美国出台了“赠地法案”，为创办大学专门划拨土地，使美国 59 个州分别获得 30 000 英亩土地创办大学。因此，这种学校与当地的联系非常紧密。威斯康星州立学院的创始之时，查尔斯・范海斯院长就曾主张为学校提供最基本的教育理念，他主张，大学不但要发展具有创造性的学问，还要解决经济、社会、政治等方面的现实问题，而且要以此为导向，以改善州里的农工商生产力。学校在培育学生的同时，也设立了一个宣传教育基地，专门为农民开设关于农业的短时培训，传授当地的经济、卫生、教育、管理等等。而且，他们的实验基地和附属工厂，也会向公众提供土壤、矿石、燃料等方面的分析，为当地的农业提供技术支持。州也聘请大学的老师担任相关的咨询工作。通过这种方式，威斯康星大学可以对州的发展产生重大影响，州的生产和经济发展得很快，学校也从中受益，因为资本家和企业家愿意提供资金，而且国家也愿意提供援助。因此，大学的资金非常充裕，很多人都愿意在大学投入资金。许多学校都仿效这一做法，普林斯顿的威尔逊院长曾经说过：“一所大学能够在美国的发展史上占有一席之地，靠的不只是知识，还有他们的奉献精神。”在美国，这样的教育理念被称为“威斯康星思想”，也就是“为社区而生”。威斯康星思想的本质在于将大学的人才资源用于地方经济的发展，将社会服务作为大学的职责之一。

威斯康星思想确立，标志着大学的社会服务职能的确立，大学从消极地顺应时代发

① 宋洁绚．我国研究型大学科研发展研究［D］．武汉：华中科技大学，2005．

展，转向为以更为积极和开放的姿态促进社会进步，社会属性已完全嵌入大学运作体制之中，成为大学运作的重要驱动力。

二、我国的大学理想和宗旨

正如西方的大学理念和大学的使命一样，早期的大学就是一所“象牙塔”，远离城市，追求学术的自由。但现在，大学更多的是要突破传统的封闭性，走出大学与其所在的区域和城市交流，走出大学与科研院所、企业等其他社会组织交流，具体到大学内部学科与学科之间的内部交流也在不断增强，这种外部、内部的频繁交流，促进着大学的高质量发展。

“大学职能为大学应承担的社会职责和履行这种职责的能力统一体。”①大学职能经历由单一职能向多元职能的转化，由最初的人才培养到人才培养与科学研究并存，再到人才培养、科学研究和社会服务三位一体的社会职能。我国大学的职能也是各项职能交叉演化、共同发展的过程。《高等教育法》明确指出，大学要围绕培养“以人为本”，同时开展教学、科研和社会工作。顶层设计中的重要使命以思想构建为出发点，落脚点在于立德；法律文件中的职能以功用塑造为出发点，落脚点在于树人。从新中国建国至今，在大学的功能演进历程及重大任务的发展过程，法律条文和学术探讨，都是推动大学功能演化与重大任务升华的重要力量。大学的作用不仅反映在学术探讨中，而且反映在行政执法和政策制定中。

1. 人才培养

在新中国成立之初，中国科学院是中国的一个重要的学术机构，它负责组织和监督国内的科学事业。中苏两国的友好交往，使我们的大学模仿苏联的教育方式，注重教育和教育的功能。1950 年 4 月，第一次全国高等教育会议在北京召开。大学应当以《共同纲领》第 41 条到第 47 条为切入点，以“理论联系实践”相结合的方式，以培养具有一定文化程度和掌握现代科学技术、为社会奉献的高等建筑专业人才。1961 年 9 月，《教育部直属高等学校暂行工作条例（草案）》（第六十条）为大学的办学功能提供了一个基本的制度基础。与此同时，生产劳动、科学研究和社会工作要以教育为起点，进行科学研究和社会工作的合理配置。1983 年 6 月，第六届全国人大第一次会议通过的《政府工作报告》，明确指出要加快发展各类专业的建设型人才，重新确定了大学的核心使命。

新中国成立之初，大学具有最根本的教育功能，并以此来实现教育的核心使命。最初的教育型人才培养是以培养专业技术为导向的。随着经济发展和科学水平的提高，社

① 侯银怀. 高等教育学［M］. 太原：山西人民出版社，2007.

会对人才的需求出现了多方面的需求，单一的教学型人才培养模式已不能适应时代发展的要求。在这种情况下，我国教育部于1995年9月举行了“加强高校文化素质教育试点工作研讨会”。从这一背景出发，我们的大学开始了全面的素质教育。1999年6月，全国教育工作会议发布了《中共中央国务院关于深化教育改革全面推进素质教育的决定》，这标志着高校人才培养的使命发生了巨大的变化，实现了由单一教学型向全面发展的过程[①]。随着素质教育的普及和大学师资队伍的不断壮大，我们越来越注重人才的多元化。2010年5月，《国家中长期教育改革和发展规划纲要（2010—2020年）》在全国人大常委会上正式批准。高校人才培养的使命已经发生了变化，其意义已经不再局限于人才的数量增加，而是从人才种类、层次和规格的多元化发展，从而适应社会和经济发展对人才专业化、精细化的需求。国家教育部在2012年3月份颁布了《关于全面提高高等教育质量的若干意见》。高等学校的教育功能是我国第一个建立和强调的功能。从理论上讲，从建国之初到改革开放之前，高校的功能就是以这种方式发挥作用的。而教育和人才的具体内涵和发展取向也是在不断地适应社会和经济环境的发展而不断发展。

2. 科学研究

在新中国成立之初，国家就认识到了科研对促进国家科技进步和国家实力增强的重大意义。但在那时，科研工作以大学以外的科研单位为主。科学研究还没有纳入到高校的功能当中。1956年，由国家科学计划委员会牵头，起草了《1956-1967年科学技术远景规划（草案）》为将科学研究纳入高校功能，开辟了一条可行的发展途径。1961年9月，中共中央颁布了《高等教育六十条》，其中规定，高校应当大力发展科研事业。从这一点可以看出，60年代初期，我们对高校科研工作的重视程度有了很深的了解。然而，新中国成立之初，我国高校面临着严重的社会问题，高校缺乏支持科研工作的能力，与一般的科研院所相比还有差距。为了改进大学的教学环境，促进大学科学研究的发展，政府已经着手资助大学科研工作。1962年，中国科学院和财政委员会通过了从第二年开始拨款，用于资助科学科研工作。直到60年代中叶，国内已形成一大群科研机构，比如：清华大学的无线电研究所、北大数学系、复旦数学系，诸如此类。20世纪60年代，高校科研水平有了很大提高，但是科研工作的重心仍然停留在一些主要高校和专业上，而没有扩展到更多的高校和学科。

1977年8月，邓小平在《论科技与教育界的若干问题》讲话中指出：“高等院校，特别是重点高等院校，应当成为科研的一个重要方面军。它们有能力且有这方面的人才。随着院校整顿调整与学生质量的提高，学校的科研能力会逐步增强，科研的任务应得到进一步落实。朝这个方向走，我们科学事业的发展就可以快一些。”[②]邓小平的

① 史秋衡，季玟希．中华人民共和国成立70年来大学职能的演变与使命的升华［J］．江苏高教，2019（6）：1-7.

② 邓小平．邓小平文选（第2卷）［C］．北京：人民出版社，1994.

讲话对我们的科研工作有很大的帮助。此后，国家出台了一套鼓励高校进行科研的举措，如教育部、国家科委、财务部拨款 3 千万元，为高校提供重要的科研和实验服务。随着国家的发展，高等教育获得了新的腾飞，在这段时间里，高校的科研功能得到了充分发挥。

1985 年 3 月，中央发布了《中共中央关于教育体制改革的决定》《中共中央关于科技体制改革的决定》。两份文献相互补充，明确了我国的科学技术和教育发展的趋势，并确定了高校科研工作的职能定位。90 年代以后，高校科研工作越来越注重把理论和科研结果转变为生产力，并将其应用于生产实践。1991 年 9 月，中共中央《关于加强高等学校科学技术工作的意见》中，特别强调我国高校科技工作已有长足进步，为国家经济发展做出了重大贡献。我们要把重点放在建设一流高校上，把高校的科研功能作为提高国家综合实力和国际竞争能力的重要途径。国家计委、国家教育委员会和财政部于 1995 年 11 月印发了《“211 工程”总体建设规划》。1998 年 12 月，教育部颁布了《面向 21 世纪教育振兴行动计划》，重点扶持 30 多所高等院校在学科建设、质量建设、科学研究和科研成果转化上取得突破。

3. 社会服务

改革开放以来，我国大学的社会服务功能得以正式建立和发展，这要归功于《高等教育法》的颁布。可以追溯到新中国成立之初的苏联学校，它着重于培养学生的实际生活，并由此为学生提供了相应的社会服务。《关于教育工作的指示》是在 1958 年由党中央、国务院发布的。它指出，要把教育和生产工作结合起来，就是要为无产阶级政治服务。在这一时期，高校的社会性功能是以高等教育和生产性劳动的形式存在。

我们在学习苏联高校及科研机构与生产单位合作模式的基础上，摸索出了一条符合自己发展方向的教学、科研、生产三位一体的教学模式。20 世纪 80 年代，国内对“产学研”的研究进行了一次又一次的探讨。1982 年 5 月，国家领导人在视察国家重点高等院校科学技术成就展示活动中，提出：“各院校可以根据自己的办学实际，与厂矿企业相结合，形成教学、科研、生产的固定联合体。”此后，华东化学工业学校先后建成了全国第一所“教学科研生产联合体”，并于一年之内先后签署 9 项联合体合同，初步形成了“产学研结合”的模式。1985 年 3 月，党中央颁布了《关于科学技术体制改革的决定》，提出要彻底转变科研单位与企业分离、科研设计与教育产品分离的现状，并进一步强化高校与企业的合作。邓小平在 1992 年的南巡演讲，为中国的市场经济发展指明了道路，开启了以经济发展为中心的时代。以经济发展为中心，为高校走向社会的中心创造了条件。1990 年 10 月至 1992 年 5 月，先后在深圳、沈阳和石家庄举办 3 届“国家教育与生产性劳动”学术讨论会，使教学与生产劳动的融合，在理论和实际上进行了多维的讨论，并成立了国家产学合作教育学会。1992 年 3 月，国家经贸委、国家教委和中国科学院共同实施了“产学研合作项目”。

有的专家认为，高校在知识资源方面占有较多的优势，在一定程度上能够对社会做出重大的贡献，并指出高校在为国家提供“经济功能”方面发挥着重要作用[①]；一些专家提出，高校要实现“科技转化、生产力发展”的关键，应该更加全面地促进生产力的发展[②]；还有一些学者则认为，高校社会服务功能只局限在科学的理论和技术层面，注重在促进社会发展的过程中发挥着积极的推动作用。

4. 文化传承和创新

自改革开放以来，高等教育得到了党中央、国务院的高度关注，同时也取得了巨大发展。大学所具备的人才培养、科学研究和社会服务的功能已经形成了广泛的共识，对我国经济建设、社会进步和科技进步具有重要意义。要以国家科技体制为重点，努力培育出一大群高素质、高水平的创新型人才。大学的创新精神及创新人才的培养，是大学具有持久活力的关键，也促使大学逐步形成社会发展的中心力量。1999 年 12 月，教育部发布了《面向 21 世纪教育振兴行动计划》，这份文件第一次突出了大学对民族发展的重视和继承，这是继大学人才培养、科学研究和社会服务职能之外的另一职能的表现，这也引起了学术界的广泛关注，开展了就大学肩负文化的传承与创新这一职能的激烈探讨。一些专家提出，高校要在创新型国家的历史发展过程中，充分利用高校的领导力，构建高校的精神文化，促进创新的发展[③]。有些专家也主张要突显大学人文社会科学的作用，要充分发挥大学人文社会科学在文化继承和创新方面的独特作用。他们认为，大学应该担负起文化的继承和创新使命，这既是中国大学自身发展的必然要求，也是中国特色的社会主义文化信心的表现。

2011 年 4 月，胡锦涛在清华大学百年庆典上指出：“高校是继承优良传统的一个主要媒介，也是我们的思想和文化的一个重要来源。”第一次指出大学与文化继承与创新的联系。2012 年教育部印发《关于全面提高高等教育质量的若干意见》，对大学的文化传承和创新任务作了进一步阐述：推动中华优秀传统文化和世界优秀文明的结合，加强对文史哲等学科的扶持，培养大学精神，发挥文化育人的功能。十八大以后，习近平总书记反复谈到了“文化自信”，并着重于通过继承优良的传统文化来巩固中华文化的基础，并从社会主义的先进文化中吸取教训，不断提升文化自信。大学是我国文化传承和创新的一个重要舞台，需要不断地利用自身的文化功能来坚定“四个自信”，为中国特色社会主义建设贡献高等教育的力量。

5. 国际交流与合作

进入 21 世纪，随着经济一体化进程的加快，特别是我国加入 WTO 后，与世界其他国家在经济、政治、文化等各领域的交流合作越来越紧密。大学作为知识生产、传播、

① 陈祖兴. 论大学的教学·科研·经济三大功能［J］. 东南学术，1992（5）：57-59.

② 王亚朴. 高等教育和生产力发展［J］. 高等教育研究，1993（01）：48-52.

③ 赵沁平. 发挥大学第四功能作用引领社会创新文化发展［J］. 中国高等教育，2006（8）：9-11.

转化与运用的组织，在知识经济时代，也受到了经济全球化的巨大冲击，我国的高等教育不仅要立足于国内的发展，而且要全面协调国内外的全局，扩大其开放的广度和深度，提高其对外交往的层次和水平。2012 年教育部在《关于全面提高高等教育质量的若干意见》中就加强对外交往和合作，并就如何大力引进优质资源、实施走出去战略、全面实施留学中国战略等问题进行了阐述。2015 年 11 月，《统筹推进世界大学和一流学科建设总体方案》中，我国明确了“以中国特色、世界一流”为主线，加速建设世界一流高校和一流学科。2017 年 7 月，清华大学制定并执行了划时代的《清华大学全球战略》，创立了苏世民书院，以及美国的国际创意研究院，在 2017 年博鳌亚洲论坛期间成立了亚洲大学联合会等。清华大学在全球发展的战略布局中，逐步从国家发展的战略平台向更广阔的全球发展舞台迈进，加速其国际化的发展进程，为同类院校提供了一份可供参考的发展规划，推动着中国一流的科研院校走向“世界一流”。北京大学，复旦大学，南开大学等都在全球范围内进行着规划。

随着社会的发展、经济的进步、科技的繁荣，大学的功能也在不断地发生着由一向多的转变。在我国，改革开放之前，大学注重教育和以教育为核心的教育功能；伴随着我国经济体制的变化，大学开始向科研和社会服务转变。这一时期的发展特点是“外推内进”，这就是外在的社会环境迫使大学必须担负起相应的社会责任，而外在因素又是推动大学的内部功能增强。随着我国高等教育的不断发展，以及经济全球化趋势的加剧，不少学者将文化传承与创新、国际交流与合作也纳为大学的职能，其展示的发展特点是积极地顺应，就是大学对社会环境的积极反应，对可能出现的问题进行预测和寻找对策，基于中华传统文化开展文化传承与创新，并在世界范围内广泛开展跨国家、跨文化的学术交流。大学作出的这一积极反映，是对经济社会的发展和经济全球化趋势加剧的内在反吹，也是我国高等教育符合时代发展的内在需求。

对西方大学职能演化的历程进行回顾，可以发现，我国大学的职能及其发展也基本遵循西方大学职能不断演化的历程，处在一个不断发展的过程中。虽然学术界有将文化传承与创新、国际交流与合作作为大学的职能，但还只是停留在学术探讨上，还未在高等教育领域形成广泛的共识。人们普遍认可的依然是大学的职能是人才培养、科学研究和社会服务。但不管怎样，大学的职能是一个交叉演化和共生升华的过程，特别是在当前经济社会发展态势下，大学不仅仅是拥有人才培养这一单一职能，必须是多功能、多任务的双重结合。特别是在当下，大学与所在区域特别是城市的经济社会发展日益密切，彼此之间的人才、技术、政策、土地等资源交往日益频繁，大学与城市加强互动，并在互动过程中推动城市经济社会发展的同时，不断获取自身发展所需的资源要素，在实现大学与城市共生共赢中发挥积极作用。

第二节 城市演进和时代呼吁：高质量发展

2017 年，中共中央、国务院印发了《关于开展质量提升行动的指导意见》，把质量强国战略摆在了更加突出的位置，并把开展质量提升行动视为战略推进的关键。2018 年，中央经济工作会议以高质量发展为重点，并将 2018 年定为“质量元年”。2020 年，中国共产党第十九届五中全会也明确提出，“十四五”期间我国的经济、社会发展要以推动高水平发展为主线。

城市作为人民生产生活的基本承载体，是人类居住生活的重要场所，城市建设关乎每一个人生活的方方面面，是实现社会经济高质量发展的核心环节。改革开放以来，城市建设和发展都取得了重大成就，随着城市规模的不断扩大和城市数量的不断增多，我国城镇化水平得到显著提升[①]。从国家统计局的数据结果可知，截至 2018 年末，中国城市数量在 1949—2018 年间增加 672 个，城镇化率也由原来的 11.64%上升到了 59.58%，人口超过 100 万的城市数量从 1949 年的 5 个增加到 2017 年末的 161 个，其中有 4 个超大城市（北上广深），8 个特大城市（天津、重庆、武汉等）和 41 个大型城市。截至 2017 年底，仅地级及以上城市的地区生产总值就达到 52.1 万亿元，占全国 GDP 的 63%，其中北、上、广、深四个城市超过 2 万亿元。相较于三十多年前的 1988 年底，国内所有城市的生产总值仅 7 025 亿元，发生了翻天覆地的变化，所以城市发展俨然成为中国经济社会高质量发展的助推器。

同时我们也必须清楚，不同地区、不同城市的政治、经济、文化发展的不均衡，以及发展理念、发展战略和组织方式水平参差不齐等问题仍然存在，中国的城市发展格局也形态各异，呈现出此起彼伏、差异悬殊的发展态势。通过对城市发展的分析，总结出城市发展的一般规律，对城市经济社会发展模式和开发建设经验以及城市经营管理的总结，可以为未来城市发展逻辑探索出新的发展取向、发展方向、发展模式、组织模式等，也为城市发展和产业发展提供了足够的认识空间、思考空间和探索空间。但是在高质量发展的新时期，新一轮的城市洗礼和城市结构变迁将会发生，这就要求我们对城市发展的逻辑进行重新认识。

一、中国城市发展的五个历史演进阶段及特点

改革开放以来，我国的城市发展经历了五个主要的发展阶段。第一个时期，基本反

① 袁晓玲，李朝鹏，张锦昊．时代发展呼吁城市高质量发展［N］．中国科学报；2020．

映了我国改革开放初期的城市发展结构和发展模式；在以后的各个发展阶段，都会经历一轮新的城市洗礼，形成新的发展格局和发展模式。

（一）改革开放之初的探索阶段

1978 年，中国大地开启了改革开放历史新时期，至 1991 年全球冷战结束，为中国改革开放的探索期，这一时期基本形成了传统的经济地理学和城市发展模式。

从时代特点来看，随着世界范围内的产业梯度转移的加快，一大批以出口为导向的发展中国家、地区或新兴市场实现了经济的飞跃和崛起。从经济和社会的特点来看，我国总体上是一个以计划经济为主的农业国，具有鲜明的城乡二元结构。从改革开放的历程来看，中国已从农村向城市开发、沿海向内陆、局部向全局、由制度外部的增量培养到制度内部的存量的初步探索，处在以解放思想引领改革开放的关键孕育期、起步期。

在这一发展阶段，随着农村家庭承包经营取得重大突破，部分城市率先将剩余的农村劳动力转移到工业、制造业、加工业，形成了以中小企业为主的集体经济、私营经济、加工制造业为主的乡镇工业和块状经济，推动了早期工业化、城市化的发展，尤其是苏南、浙南、珠三角的城市。

此后，伴随城市改革，特别是沿海城市、经济特区等开放政策的实施，一些东南沿海城市率先引进外资，发展出口加工业和三来一补贸易，推动了内向型经济的发展。其中衍生出的两类功能平台对日后的发展起到重要作用。一类以对外开放为导向，很多城市都建立了以吸引外资为主的经济技术开发区；一类以改革为核心，突破了经济和技术的束缚，许多城市都建立了以高新技术为目标的高技术开发区。在体制外增量培育盘活和体制内存量改革的双重引导下，农村改革和城市开放并行，农转工、内转外、块转园的发育，一方面为“制造+贸易”的外向型工业经济提供了发展基础，另一方面也决定了未来几十年的城市发展格局，焕发出充足的发展后劲和活力。但没有经历农转工、内转外、块转园的城市往往发展后劲不足、活力不强。

换言之，并不是所有的城市都经历了可歌可颂的发育过程。整体上有如下五种城市类型：一是在当时人口较多、面积较大、土地肥沃的农业城市。二是国家改革开放政策叠加红利释放的沿海开放城市和经济特区等；三是依靠行政权力配置资源的中心化发展，统筹资源发展起来并具有较高首位度的省会城市；四是依赖计划经济条件下重大生产力布局而形成的城市；五是凭借传统经济地理条件下的资源禀赋，如依靠煤炭、钢铁等资源或港口、沿江等区位条件发展起来的资源型城市。

总之，在不同的城市发展逻辑、发展动力与发展机制下，呈现出市场化改革前的城市发展结构与发展格局。

（二）从计划经济向中国特色社会主义市场经济的转型期

自 1992 年中共十四大明确提出建立和完善社会主义市场经济体制到 2000 年中国互联网元年以及加入世贸组织前为双轨驱动转型期，这一时期出现了改革开放后城市格局的第一波洗礼。

从时代特点来看，全球经济在冷战后加速了制造业的全球化，特别是全球的大型制造中心，都加快对发展中国家的沿海城市的布局和迁移，许多东南沿海城市也因此而形成了一个完整的工业体系。同时，知识经济和网络经济率先在发达经济体出现，并在这一阶段后期对以中国为代表的新兴市场和转轨经济体的发展产生了深远的影响。从社会特性来看，我国加快从计划经济向市场经济转型，不仅要建立完善的现代产权制度，而且要从根本上重视市场配置资源，强化市场经济的法治建设。从改革开放的过程来看，这一时期对未来影响最大的是以民营经济为目标模式的产权改革、国企改革和住房改革，当然，工业园区和科技园区也得到了长足的发展，并与网络经济产生自下而上的联系。

这一发展阶段，围绕建立健全社会主义市场经济的伟大号召，加速由计划经济运行体制向现代市场经济体制转变，城市发展多种手段齐头并进，不仅利用乡镇企业产权制度改革、国企改革，在我国建立了一套微观经营管理机制，还在双轨制过程中逐步提高了市场的配置效率，促进了多种所有制与分配制度等政治经济法律关系的建立，更是彻底打破了搞市场经济就是资本主义的思想障碍。市场化改革的推动下，许多城市的工业发展进一步从简单的出口加工、制造业、轻工业向重工业和高新技术推进，发达地区从园区经济走向集群经济，并以园区形态开发与功能开发提升了城市经济的发展地位；其他城市也加速向园区经济、工业经济、外向经济方向发展。在从公到私、从轻到重、从园区到集群、从城镇到城市的带动下，不仅加快了许多城市完整产业体系的建设，而且初步建立了市场化的基础，首次打开了城市化发展的框架，为中国加入世贸组织后经济的全面跃升奠定了坚实的基础。

这一发展阶段的核心发展动力是市场化改革，哪个城市率先完成计划经济向市场经济的转型，提高资源配置效率，哪个城市就能抢占发展的先机，在中国的城市版图上加速崛起。在这一过程中，以江浙沪、珠三角的城市群为代表，这些城市抓住国际产业梯度转移的历史机遇，拥有完善的微观机制，逐步从轻工业到重工业过渡，强调市场对资源配置的决定性作用，造成中国在产业资源、创新资源、人才资源等方面出现“孔雀东南飞”的现象，为长三角城市群、珠三角城市群逐步成为世界级城市群奠定了发展基础。

（三）以制造业为主体的贸易爆发期

自 2001 年中国加入世贸组织到 2008 年国际金融危机爆发、改革开放 30 周年为制造贸易爆发期，这一时期基本确立了中国城市以制造业、国际贸易为主导的外向型工业经济发展模式，也决定了改革开放城市格局的第二波洗礼。

从时代特征来看，一方面是制造业、服务业全球化进一步加快，全球经济活动模式与游戏规则的改变，初步从低成本制造、大宗商品流进流出以及最惠国待遇、出口贸易等领域，逐步向跨区域创业、跨国技术并购、自由贸易协定等方向发展；另一方面是以互联网经济为代表的新经济加快发展，发达国家在高科技的带动下加快进行产业结构调整，为我们发展互联网经济等带来了巨大冲击。从社会特征来看，中国经济社会发展进入多元化的发展新阶段，工业化、城镇化、市场化、国际化步伐加快，在与国家从事贸易有关工作部门的带动下，农村剩余劳动力向生产制造部门转移，中国制造得到迅速发展并输送全球，形成"制造大国+贸易大国"的发展结构。从改革开放的历程来看，这个发展阶段主要是以开放促改革、以改革促发展，从而形成了开放的城市发展模式、产业模式和创新模式。

具体而言，这一城市发展模式的基本逻辑是政府既充当监督者又扮演参与者，不仅抓产业组织又直接参与经济发展，以一次性的土地资源为基础设施和公共服务提供资金，通过招商引资、承接产业梯度转移等做大制造业，通过高新区的创新创业、高新技术产业化等培育高科技，一旦招商、就业、营收具备条件，再通过房地产等来平衡公共服务等投入。该产业的发展方式是将大产业、大企业、大平台结合起来，大工程的工业组织方式与围海造田、招商引资、规模制造和出口拉动园区的发展模式有机融合在一起，形成了以出口为导向的产业。这个创新发展模式是指在跟随式创新、适应性创新和集成化创新环境下，形成要素驱动、投资驱动、外生增长和外延发展的发展路径。在这一发展阶段，一些城市利用互联网等新经济模式和新经济形态，创造了新的发展机会，不但带动了产业的业态创新，还带动了城市发展。

站在改革开放二十年的尺度上回望，哪个城市能够突出重围，较好实现从计划经济向社会主义市场经济的转型，较好发挥民营经济的作用，走外向经济、工业经济和城市经济，哪个城市就能在经济地理上异军突起。尤其是在此发展阶段，哪些城市能够抓住中国加入世界贸易组织的历史性机遇，将农村剩余劳动力转移到生产制造部门，进而将中国制造输送到全球，这些城市就能实现较快的发展。在这一进程中，除了东南部分城市，其他中心城市、内陆城市也纷纷参与到国际产业的梯度转移和服务外包等活动中来，从世界上的产业价值链的低端向高端发展。这样的发展方式，在以后的发展阶段越来越成熟。

（四）五化一体加快发展期

从 2009 年国家加快自主创新战略布局到 2017 年改革开放近四十年以及进入高质量发展新时代以前为五化一体加速期，这一时期决定了改革开放城市格局的第三波洗礼。

从时代特征看，新一轮科技革命和产业变革呼之欲出，世界经济进一步加快从工业经济向创新经济转型，世界经济中心和经济重心加速向以中国为主体的新兴市场双重转移，中国不仅成为世界第二大经济体，而且成为建立和完善国际政治经济新秩序的重要载体。从社会特征看，我国发展速度明显加快，从要素驱动、投资驱动向创新驱动发展转变，从工业化中期到工业化后期，从局部地区进入后工业化时代；同时，长期积累的制约可持续发展的结构性矛盾也逐渐显现。从改革开放进程来看，这一发展阶段是释放改革开放红利、塑造外向型工业经济发展模式的重要时期，工业化、信息化、城镇化、市场化、国际化五化协同是发展的主要动力。

在五化协同发展的组织发展模式中，工业化并不是简单的工业发展，而是一国的经济发展与现代化，没有工业化就没有现代化，没有工业化就没有强大的生产力、供给能力、装备水平、国防能力等。信息化常常被定义为培育、发展以智能化为代表的新型生产力，并为人类社会带来福利的历史进程，是信息技术的高度运用，信息资源的高度共享，使人类智力和社会物质资源的潜能得到最大程度的开发。城镇化是人类历史上史无前例的社会结构变革，孕育着巨大的市场需求。正如经济学家斯蒂格利茨所言：中国的城市化和美国的高科技是影响21世纪人类发展进程的两大关键因素。市场化取决于政府行动的规范性，取决于企业的自由裁量权，取决于生产要素的商品化水平，取决于贸易的便利性，取决于经济参数的合理性，特别是金融参数，其背后有许多制度障碍需要克服。国际化不仅包括商品、资本、生产和金融的国际化，还包括商品、资本和生产能力的出口，以及模式、文化和品牌的输出。

从改革开放40年来的发展历程来看，能够在经济地理上有所建树的城市大都经历了从工业经济到创新经济、从外向经济到开放经济、从注重资源配置的市场经济到创新创业的活力经济、从投资城市到消费城市的转变。特别是在后危机时期，哪些城市从要素驱动和投资驱动的道路上走出依赖，实现在生产技术、经营模式、组织体制、思想文化等方面的创新，激发出城市发展的动力，哪些城市就能在中国的城市版图上傲视群雄。尤其是2012年，中国工业总产值已经超越美国。从那时起，部分城市群仍以工业为主，发展速度呈轻微下滑趋势，而创新型城市群则在实现了资本自主积累和工业化晚期的使命之后，将人的价值驱动、产业创新与技术创新相结合，实现了新经济的发展。

（五）新时代迈入高质量发展机遇期

在新的高质量发展时期，城市发展最大的创新价值就是在政策收紧、银根收紧、土地收紧、要素约束、环保约束、机制约束等条件下，如何将科技和产业变革与开放创新、民生福祉有机融合在一起，将产业、城市与创新三种发展模式有机结合，实现持续快速增长和高质量发展。这将是对改革开放城市格局的第四波洗礼。

第四次城市洗礼往往有强弱之分并呈现出马太效应，强者越强，弱者越弱。但是在这一时期，一定会有一群新的城市出现，成为传统的经济地理的挑战者和新经济地理上的先驱者。核心是强调经济发展模式转换、城市发展模式转换、创新发展模式转换的三螺旋协同演进模式，以及集合产业功能、城市功能、创新功能的三产城市融合发展理念，具体内容包括优化空间布局、产业导向、生态环境、基础设施、文化包容、组织方式等多方面问题。产业发展模式由传统的“承接”向“产业融合”转型，摆脱对土地财政、房地产的依赖，强调有机整合创新功能、产业功能、城市功能，营造宜人居、宜工作、宜创业的环境，促进生产力布局、城市结构与功能的整合，形成自组织自成长、闭环循环、共生共荣、开放创新的新型经济创新生态型发展格局。

二、明确新时期中国城市高质量发展的核心要素

十九届五中全会提出，中国正进入高质量发展的新时期。作为人类经济、社会、文化发展的载体，城市在发展的过程中，必须充分调动能够推动城市发展的多维力量，从而实现城市的高质量发展[①]。“十四五”时期城市的高质量发展，必须从科技创新入手，以制度变革为切入点，以精神培育为重点，转变和培育城市发展的新动能，促进城市产业、城市发展模式的变革，促使成为更加健康、安全、宜居的高品质城市。

1. 通过创新技术体系的建设，促进城市产业现代化

科学技术创新是城市发展与生产力发展的关键因素。“十四五”时期，要把科技创新作为切入点，把实体经济做实，推动传统工业改造升级，推动新兴工业加快发展，推动现代服务业大力发展。同时要借助科技创新，不断提高城市的基础建设水平，提高工业发展水平，提高智能产业的服务水平。

一是推动传统工业的改造和提升。传统工业是我国经济社会发展的重要支撑和先决条件。改革开放以来，中国的传统工业迅速发展，取得了历史性的进步，但同时也面临着传统工业发展的瓶颈和力量的缺乏。“十四五”时期，要解决当前传统工业发展滞后于城镇发展的现状，着力解决传统工业发展瓶颈，激发传统工业发展活力，助力城市实现高质量发展。要充分发挥科技创新的活力，加快传统工业的转型和提升，从而形成高质量的工业基地。要对接时代发展需求，将传统工业与工业数字化、流程再造、绿色制造、高端装备制造等相结合，推动传统工业生产技术提升、生产产品物美价廉、生产效率显著提升，实现由“制造城市”向“智造城市”转变。

二是加快发展新兴工业。新兴工业是我国经济社会发展的一个重要方面，也是我国经济社会发展的一个重要支柱。自改革开放以来，伴随着新兴产业的崛起，中国的城市发展迅速，但其发展速度相对较慢，且增长乏力。“十四五”时期，要实现城市高质量发展，首先要突破新兴工业发展不适应城市发展需要的状况，要充分利用科学技术，加快

① 王阳. 多维度视角下韧性城市的构建问题研究［J］. 中国工程咨询，2022（1）：33-37.

发展新兴工业，推动城市工业发展。加快发展节能环保、生物、新能源、新材料等战略性新兴产业。同时，要推动新产品、新产业、新模式的发展，加速由“要素密集城市”向“技术密集城市”的过渡。

三是促进服务业高效快捷。发展服务业是实现城市高质量发展的关键。自改革开放以来，随着中国服务业的持续发展，城市发展已有了质的改变，但同时也存在着发展动力不足的问题。“十四五”时期，要实现高质量发展，必须改变服务业发展滞后的状况，充分利用科学技术，提高服务效率和便利。因此，要加大科技创新的步伐，加快制造业服务业的标准化、品质化、专业化、品牌化，推动智能电网、智能物流、智能交通、智能医疗等人工智能产业发展，从“管理型城市”向“服务型强市”转型。

2. 以体制机制改革为切入点，提升城市现代化治理能力和治理水平

“制度创新”是一种生产方式的转变，是推动城市发展的一个重要因素。“十四五”规划提出，要实现高品质的城市发展，必须建立在加强政府管理的能力上。以机构改革为突破口，推进城市规划、城市建设和城市管理的立体式体制改革，对城市发展“成长坐标”进行科学规划，推进“内部建设”，全力推进城市发展。

一是加快城市规划体系的建设。习近平总书记强调，城市规划在城市发展中起着举足轻重的作用，要以规划为出发点，科学的规划才能取得最大的利益。改革开放后，随着城市规划体制的不断改革与完善，我国的城市发展已取得了较大的进步，但同时也出现了“规划编制对未来发展的预测不足、绿色发展水平低、审批时间滞后”等问题。“十四五”时期，要实现城市高质量发展，必须深化城市规划体制改革，强化科学规划。因此，必须切实落实“人民城市为人民”的思想，充分调动广大市民的主观能动性和创造性，以适应新的发展需要和新的期待。以合作、双赢、协调为目标，消除空间壁垒，实现优化城市与外部的联系。以集约、高效为根本，优化配置资源，以满足广大人民美好生活的需要。

二是加快推进城镇建设制度的改革。习近平总书记强调，人民是一个城市的中心。中国自改革开放以来，城市建设体制不断改革与完善，城市建设发展迅速，但随着城市建设的观念和需求的不断更新与完善，某些内容原则已不能满足目前的发展需要。“十四五”时期，要实现城市高质量发展，必须深化和推进城镇建设制度的渐进改革，要不断强化“内在”的建设。这就需要我们坚持“以人民为中心”的思想，以群众为中心，充分发挥群众的积极性，从单纯的“硬建设”为主转向“硬建设”和“软建设”并重，为城市建设提供制度规范，走上独特的集约化绿色城市发展道路，为城市公共服务提供制度指引，不断增强人民的幸福感、获得感和安全感。

三是加强对市政系统的改造。习近平总书记强调，要以城市管理现代化为指向，率先实现城市管理现代化，满足新型城市化的发展和人民生产、生活的需要。中国自改革开放以来，随着城市管理制度的不断改革与完善，城市建设步入了一个新的、更具人性

化的发展阶段。随着城市管理观念的不断更新和新技术的发展，城市的管理系统也要适应城市发展的要求。“十四五”时期，要实现高质量发展，必须强化和推动城市管理制度的改革，使“多功能”逐渐得到改善。要实现这一目标，就必须切实落实“人民城市人民治理”的思想。要解决当前困扰着城市发展的突出问题，要实现“锦上添花”“智能化”，充分利用新技术解决城市发展和人民群众关切的问题。实现管理精准、有效、动态，做到管理科学化，必须吸收和培育一批懂城市、懂管理的人才。要深刻地调动参与到城市治理中的人们的工作热情，使之能够真正地实现城市的建设和人民的共同治理。

3. 塑造新时代文化魅力和城市精神

精神文明是思想层面的，是推动城市发展的重要力量。“十四五”时期，要坚持以精神培育为指导，充分挖掘中华优秀传统文化的丰富内涵，从历史的传承中挖掘出城市高质量发展的内在动力；要从地方文化中吸取城市自身的特色，吸取其自身的优势。根据时代发展的客观需要，激发城市高质量发展的驱动力。

（1）一座城市的精神在于它的历史文化

历史是文明、精神的源泉，而历史文化则是城市的灵魂。传承五千年的中华文明，赓续了中华优秀的城市精神，塑造了城市的独特个性，积累了城市的文化基因，是推动城市高质量发展的深层源泉和动力，就像习近平总书记所说的，“历史遗迹、文物和人文资源是城市生活的一部分”，这些都是推动发展的最大的力量。“十四五”时期，要实现高质量发展，就必须把中国优秀的传统文化与当代革命文化结合起来。要在城市精神的塑造与提炼中体现出城市的历史遗产。因此，必须对中国传统文化进行保护与传承，并在城市建设中树立起传承、创新、发展的城市精神；要发掘、破解城市红色文化的基因，塑造具有鲜明特色的城市精神；要对古城历史文化中的重要载体——古建筑进行保护。要用红线来保存历史和文化，让城市的精神在历史的长河中流淌。

（2）地域文化构成了城市的灵魂

地域是文化的核心，是精神的源泉，而地域文化则是城市的亮丽色彩。城市文化是一种区域、一种独特的文化。地域文化对城市空间布局、功能结构、外部风格、内部精神等具有重大的影响。从地域文化中吸取精神营养，塑造城市精神，是城市展示个性、避免同质化发展的重要途径。“十四五”规划提出，要实现高品质的都市发展，必须将当地的文化特征与之相融合，营造出一种独特的城市气息。因此，要从文化的精髓出发，挖掘地域文化的优势，挖掘地域文化的功能，以地域文化为核心，依托社会文化、城市规划、文化产业集群，发展成为具有区域特色的文化品牌，建设独具区域特色的现代城市文化。传承优秀的地方文化传统，塑造当代的地方文化精神，使之成为具有鲜明个性与情感色彩的文化名片。

（3）从时代的需要中创造城市的精神

时代精神是文明之母，是城市的灵魂，是时代的需要。一座城市既要传承其在历史长河中积淀的优秀传统文化，也要紧跟时代步伐，把握城市过去、现在和未来发展的规律和趋势，赋予城市新的时代意义。要使城市实现高质量发展，我们必须紧扣时代精神，从城市发展的实际出发，激发城市发展新的活力。因此，我们要以改革创新的精神推动城市管理转型，推动科技、文化等方面的创新与合作，使创新成为城市发展的主要动力，推动民主法治建设，形成多元、包容、多文化的发展理念，营造和谐共生的城市发展环境，将改革创新融入整个城市，成为一个人民参与、人民建设、人民共享的人民城市。

第三节　大学与城市互动的逻辑起点

共生在生物学上是指两种不同生物之间所形成的紧密互利关系，在社会学上是指一定共生环境中按某种共生模式形成的关系。大学和城市都是经济社会发展到一定阶段的独立组织，都具有外向型特征，从第二章大学与城市良性互动的理论基础分析来看，从高等教育哲学、共生理论、三螺旋理论和资源依赖理论等视角，大学和城市良性互动有其内在逻辑基础、内在机理。从历史的观点看，大学与城市良性互动，是大学和城市两个组织彼此高质量发展的重要因素，不仅是区域经济社会发展的时代要求，也是大学职能和使命实现的客观需要，更是推进城市高质量发展、完善城市创新体系的现实需要。大学应充分发挥自身核心要素的功能，在推动城市的建设进程中提供科技支撑和文化引领作用，主动自觉融入到城市的发展体系当中；城市也应充分发挥自身核心要素的功能，在促进自身高质量发展的同时，为大学高水平发展提供政策支撑、财力支持、土地资源等。本章主要探究大学与城市互动的逻辑起点，协同构建大学与城市良性互动的有效机制。大学和城市都是人类社会发展到一定阶段的产物，都是人类文明史上的重要智慧结晶。大学引领了城市的发展，城市为大学发展提供了基本保障。从世界上的大学区域分布来看，虽然并非全部的大学都位于城市里，但无论在哪个国家，其主要城市都拥有这个国家知名的大学。

一、大学与城市互动发展的内在逻辑

自大学产生之日起，大学与城市之间就构成了一对重要的互动关系。在西方，有些大学本身就是城市的最重要组成部分，形成所谓的“大学城”。比如，牛津大学与牛津市、剑桥大学与剑桥市、海德堡大学与海德堡市、哥廷根大学与哥廷根市等。加州大学总校前校长、著名高等教育家克拉克·克尔（Clark Kerr）从另一个角度描述了大学与城市的关系，他认为，如果把传统大学看作“一个居住僧侣的村庄”，现代大学就是“一座由知识分子垄断的工业城镇”，而多元化巨型大学则是“一座充满无穷变化的城市”。事实证

明，大学因城市而兴起，城市也因大学而繁荣。在某种意义上，一部大学发展史就是一部大学与城市互动发展的历史。纵观大学和城市发展史，两者的互动发展有一定的内在逻辑。

大学与城市良性互动的关键纽带和核心要素是高校提供的知识和人才，大学与城市良性互动的内生动力和外部驱力是源自大学、城市、企业三者互赢的系统法则。

1. 关键纽带：对接产业发展需求的知识发现与转化。创业源于知识创新，知识是连接企业并形成产业链的重要基础[①]。大学是知识生产的重要机构，且大学知识的产生与社会环境密不可分[②]。知识经济时代，知识成为城市经济社会发展的引擎，企业则是城市经济社会发展的主要细胞，城市经济社会发展需要一大批高新技术企业来为城市发展提供动力，而这亟须基于城市发展特色，寻求新知识的发现及转化，形成独具城市特色的产业发展形态，而城市对新知识的发现及转化的渴求，恰好大学能予以应答。大学的诞生及其演变，本身就是一部围绕知识发现、传播、转化与应用的发展史。大学发展的第一阶段以纽曼的教育思想为典型代表，侧重大学的知识传播功能，认为大学从事的是人文教育而不是职业教育，大学主要职能是教学而不是科研。大学理念变革的第二阶段，源自 19 世纪初德国柏林大学“现代教育之父”洪堡提出的“洪堡改革”。洪堡认为，大学应该是“研究中心”，教师的主要任务是创造学问，大学应注重发展知识而不单是对知识的传播。1904 年，范 • 海斯在出任威斯康星大学校长就职演说时表达了 “州立大学服务于所在州人民”为核心的“威斯康星思想”，知识的转化及应用正式走上大学职能的核心内容之一，大学的社会服务职能逐渐使大学从社会的边缘走向社会的中心。因此，知识的发现、传播、转化与应用，既是大学实现其职能的内在需要，也是城市经济社会发展的现实需求，正是因为大学能具备的知识的发现、传播、转化与应用功能，为大学和城市互动构建了与生俱来的纽带。

2. 核心要素：具备创新意识和创业能力的人才。知识是促进大学与城市良性互动的纽带，而拥有知识的人才特别是具备创新意识和创业能力的人才是促进两者良性互动的核心要素。大学既是人才资源的聚集地，也是创新资源的聚集地。大学不仅是推动科技发展、传播思想文化、弘扬人文精神的载体，还培养创新人才，提供创新资源，具有磁场效应。人才培养是大学自诞生以来一直都拥有的主要职能之一，不管在大学发展的任何一个阶段。当前，中国经济进入高质量发展阶段，需要积极构建高质量发展的城市经济发展布局，急需高质量的创新型人才[③]。国务院《统筹推进世界一流大学和一流学科建设总体方案》指出，大学要“加强创新创业教育，大力推进个性化培养，全面提升学生

① 沈妍伶，郑荣跃，俞金波．高校大学生创新创业教育研究——基于学科—专业—产业链［J］．宁波大学学报（教育科学版），2017，39（03）：60-63．

② 钟建林．现代大学的社会性：关于知识生产与社会服务的讨论［J］．江苏高教，2019，(05)：44-48．

③ 韩贾华．高质量发展时期扩大消费的路径研究［J］．当代经济，2021（02）：26-29．

的综合素质、国际视野、科学精神和创业意识、创造能力。合理提高高校毕业生创业比例，引导高校毕业生积极投身大众创业、万众创新。”[①]对大学培养创新创业人才提出了明确要求。不言而喻，提高劳动者素质、培养创新型人才是实现经济发展方式转变的重要基础和决定性因素[②]。一所城市要发展，人是最重要的因素，具有创新意识和创业能力的人才则是核心要素。具备创新意识与创业能力的高素质人才，是从根本上提高城市社会发展的经济效益，为城市发展源源不断地注入全新的活力并不断提供向前发展动力的核心要素。大学具有培养创新意识与创业能力人才的职能和使命，城市需要一大批具有创新意识与创业能力的人才，有这一核心要素的链接，大学和城市良性互动就非常紧密。

3. 内生动力：大学自身发展与城市特色发展共赢。加强与城市发展互动，是大学自身发展的内在需要。在知识经济时代，知识是重要的资源，是经济社会高质量发展的基础，也是全球经济发展的巨大引擎。大学是知识发现、传播、转化与应用的组织，知识经济的到来，为大学自身发展带来了重大机遇，可以主动承担起为城市乃至整个社会提供“知识”的重任，但能否担起这个重任，对大学是一次历史性的考验。在知识经济时代，如大学能为经济社会发展提供庞大的知识支撑，大学的地位将会更加彰显，如不能较好支撑，将会影响到整个社会对大学的信度。教育部、财政部、国家发展改革委三部委联合印发了《关于深入推进世界一流大学和一流学科建设的若干意见》，提出要对标2030年更多的大学和学科进入世界一流行列以及2035年建成教育强国、人才强国的目标，这对进入“双一流”的大学来说是，是极好的机遇，但对大多数未进入“双一流”的大学来说，则充满着挑战。从国际高等教育发展经验来看，高等教育进入大众化会呈现一个显著特征：高等学校数量的大幅增加使每所高等学校获取政府的资源投入有限、彼此间的竞争加剧。多数大学面临着这样一种窘境：学校实现跨越式发展的巨大压力与政府财政拨款的相对不足之间的矛盾成为阻碍学校发展蓝图实现的重要制约因素[③]。从我国高等教育现状看，政府在高等教育的投入偏重于“双一流”建设高校以及传统的“985”“211”工程高校。教育部公布的数据显示，全国一流大学建设高校42所、一流学科建设高校95所，仅占中国高校的5.1%，多数大学将面临谋求内涵式跨越发展与政府资源投入相对不足的矛盾。要突破这种窘境，开拓资源是必由之路。大学充分利用自身所具备的知识发现、传播、转化与应用功能，加大与城市的良性互动是获取资源的有效途径之一，在与城市良性互动中获取资金、土地、政策等资源，从而在服务城市经济社会发展中，实现自身的高质量发展。与此同时，城市地方经济社会发展依赖大学所提供的高素质人才和可供转化的知识，加强与大学的交流互动，积极获取经济发展所需的知识、科技支撑，实施大学毕业生“留下来”政策等，是城市谋求自身高质量发展的有效途径之一。

---

① 国务院关于印发统筹推进世界一流大学和一流学科建设总体方案的通知（国发〔2015〕64号）[Z]. 2015.

② 钟秉林. 人才培养模式改革是高等学校内涵建设的核心[J]. 高等教育研究，2013，34（11）：71-76.

③ 宣勇，张鹏. 激活学术心脏地带——创业型大学学术系统的运行与管理[M]. 北京：高等教育出版社，2013.

4. 外部驱力：党的十八大报告明确提出要实施创新驱动发展战略，把科技创新摆在国家发展全局的核心位置，作为推动经济社会发展的动力源。城市化是当今世界各国经济社会发展的普遍趋势，也是衡量一个国家或地区创新能力和水平的重要标准。哈佛大学经济学教授爱德华·格莱泽在《城市的胜利》一书中写道，“城市是人类最伟大的发明和最美好的希望，让人们变得更为富有、健康和幸福。”[①]2015 年李克强总理在政府工作报告中提出“大众创业，万众创新”，国务院《关于推动创新创业高质量发展打造“双创”升级版的意见》指出“推进大众创业万众创新是深入实施创新驱动发展战略的重要支撑、深入推进供给侧结构性改革的重要途径。”[②]高校作为“为党育人、为国育才”的主阵地，应积极响应国家“大众创业、万众创新”和创新驱动发展战略，顺应城市经济社会发展趋势，鼓励支持科研人员积极投身学术创业，加强大学生创新创业教育，努力培养创新创业型人才，为城市经济社会发展储备更多高质量人才。城市拥有良好的经济条件、文化氛围、基础设施和治理环境，拥有活跃的市场主体，在服务国家创新驱动发展战略中具有重要地位，更应顺应 “大众创业、万众创新”的社会常态，主动对接人工智能、量子信息、移动通信、区块链等新型产业，加大科技研发投入，加强与大学、科研院所的深度融合，积极为创新创业型人才培养搭建平台，同时大学与城市的互动发展提供物质、制度与文化保障。

5. 现实规律：集群化成为大学与城市互动发展的重要方向。从当前世界各国大学发展的趋势看，大学与城市之间的关系日益走向集群化，出现了大学群对接城市群、学科-专业链对接产业-价值链的发展趋势，以集群效应提升区域发展的整体实力。世界高等教育史和科学技术史上有一个著名的“汤浅定律”，即世界科技创新中心的转移与高等教育中心的转移关系密切。历史上，世界科技创新中心的顺序是意大利、英国、法国、德国、美国；世界高等教育的中心也是按意大利、英国、法国、德国和美国的顺序转移。基于高等教育中心和科技创新中心的密切关系，当今世界许多国家均高度重视大学的集聚效应和辐射能力，围绕高水平大学形成高等教育中心，继而发展成为区域或国家科技创新中心或科技城。在这方面美国波士顿 128 公路三角科学园区和硅谷、英国的剑桥科技园区、日本的筑波科技城、印度的班加罗尔和我国的中关村科技园等都是大学集群化与城市互动发展的典型。近年来，为适应创新驱动发展和产业转型升级的需要，我国一些经济发达而高等教育相对薄弱的主要城市，比如深圳、青岛、宁波、苏州等也开始根据经济社会发展的现实需要，大力引进优质高等教育资源，以大学建设为基础，致力于形成区域科技创新中心。

① 爱德华·格莱泽. 城市的胜利［M］. 上海：上海社会科学院出版社，2012.

② 国务院关于推动创新创业高质量发展打造“双创”升级版的意见（国发〔2018〕32 号）［Z］. 2018.

二、大学与城市互动发展的共生目标

我国具有悠久的教育历史，从古至今，无论在历史上还是现实中，我国的高水平教育大多位于国家或区域的主要中心城市。那些重要的国家或区域中心城市一般也会拥有至少一所高水平大学。究其根本，中心城市可以为高水平大学提供更丰富的资源，促进大学办学水平的提高。高水平大学可以为中心城市提供发展所需的技术和人力资本，推动区域经济社会的可持续发展。当前，我国经济社会结构和产业发展方式正面临转型升级，中心城市和城市群正逐步成为承载各类资源要素的主要空间形式。在此背景下，提升大学的创新活力，促进大学与中心城市的互动发展，实现大学的城市化和城市的大学化，既是适应时代发展的趋势和大学发展的规律，也符合当下我国区域经济社会发展和产业转型升级的现实要求。

1. 推动我国中心城市和城市群建设的现实需求。改革开放以来，随着我国区域经济布局结构的深入调整，我国新型城镇化建设速度加快，城市化进程和城市建设取得了举世瞩目的成就。国家统计局的数据显示，2019 年我国城镇化率首次突破 60%。根据美国城市地理学家诺赛姆（Ray.M.Northman）提出的“诺赛姆曲线”，“城镇化率从 30%提高到 60%，靠的是工业化的推动，属于工业化阶段；当城镇化率达到 60%以后，则属于后工业化阶段，主要靠第三产业来推动。”由此可见，当前我国城市化发展已到了一个关键的拐点。未来一个时期，资源要素将加速集聚，城市规模会越来越大，以中心城市引领城市群发展将成为不可逆转的趋势。作为对这种发展趋势的一种积极应对，自 2010 年提出建设国家中心城市以来，我国已先后批准建设北京、天津、上海、广州、重庆、成都、武汉、郑州和西安等九大国家中心城市，以此带动京津冀城市群、长三角城市群、粤港澳大湾区、成渝城市群、长江中游城市群、中原城市群、关中平原城市群的融合发展。实践证明，国家中心城市承担着国家重大发展战略，具有较强的经济基础和科技创新能力，集聚效应和辐射能力强，可以对周边城市和下游产业产生强大带动作用，是区域核心竞争力的重要平台。

二次世界大战以来，世界发达国家经济社会发展经验表明，中心城市的创新需求依赖大学。没有大学很难产生创新竞争力。当前，随着信息技术的快速发展和我国创新驱动发展战略的深入实施，城市之间的竞争越来越集中于科学技术和人才资源等方面的竞争。归根结底就是科技创新能力、制度创新能力的竞争。与传统工业城市的发展路径不同，当下作为中心城市需要具有完善的城市创新系统，创新要素的驱动之于城市发展和繁荣至关重要。知识创新、技术创新、产业创新、制度创新和文化创新等相互支撑，共同构成中心城市发展的驱动要素。作为科技第一生产力、人才第一资源和创新第一动力的重要结合点，大学自然而然成为中心城市的发展重点和依赖对象。现实中，是否拥有大学，是否拥有一流学科和一流的高等教育体系，往往成为判断一个中心城市是否具有完善的城市创新系统和综合竞争力的重要参考标准。从国际上看，根据上海交通大学发布的《2016 年世界大学学术排名百强》和“全球化和世界级城市研究小组”发布的《2016 年 GaWC 世界级城市排名》进行统计，结果显示，71%的大学坐落于世界级城市，其中两所特级城市（伦敦和纽约）拥有 6%的大学；此外，22%的大学位于一级城市，27%的大学位于二级城市，7%的大学位于三级城市，还有 9%的大学位于自主城市。从国内来看，九大国家中心城市也聚集了全国大多数的高水平大学，大多具有超强或较强的高等教育实力。其中，“985”大学、“211”大学、“双一流”建设高校、一流建设学科数量最多的前十名城市中，国家中心城市就有 7 座。

2. 大学转型升级的必由之路。教育部出台的《关于高等学校加快“双一流”建设的指导意见》提出，将以人才培养、创新能力、办学特色、服务贡献和影响力作为“双一流”建设的综合评价体系的核心要素；突出强调了大学在国家和区域经济发展中的创新价值。经济社会发展的实践证明，大学与中心城市的发展存在着相互促进、相辅相成的关系，这是大学发展的规律，也是大学建设的经验。大学的人才培养和科研创新驱动力强，对城市经济社会发展支撑度和贡献率就高。大学是知识创新的源头，通过人才培养和科学研究等知识溢出效应，可以为城市创新发展提供源源不断的动力；大学是技术创新的发动机，通过技术转移和成果转化，有助于城市的产业结构转型升级，助推经济社会高质量发展；大学是智力高地，通过高端人才的培养和集聚，有助于提升城市创新活力和研发实力；大学还是城市文化建设的重要力量，通过文化创新和整合，有助于改变人的知识结构，提升人的人文素养，从而可以在更高层次打造城市文化生态。在当前大学发展激烈竞争的背景下，大学作为创新成果和高端人才的摇篮，成为大学与城市互动发展的根本动力。自觉顺应大学发展规律，积极融入城市创新体系，主动服务国家经济社会发展战略，不仅是大学的基本职能，更是其实现转型发展，打造自身办学特色、提升办学水平的应有之义。

在以知识、人才和创新为主要驱动力的知识经济时代，高等教育的发展水平被视作衡量一个城市经济社会和文化发展状况的重要指标，成为代表城市发展形象的“新地标”“新名片”和“新标杆”。由此，同为推进现代化的两个重要引擎，城市与大学两者之间的互动发展、协同发展、融合发展不断走向深入、相得益彰：一方面，高校逐步超越“象牙塔”隐喻，深度参与城市发展的不同阶段，成为其重要驱动力、支撑力和服务力；另一方面，大学教学、科研和社会服务等职能的实现又离不开城市的支持和推动，繁荣发展的城市为大学提供了基础设施、物质条件、文化氛围和制度环境等。大学是出思想、出成果、出人才的重镇，大学为城市的经济社会发展提供强有力的人才保障、科技支撑、智力支持和文化引领，是城市竞争力及城市可持续发展的重要指标。大学不仅是人才培养和科学研究的“主阵地”，而且已经走进经济社会发展的“主战场”。大学应紧扣城市经济社会发展实际，加强人才培养、科学研究、社会服务等。城市高质量发展的关键在于知识、在于技术、在于人才的储备与智力的输出，如何培养创新型、复合型、应用型人才，如何吸引高端人才、领军人物，是当前城市高质量发展过程中所面临的问题和挑战。城市要发挥好统筹协调作用，在政策支持、规划引导和氛围营造等方面创造条件，做大做强做优城市主导产业和战略性新兴产业，为大学学科专业建设提供坚实支撑，为大学毕业生提供高质量就业创业岗位及条件[①]。同时，合理配置有助于地方经济社会发展的办学资源，统筹布局重大产业项目和重大创新平台、为大学高质量发展创造良好条件，既加大对大学的办学资源投入，又紧紧依托大学推进城市现代化，努力达到一个大学与城市共生共兴共荣共赢、相互成就的新局面。

---

① 张大良．城市与高校共开绚丽之花［J］．中外建筑，2021（1）：6-7．

第四章

大学与城市互动发展历程

在高等教育发展过程中，大学和城市的互动因为时代背景和高等教育背景的不同而呈现出多样的发展历程，互动的程度受到大学、城市、政府、市民等多个互动因子的影响，不同国家在互动发展过程中也呈现出各自的特点。在全球大学发展历程中，欧洲、美国、日本、俄罗斯、中国等国家和地区的大学和城市发展互动有着较为明显的特点，在针对欧洲、美国、中国的大学和城市互动关系方面，张德祥、李枭鹰等人从区域、生态范型等角度进行了分析，也比较系统地进行了研究，其他学者也有多角度的研究和阐述，本章将从大学和城市的起源、各类型因子的互动、各时间节点的互动等方面进行阐述，着重阐述欧洲、美国、日本、俄罗斯、中国等国家和地区的大学与城市互动的发展历程。

第一节　欧洲大学与城市的互动发展历程

高等教育早在数千年之前的古埃及、中国等地就已经起源，但真正意义上的大学是中世纪在欧洲建立起来的，所以一般而言欧洲是大学的诞生地，意大利被称为第一个世界高等教育中心。随着工业革命和科技的发展，欧洲的大学也不断开展一系列的改革工作来应对社会需求的改变，欧洲大学和城市的互动不是单独和孤立的，也不是快速地融合，是随着各类资源要素的不断增减而不断变化，从初级互动到中级互动再到高级互动，同时伴随着政府、宗教、市民、战争等各类因素的影响，大学和城市的互动系统变得越来越复杂。

一、中世纪欧洲大学与城市的互动

中世纪开始欧洲就有了大学，此时欧洲文明和城市的发展经历了很长久的时间，因此大学的出现必定和城市发生关系，城市的各要素会影响大学的发展，大学的存在及其职能会反作用于城市的发展，影响城市的政府决策、产业发展、市民关系、文化建设、技术创新等。

1. 中世纪欧洲的社会背景

中世纪欧洲文明突出的特征和优势是欧洲城市的快速发展以及欧洲社会的城市化进程，欧洲进入了城市共同体自治，这也是在世界城市发展历史进程中独具特色的。中世纪的欧洲处于农业文明时期，主要的社会经济为农业经济，农业经济带给欧洲城市的输入基本上以土地财政或者农业收入为主[①]，此时的欧洲城市承担着宗教中心、政治中心或军事中心等职能。由于入侵，欧洲也是战乱频繁，社会生产力受到了极大的破坏，欧洲新兴的城市首先是在意大利发展起来，如威尼斯、热那亚、米兰、佛罗伦萨等。在欧洲城市早期的教育中，主要是僧侣们获得了知识教育的垄断地位，所以此时的教育是渗透了神学性质的教育，恩格斯曾说当时基督教会影响是“万物归宗的地位”[②]。因此当时的教堂、寺院以及附属学校等都带有了浓厚的宗教色彩。但随着社会的发展和进步，尤其是 11 世纪开始，农业发展的基础上，多个行业开始兴起，并且自治城市的出现也不断聚集起人和物等城市资源要素。伴随经济实力的提升以及阶层力量的强大，出现了中世纪大学和城市学校。著名的大学有意大利波隆那大学，法国巴黎大学，英国牛津大学、剑桥大学，德国海德堡大学、科隆大学等。在 12-16 世纪，意大利设立大学 21 所，法国 18 所，西班牙和葡萄牙共 14 所，英国 5 所，德国 15 所，匈牙利 3 所，瑞典 1 所，丹曼 1 所，波兰 1 所，意大利的大学数量也远高于其他国家。

2. 互动主体之大学的起源

在对于大学是如何起源的问题上，目前尚未有统一的定论。根据有关资料，可以认为中世纪欧洲大学的形成主要为自然形成型、创立型、衍生型。自然形成的大学主要是学者或师生自发聚集在某一场所研习学问，传道授业，久而久之成为了大学；创立型主要是由皇帝、国王或者教皇等通过颁发特许状直接参与大学的建设；衍生型属于一些学者或者师生离开原来所在的大学，在迁徙过程中按照原有大学的模式在异地创立大学[③]。

大学的起源，有其复杂的历史背景，中世纪大学是为了适应中世纪社会发展需要而形成的，对于发展科学技术和知识，推动人类文明进步都发挥了积极的作用，也很好地推动了欧洲社会的发展，但是到了中世纪后半期，大学日趋保守，逐渐落后于时代。到了 16 世纪左右，欧洲的大学开始进行一系列的改革探索，城市也开展了不断的改革，希望加强与大学的联系，但是整体上大学和城市的互动不尽如人意，城市和大学的双向互动改革也没有实质性的进展。直到 19 世纪后，法国、德国、英国等再次对大学进行改革，希望能不断提升与城市的互动，才取得了一定成效。

在大学的建设过程中，中世纪的大学与城市具有某种天然的联系，比如博洛尼亚大

① 何文栋．欧洲大学与城市互动的历史变迁［J］．教育评论，2017，（12），155-159

② 恩格斯．德国农民战争，马克思恩格斯全集　第 7 卷［M］．北京：人民出版社，1959．

③ 贺国庆，王保星，朱文富．外国高等教育史［M］．北京：人民教育出版社，2006．

学坐落在博洛尼亚，这座城市由于是意大利北部的重要枢纽地，交通便利，是天然的十字路口，汇集了很多的主干道，因此很早就是一座国际化城市，人员往来交流密切，包括到罗马的一些旅行者。随着社会和经济的不断发展和各国之间经济的融合，使得博洛尼亚逐渐成为了一座著名城市。在高等教育方面，意大利作为世界贸易中心，由于经济发展需求旺盛以及经济发展助推，并且从早起城邦到城市国家的政治推动下，势必会对高等教育发展的要求越来越高，随之大学面临的挑战也越来越高。

3. 大学与城市的隐性互动

隐性互动一般是指大学和城市没有表现出实际的互动交流，但是双方之间却存在着联系，比如学校的名称、地域的关系等等，这些隐性的互动也是大学与城市互动过程中的一种。在中世纪的大学名称命名上，我们可以发现一些隐性互动的例子，比如将建在巴黎的大学命名为巴黎大学，将建立在博洛尼亚的大学命名为博洛尼亚大学，将建立在萨莱诺的大学命名为萨莱诺大学，将建立在牛津的大学命名为牛津大学，将建立在剑桥的大学命名为剑桥大学，将建立在蒙彼利埃的大学命名为蒙彼利埃大学，将建立在帕多瓦的大学命名为帕多瓦大学，将建立在维也纳的大学命名为维也纳大学，将建立在布拉格的大学命名为布拉格大学，将建立在莱比锡的大学命名为莱比锡大学，将建立在科英布拉的大学命名为科英布拉大学，将建立在萨拉曼卡的大学命名为萨拉曼卡大学，将建立在克拉科夫的大学命名为克拉科夫大学，将建立在勒芬的大学命名为勒芬大学，等等类似的大学还有很多。从这些大学的名称上，我们可以发现有一个隐性的关联，那就是这些大学的名称是以当地的地名加上“大学”来命名大学名称的，这其实也是中世纪大学和城市存在的隐性互动之一。大学和城市因为空间位置的关系，在地缘上有着紧密的联系。

在大学和城市的隐性互动中，还存在着另一种呈现形式，那就是城市因大学而建而盛，比如海德堡大学、弗赖堡大学、蒂宾根大学等大学，这些都是因为有了大学而开始建城镇，并且根据大学的需求而不断扩大。

4. 大学与城市的显性互动

显性互动是相对于隐性互动而言的，显性互动能够比较直观地看到大学和城市的互动影子，并进行具体的分析。可以说，中世纪的大学诞生和城市有关联，并且大学是随着城市的兴起而兴起，很多的大学也是坐落在城市里，大学成立之时，很多还没有固定的场所，有的是租借，有的是利用其他的房屋空间来开展正常的教学活动。大学所需要的资源要素和环境都与城市息息相关，城市也竭尽所能为大学提供保障。

大学和城市的互动中，有一个因素比较明显，那就是中世纪也是战争不断的时期，大学坐落在城市里，相对来说会有一个更加安全稳定的场所，并且城市有着较为充足的物质资源保障，能够确保大学运转所需要的设备、场地、后勤保障等等，这些基本的保障为大学和城市的互动提供了显性的机会、条件和可能。

5. 大学与城市的被动因子互动

市民是城市的主要组成元素之一，大学与城市的互动过程中必然会与城市的市民产生相应的互动，互动有积极一面也有阻力一面。中世纪大学在建成后，与市民的冲突也是时有发生，这和当时的社会背景有关。中世纪的城市居民是一种特权的象征，是阶级的权利，因此他们热衷于自己所拥有的特权，对其他人采取比较敌视的态度，经常采取各种方式来排挤他人，并结成相应的联盟来巩固和捍卫自己的特权，而中世纪大学的老师和学生大多不属于城市原有的市民，他们拥有自己的语言文化、思维方式和风俗习惯等，他们也希望输出自己的理念和做事方法，希望自己的理念想法能够在城市里得到认可，付诸实践来影响城市。一个是希望输出自己的理念影响他人，一个是希望巩固自己的地位防止受到影响，因此中世纪的大学和城市的市民在融入上就存在着一定的差异，当中世纪大学建好后并开始融入城市的过程中，势必会引起两个群体之间的矛盾和冲突，大学与城市的互动之初，就是大学和城市的防御性和对抗性的互动。

在中世纪，教权与王权是此消彼长的一种关系，当教会权力增长时就会压制王权的发展，而当国王的权力增长时则会打压教权，总体来看，呈现一种教权由弱变强，然后由盛转衰的变化趋势，世俗王权则一步步加强，最终摆脱教权控制。在 15 世纪、16 世纪开始走向中央集权、君主专制，教权和王权的斗争是中世纪欧洲发展的主旋律之一，虽然给民众带来了深重的灾难，但对于近现代欧洲分权制度的形成有着明显的推动意义，这也对大学和城市的关系起到了关键性的影响。大学和城市市民之间互动过程中的冲突，也最终主要是通过教权与王权的介入而得以解决的。在大学产生之后，教权与王权双方都想拉拢大学为其服务，目的是通过大学能够更好地巩固自己的权力，维系自己的统治，因此经常授予大学一些特权，那么在大学和城市市民的不断冲突中，大学所拥有的特权进一步扩大，相对大学来说，城市的普通市民所享受到的权利则会被不断地削弱，这也导致了市民的不满，原来相对平衡的天平也会出现失衡的情况，但是因为教权与王权的介入，城市的市民也没有更好的办法，因为市民生活在城市里，在当时也是屈服于权利，像被征服者一样生活在城市里，而中世纪大学在国王和教皇的庇护下逐渐发展壮大，所拥有的权利越来越多，已经形成了自有的“小社会”，类似于城中之城。

在城市里，主要由商人、手工业者、贵族、教员、学生、普通民众等组成，其中针对商人、手工业者和普通百姓这类人群，我们称之为大城；针对皇室或者官员等贵族以及教会等，我们称之为旧城；针对城市里求学的大学生、教员们，我们称之为大学。随着社会发展和权利的更迭，城市中的市民为了从大学手中收回自身所享有的自治权，也会向国王请愿，要求国王收回大学所享有的某些特权，但为了维护自己的统治，国王往往会采取有利于大学的方式来处理，这样就导致一次次地压制市民，但是压制市民的做法，最终会不断激化大学与市民的矛盾，而大学因为自治能力的不断增强，也逐渐希望摆脱城市的控制，成为拥有绝对自治权的大学，这些都是在大学和城市的互动中不断演化和发展形成的。虽然大学和城市在争夺自治权的过程中爆发了很多的矛盾，但是大学事实上也不属于城市，双方的关系也是比较复杂，中世纪的大学更像是一个能够进行自我管理和自我发展的自治性组织机构，并且因为大学的特殊性，在权力的斗争中，不断形成了自己的权威性，比如牛津大学、剑桥大学在当时都是城市中法权、行政权力的绝对权威，这些都是因为教权和王权的介入所形成的。正因为大学的特殊性，当时巴黎大学有师生认为，巴黎大学虽然是取自地名巴黎，但是巴黎大学不是巴黎城的大学，只是因为学者的存在，组建的大学坐落在巴黎而已，这样的思想观念也是对大学和城市的发展互动起到影响，大学和城市市民的冲突在当时是无法避免的。

6. 大学与城市的权力因子互动

在大学和城市因子之一市民的互动中已经阐述，因为教权和王权的参与，想要不断拉拢大学为其自身服务，因此中世纪大学在国王和教会的庇护下获得了很多特权，成为城市中的一个特权机构，而这些特权都是城市所不能直接给予的，有些特权甚至会造成城市的损失，因此对于城市的权力当局来说，想要对大学进行干预会十分有限，城市有时也会想要和大学建立好关系，给予一定的支持，积极为大学的发展提供帮助，但是对于城市管理者来说，只是希望通过这样的举措能够拉拢大学，最终是达到能够控制大学的目的。因此其中也会出现很多的因为权力导致的控制和反控制的情况发生。控制和反控制，其实就是大学和城市之间为了争取资源要素、自身利益所开展的斗争，大学希望城市能够满足自己的需求，能够给予更多的发展空间和自治权力，而城市管理者则会希望大学是城市的大学，应该为城市服务，需要听从于城市的管理当局，这样的较量势必会引发冲突和反馈。中世纪大学与城市冲突比较著名的事件是修士节暴乱事件，根据多方的资料考察，此次事件是 1355 年 2 月 10 日发生在牛津大学与牛津城的斗争中，事件的起因也很平常，就是牛津大学的几名学生在斯温德尔斯托克客栈里因为啤酒的质量问题与市民发生了争执，他们抱怨葡萄酒质量不好并殴打店主，这场酒馆的唇枪舌剑演变成了街头大战，店主的朋友敲响了圣马丁教堂的警钟，市民立即全副武装，以弓、箭及其他武器袭击学生，大学校长赶到现场平息骚乱时也不幸被流矢射中，于是命人敲响圣玛丽教堂的警钟，让学生回到学校。这本来是一件普通的治安事件，可是因为当时的大学和城市之间的关系紧张，矛盾达到了顶峰，因此事件被放大，变成了大学和城市之间冲突压力的释放点，而城市当局没有很好的处理此次事件，导致事情后来演变成为一场持续三天的战斗，牛津城的市民们拿起武器去武装攻打牛津大学，市民们横扫大学生居住区，抢劫杀戮，有很多牛津大学的学生在战斗中受伤或者死亡。据 17 世纪的历史学家沃德描述这场战斗的惨状，尸体堆积如山，没有人知道有多少人被杀死，仅知道大学一方就死亡 62 人。这次冲突也造成了牛津大学财物上的损失，后来国王站在了大学这边，并对牛津市处以罚金，要求返还掠去的物品[①]。从此以后，在每年的修士节那天，牛津市长就领着62名市民前去牛津大学赔礼道歉。同时，还要将当年的罚金交给牛津大学副校长，即为每个被打死的大学生交一枚银币。这种象征性的罚款直到1825年才结束。1855年2月10日，市民和学校师生之间达成了和解协议：牛津市长成为牛津大学的荣誉博士，副校长则成为城市的荣誉市民。最终，牛津大学获得了对城市至高无上的权力，牛津大学与城市之间控制与被控制关系基本确立。从此次事件中，与其说牛津是一座拥有牛津大学的城市，不如说牛津是一座被牛津大学所领导或控制的城市。虽然牛津城的市民和学生之间曾有过很多冲突，不过，如今的他们已经能够融洽地相处了，并且城市的市民们以牛津大学为荣，另一方面，大学也为牛津城吸引了世界各地的游客，加快了当地旅游业的发展。可以说，大学和城市的互动中，权力因子也促进了大学和城市内在和外在的联系，逐步向着双赢的格局不断发展。

中世纪大学与城市在互动的过程中，尤其是和城市市民和城市政府互动最为紧密，但是该互动也较为畸形，属于非正常的互动，这种互动引起的冲突和矛盾有的时候还会造成意外发生，这些都不属于大学和城市互动中应该有的，但是大学和城市在互动中，为了自身的利益最大化，势必想要削弱对方，来换取更多的资源要素和空间要素。当然，大学和城市的互动，在中世纪这一时期能够很好地促进城市的繁荣和发展，城市的繁荣和发展反过来又促进了大学城市的发展，可以说互动的两者在对抗和发展中促进了社会的发展，形成了特有的发展逻辑和模式。

二、工业革命前欧洲大学与城市互动

1. 工业革命前欧洲的社会背景

中世纪的欧洲还以农业经济为主，而我们当前所处的时代主要是经过了多次的革命才形成的，这其中最关键的还是工业革命，可以说工业革命是当今世界形成过程中的巨大推动力，正是工业革命的发生和发展，促使人类社会从农业社会进入到工业社会，这是一个很明显的社会进步的分界线，长久的积淀和工业革命短时的推动，促成了人类社会的急剧变化。当然，工业革命也是人类社会漫长转变过程中的其中一个阶段，但是这个阶段也是在不断地碰撞中缓慢前进的[②]。工业革命是人类发展史上极为重要的分水岭，在工业革命之前，技术有了飞速的发展，但是技术的进步加速度总是无法持久地超越人口自然增长率，随着经济的不断增长，其结果表现明显的是人口的增加，相对来说人们的生活水平提高得不是很明显。

---

① 赵颖．论中世纪英国大学与市民的冲突：以牛津大学为例［D］．长春：吉林大学，2007．

② 卡洛·M．奇波拉．工业革命前的欧洲社会与经济［M］．苏世军译．北京：社会科学文献出版社，2020．

欧洲的人口增长主要表现在，在公元1000年左右欧洲人口达到4200万人，1200年前后欧洲人口达到6200万人，1300年前后欧洲人口达到7300万人，1400年前后欧洲人口达到4500万人，1500年前后欧洲人口达到6900万人，1600年前后欧洲人口达到8600万人，1700年前后欧洲人口达到1.15亿人，1800年前后欧洲人口达到1.88亿人，1850年前后欧洲人口达到2.66亿人。从数据上可以发现，欧洲人口规模在14世纪末反倒比13世纪末下降了近40%，这个主要是由蒙古人入侵带来的鼠疫病毒引发大规模的黑死病灾疫所引起的，此时欧洲在大部分时间里都在遭受战乱和瘟疫的侵扰。

哥伦布1492年的航海活动将美洲拉入已存在的全球贸易体系，地理大发现使得欧洲航海者开辟新航路和发现新大陆，不仅扩大了欧洲人的视野，也加速了西欧社会迈向近代化的步伐。对于工业革命发生的原因，宋李健阐述了三种说法①，其一是出现在历史学的教科书中，认为资产阶级政权为工业革命铺平了前进的道路。这种解释至少在历史事件出现顺序上具有合理性。英国1688年光荣革命建立了稳定的君主立宪制，所谓的“资产阶级专政”大力发展工商业，建立有利于经济增长的产权制度，为百年后的工业革命创造了条件，但这种解释存在着巨大缺陷，因为英国并不是第一个建立资产阶级政权的国家。如果说是政治制度带来重大技术变革，那么工业革命更应当发生在荷兰，而不是英国；其二是将工业革命归因于市场的发展，但在工业革命前夕，中国和英国的市场发育程度不相上下，而在市场宽度和深度上，中国似乎更胜一筹。按照这种观点，工业革命应该发生在中国，而不是英国；其三是North和Weingast提出的，他们认为始于1688年的金融革命是工业革命的先导，光荣革命加强了对产权的保护，使金融市场的不确定性显著下降，使风险溢价和利率水平亦随之下降，利率下降后加速了资本积累，使资本替代劳动的工业革命成为可能，这种观点指出了资本积累的重要作用，但仍未能解释为什么不是荷兰，而是英国率先发生工业革命。可以说，工业革命是资本代替劳动的过程，即马克思强调的机器代替劳动的过程。

2. 基于文化元素的大学和城市互动

文化是什么，在大辞海里，对文化有个定义，广义指人类在社会实践过程中所获得的物质、精神的生产能力和创造的物质、精神财富的总和，狭义指精神生产能力和精神产品，包括一切社会意识形态：自然科学、技术科学、社会意识形态，有时又专指教育、科学、艺术等方面的知识与设施。从传统意义上来说，文化是一种社会现象，它是由人类长期创造形成的产物，同时又是一种历史现象，是人类社会与历史的积淀物。被誉为“人类学之父”的英国学者泰勒说：“文化，或文明，就其广泛的民族学意义来说，是包括全部的知识、信仰、艺术、道德、法律、风俗以及作为社会成员的人所掌握和接受的

① 宋李健．工业革命为什么发生在18世纪的英国——一个全球视角的内生分析模型［J］．金融监管研究．2012（03）．

任何其他的才能和习惯的复合体”[①]。可以说，文化是凝结在物质之中又游离于物质之外的，能够被传承和传播的国家或民族的思维方式、价值观念、生活方式、行为规范、艺术文化、科学技术等。我国学者梁漱溟将“文化”定义为“文化，就是吾人生活所依靠之一切。文化之本义，应在经济、政治，乃至一切无所不包”[②]。文化内容可以是群族的历史、风土人情、传统习俗、生活方式、宗教信仰、艺术、伦理道德，法律制度、价值观念、审美情趣、精神图腾等等。可以说，文化即社会实践史中实现的“人化”与“化人”的唯物而辩证的、积极统一的过程和成果，是对“文化”应有的基本理解，也是我们整个文化观的理论基石[③]。

大学在文化形成上具有独特的优势，大学文化的形成，也能够影响到城市中的每一个人，大学和城市因为文化的纽带而变得更加密切。在大学和城市的互动中，文艺复兴运动是影响较为深远的。文艺复兴运动通过人文主义的传播为欧洲近代化提供了思想与精神基础。在 16 世纪，人文主义在教育领域开始蔓延，理性逐渐取代神性，教会和神学不再是主宰欧洲大学发展的唯一因素，这对大学和城市的互动打下了新基础。随后的宗教改革运动通过血与火的战争催生出近代民族国家，并在此基础上培育出民族文化和教育发展的幼芽，大学自此逐渐发展成一种具有夯实民族根基的高等教育机构。

在欧洲，文艺复兴和宗教的改革共同促进欧洲传统大学在指导思想、课程、教学等方面的变化，他们从较为单一逐渐向多样化、民族化和人文化的方向发展。在 17 世纪，欧洲的科学革命虽然没有对传统大学产生根本性影响，但在一定程度上催生了专门学院、技术学院等新型的高等教育机构。

地理大发现后，有很多国家进行了殖民扩张，这样也导致了很多的市民进入到城市，城市的人口不断增长，但是到 17 世纪后，由于国家之间的纠纷和战争、宗教各派之间的对立和冲突，以及各国的资产阶级革命引发的经济、政治、社会等诸多领域的社会问题持续冲击着城市的发展，城市扩张的速度也逐渐减慢，并且城市人口也出现了衰退的情况。

在这一时期，大学和城市的互动因为欧洲的动荡和衰退而出现了新的变化。比如城市对大学提出了新的要求，大学为了适应城市的需求，在课程内容、培养目标等方面进行了调整，但是大学对于这些内容的调整，更多的是基于国家和社会的发展需求，是为了整个民族的需求而服务的。基于城市的个性化需求而进行的调整还不完全是这一时期大学和城市的互动结果，但是因为城市是处于国家之中，需求会有相重叠的地方，因此大学和城市的互动会有部分的交集。大学的文化基础也影响着城市，城市运转和国家文化也会影响着大学。

---

① 泰勒．原始文化［M］．上海：上海文艺出版社，1992．

② 梁漱溟．中国文化要义［M］．上海：学林出版社，1987．

③ 王国炎，汤忠钢．“文化”概念界说新论［J］．南昌大学学报（人文社会科学版）．2003（02）：72-75．

3. 基于技术元素的大学和城市互动

随着科技的不断进步，大学的科学研究也在不断发展，科技的进步需要科技的输出和转化，尤其是工业革命等重大技术发展和变革上，大学和城市之间必然会发生互动的关系，双方的互动会随着工业革命的发展而不断变化，大学可以提供技术和智力的输出，城市的技术转化应用以及成效也会反作用于大学。

工业革命最初发生在18世纪下半叶的英国，但是随后工业革命发展迅速，工业革命的浪潮很快向欧洲大陆扩展开来，欧洲的传统强国法国、德国等欧洲国家也相继发生了工业革命。可以说，欧洲各国的工业革命时间是有先有后的，但工业革命相比于前期的农业社会，无疑是工业革命大大推动了城市化进程，在城市化进程中也不断影响着大学的发展。

在工业革命的影响下，大学和城市开始互动，城市在发展中不断突破围墙的限制，输入新的思想和理念，这也促进了旧城市功能的不断改变，进一步涌现了一批新兴工业城市。在工业革命的影响下，英格兰米德兰地区斯塔福德郡南部的煤、铁矿区在短短数十年间就诞生了 7 个新的城市。苏格兰拉纳克郡的格拉斯福德地区在工业革命前常住人口很少，但是到了19世纪上半叶，随着工业革命的到来和技术的进步，昔日的小城镇开始发展纺织业，不断发展壮大，最终形成了3个城市[①]。

第一次工业革命时期，由于工业城市很多是刚刚兴起，缺乏互动的经验，因此这个时期的大学和城市的互动较为平淡，没有特别深入的互动交流，此时的工业革命所形成的新技术也还没有急需大量掌握新技术的人员，这也是技术进步的程度所决定的。因为这次工业革命实用技术的产生是在手工工匠世代经验积累下产生的质的飞跃，是在前人的基础上通过不断试错而完成的，所以此次的技术革命没有用到大量的高科技，大学在此次工业革命中所扮演的角色就不会这么明显。从一定程度上来看，大学对此次工业革命的影响微乎其微。大学是技术的研究和孕育地，科技的发展需要大学，城市的发展需要技术，但是早期的工业化因为还处于初级阶段，没有大量的技术和科学需要，并且大学的教育与城市的工业化进程并无直接联系[②]，这个主要也和传统的大学教育有关，传统的大学教育没有涉及大量的新技术新理念，所以最开始的工业革命过程中，大学发挥的作用十分有限。

科技在城市的发展中发挥了重要作用，在城市中，有些技术人员的成长主要依靠个人的摸索和自身经验的积累，随着时间的增长而不断娴熟，而对于那些技术过硬的人来说，主要是靠技术的不断打磨和练习，靠着不断的训练得到的，正所谓“无他，唯手熟尔”，所以工业革命的发展无需比较高的科技要求，大学也没有承担更多的人才培养使命。

---

① 何文栋．大学与城市文化互动研究［D］．南宁：广西民族大学，2017．

② 何文栋．欧洲大学与城市互动的历史变迁［J］．教育评论，．2017（12）：155-159

那个时代的工业由个体企业家或家族式企业所垄断，这些企业还没有到很高的研发和创新发展需求，因此不需要专门训练的科学家或技术人员来承担相关的工作。正是在这样的大背景下，对于高科技的人才的培养来说，新兴工业城市的发展并不需要大学为社会培养专门的高技术人才，这也导致了在工业革命技术发展的时期，大学和城市的互动还是不够深入，仍需要以高科技和文化知识来共同推动大学和城市的进一步互动。

三、第二次世界大战前欧洲的大学与城市互动

1. 二战前欧洲的社会背景

第一次世界大战后，整个欧洲大陆满目疮痍，同时资本主义工业化的急剧扩张，对市场的重新分配欲望越来越强烈，同时在本土拓展饱和的情况下，不断将触角伸向海外，在此基础上也促进了市场和经济的全球互联，促进了各国之间的交流，但是在各国不平等的发展前提下，也出现了众多的资本主义强国掠夺其他国家资源和市场的情况，在此强力冲击下的全球化不但改变着个人和个人、民族和民族、甚至是国家和国家之间的关系，有的国家和民族原本封闭的状态因为强有力的外在冲击而受到破坏，形成了“弱肉强食”的局面，这也不断挑战着原本脆弱的国际关系和国际准则。在全球化的背景下，相对于以前基于民族和国家的教育，国家教育的发展面临着较为迫切的压力，相对以往的教育，目前不仅仅为了满足人们之间的交流了解和语言沟通，需要有更新的内容和更高的视野。1929 年，印第安那大学教育学院国际教育研究人员史密斯和克雷顿开展了一项“世界友谊教育计划”的研究，为传播人类友善确立了基本原则：（1）创造一种新的精神状态，跨越民族的界限，以此理解、赞赏和包容其他民族的特征、成就和传统；（2）既忠诚于民族，也忠诚于人类，尽管做起来会有困难，但并非不可能做到；（3）发展个人对世界的理解和友爱，同时不失去自己民族的公民素质；（4）以知识为基础丰富自身的智力和情感，培养开放的世界观①。

到 19 世纪中期，第二次工业革命开始，与第一次工业革命有所不同，此次工业革命，大学逐步成为源头，并且大学为科技创新提供了不竭动力。大学的科技出现，主要源自于大学自身的改革，比如德国教育家洪堡的大学改革，柏林大学的创办，这些都将科研纳入为大学的职能之一。科研的加入也引起了欧洲各国的诸多高校纷纷效仿，在各自的办学模式和人才培养中，加入了科研职能，并且不断推动对以往大学的变革。在这股大学改革浪潮的影响下，科研成果如雨后春笋般破土而出，并且在生产实践中被不断地转化为实用技术，最终大学的科技发展催生了第二次工业革命的到来②。

---

① 王涛．二战前的国际教育——教育国际化的起源与发展［J］．外国教育研究．2008，35（11）．

② 何文栋．欧洲大学与城市互动的历史变迁［J］．教育评论，2017（12）：155-159．

2. 大学和城市的互动需求

大学和城市的互动和社会的进步密不可分，第一次工业革命时期，许多技术发明都来源于工匠的实践经验，这些人并不具备科学理论知识，只是经验化地从事某些工作，这一时期的科学和技术尚未真正和工匠所从事的工作进行结合。比如，珍妮纺纱机的发明者哈格里夫斯是个织工，水力纺纱机的发明者阿克莱特是个钟表匠，他们都是在经验的基础上不断改良进行的。第二次工业革命时期，自然科学得到了快速发展，并开始同工业生产紧密结合，这极大提升了工业生产力，科学和工业的结合产生了显著的推动作用，也取得了巨大的发展成果，这些成果不断影响着城市的发展，工业的发展和提升形成了一大批新兴工业化城市，城市化和工业化不断加剧，欧洲的大工业城市、商品贸易中心迅速扩大，城市得到了快速的发展，相比于城市，农村在此次发展进程中相对较慢，而城市的发展又急需大量的劳动力支撑，于是大批的农村人口来到城市，欧洲各国的城市化进程也得到了迅猛发展。在此过程中，大学的科技快速应用和转化到城市的发展中，科技的应用效果也不断反馈到大学里，大学再对科技进行进一步研发，可以说，大学和城市的互动进一步加深。

第二次工业革命带动了欧洲的资本主义国家真正进入了工业化时代，德国快速的工业化，实现了对上一轮工业革命后快速发展的英国和法国的追赶和超越。在第二次工业革命中，德国更加青睐新技术的发展，希望通过新技术使自身得到快速的发展，相比德国，英国和法国就没有这么高的积极性，他们拥有大量的殖民地，只要扩大生产，依然拥有巨额的利润，因此在对新技术上的需求不足，兴趣也不是很大，这也渐渐形成了对技术上的惰性。

在第二次工业革命中，科学和技术的结合更为紧密，电灯、汽车、飞机、电报、电话、塑料、人造纤维相继发明，这些都对今后的生活产生了重要影响，这科学的进步和发展是密不可分的。同时，除了生活领域，新技术在军事领域的应用同样迅速，军事制度、理论、战术也得到相应的改变和发展。工业化时代的到来要求大学培养更多社会所需的、能够掌握各种技术的专业人才，此时的大学也在不断的改革过程中，其中威斯康星大学使社会服务成为大学的第三职能，社会服务职能的出现，进一步打通了大学和城市之间的互动渠道，大学也被纳入了工业化轨道，为国家和工商业培养高级专门人才，成为这一时期欧洲各国大学改革的重要目标。大学和城市在这一时期的互动呈现出“一点即通”的状态。

3. 科技元素助推大学和城市的互动

为了满足城市对技术、人才的需求，各个国家都对大学的职能进行了改革，有的通过新建多种类型的高等院校来满足社会的需求，各主要工业国建立了一批技术院校和工科学院。例如，英国一些地方城市创办了偏重工业和科学领域的城市大学，这些大学基本上分布在工商业发展较好的地方城市。为了适应人才需求，根据相关的职业特点，很多大学在课程设置方面也兼具地方色彩。这些改革主要是满足城市工商业发展需求，随着社会的发展，这些大学也逐步成为所在城市的科技研究中心和人才培养基地。

在工业化和城市化的影响下，当时的伦敦大学也强调与城市工商业的联系，加强大学与城市的互动。而牛津大学和剑桥大学为代表的传统大学受到近代科学技术的影响，也像其他新型的高等教育机构一样，思想开始解放，大门开始敞开，在传统思维基础上开始接受新的科学革命，使得科学技术取代宗教神学成为人们更为信奉的对象。到了 20 世纪 20 年代，大学不再是培养绅士的机构，而是成为近现代工业和社会发展的动力源泉和智力输出地。

英国、德国、法国等欧洲国家的城市或新型工业城市在工业化的浪潮中，工业化也推动了欧洲各国走向城市化的道路，为了满足城市工商业的发展需要，新建了一些工科大学和一些专门学院，以此来适应城市化发展需求，催生了一些新型的工业化城市和新型的高等教育机构。同时，工业化带来的资本积累为建设大学或者其他类型的高等教育机构提供了物质支持。与此同时，这些新生的大学或者其他类型的高等教育机构也通过为城市提供各种专业人才、科学技术等推动城市化和工业化进程。可以说，随着城市的发展，大学和城市的互动关系不断紧密。

4. 战争因素推动大学和城市的互动

20 世纪，欧洲各国为争夺霸权，掀起了以欧洲为主战场的两次世界大战，两次世界大战持续到 20 世纪中叶，长期的战争使欧洲各个大学也卷入其中，大学的发展和各项事业都因为战争而暂停或者毁灭，大学也因战争的发展和需要不断地调整，有的大学建设因战争而减缓或停滞，有的大学的校舍和设施被占领或摧毁，有的大学则不得不进行搬迁。对于城市来说，两次世界大战和经济危机使城市遭到严重破坏，受到的影响相当巨大，战争所到之处，所有的城市建设都几乎完全停止，有的城市也在炮火中毁于一旦，此时大学和城市的互动不得不按下停止键，但是在战争的持续过程中，大学和城市也有一些新的互动。

战争的出现，被侵略方不得不拿起武器进行反抗，大学中的很多学生也被武装起来或者主动请求参战，他们加入到城市的防御部队中，有的大学因为战争的出现和科技的需要，将研究的重点转移到军工方面，城市为了大学的安全也投入了一定的保障资源。在战争中，大学和城市的关系也是比较复杂的，有很多因为战争而中止了互动，但是战争最后也让大学和城市的命运趋于同体，意识到两者之间是紧密联系的，推动了两者的靠近，为下一步的发展提供了助推力。

世界大战的劫难，也使欧洲各国充分认识到大学对于国家和社会的价值，大学在面对国家和社会危机时候所表现出的力量，尤其是大学的科研和社会服务在国家生存危机和改革发展中起到重要的作用。所以，战争也促使欧洲各国在未来要解决城市社会问题时，更加注重引导大学发挥其参与解决社会问题的功能，更加注重加强与所在地城市的互动。一些以科学研究和科技创新为中心的大学城不断涌现，为国家和社会发展提供智力支持，如德国的慕尼黑城、法国的科技城、英国的剑桥科学园等。这些大学和城市的互动结果不仅提升了城市的科技开发能力，促进了传统城市向后工业城市转变，还加大了大学与城市之间的科技紧密合作，为科技的发展注入强有力的动力源。大学与城市的互动发生在政治、经济、科技、文化等方面，尽管不同的互动因子各个国家可能有所不同，但是大学与城市的互动发展走向全方位的互动是客观事实，也是一种不可逆转的趋势，推动其向共赢发展。

四、二战结束后欧洲的大学与城市互动

1. 高等教育发展的大背景

二战结束后，全球的经济、社会、文化等秩序快速恢复，各国都在加快战后重建，高等教育竞争也是越来越激烈，亚洲、欧洲、北美洲、大洋洲等多个区域的高等教育都在快速发展，战后的欧洲因为世界大战对高等教育的冲击，迫使他们要改变传统思维，应对高等教育全球化的激烈竞争，着力增强欧洲的整体力量和国际竞争力。经历过战争的洗礼，欧洲逐渐实现欧洲高等教育和科技一体化建设，大学和城市的互动主要是鼓励欧洲学生、学者之间的交流互动，并通过项目合作的形式来促进欧洲各个大学间的教学和科研合作，形成欧洲大区域的大学合作与交流平台。在 21 世纪前夕，欧洲 29 个国家在博洛尼亚签订《博洛尼亚宣言》，启动了建成欧洲高等教育共同空间的进程，推动了欧洲高等教育核心力量的区域整合，为欧洲范围内各大学之间的合作提供了广阔平台，为培养复合性和跨国性人才开启了新的教育模式，有几个显著的特点就是大学之间的合作办学、科研互动、学生交流，并共同颁发文凭等。

《博洛尼亚宣言》主要的内容有：(1) 建立容易理解以及可以比较的学位体系，在欧盟相关国家的公立大学之间建立起一个统一的、可以相互比较的学位体系，所有开设的专业都有可比性，便于各个大学之间对每个专业的相互理解和认同；(2) 建立一个本科和硕士（本硕连读）为基础的高等教育体系，欧盟高等教育历史上第一次提出加强硕士学位课程教育，将过去的本科加博士的高等教育模式改为美国式的本、硕连读模式，其目的是要突出专业人才的培养在欧盟境内大学本科教育逐步走向普及的前提下，21 世纪的政治、经济、社会和文化发展，更需要硕士层面的专业人才；(3) 建立欧洲学分转换体系，这个学分制彻底改变了传统学分制的理念，传统的学分代表着一个学分相等于多少学时的课，而新的学分制，一个 ECTS 学分意味着 25 个学习小时，其中包括 5 小时的上课时间，12 小时的课外作业和社会实践，7 小时的老师辅导，1 小时的考试；(4) 促进师生和学术人员流动，欧盟各公立大学的学生和教师都可以到其他欧盟大学学习或任教，所以这类学习或任教都能得到学生和教师所在大学的认可，从而极大地推动了师生和学

术人员在欧盟大学之间的流动与交流；（5）保证欧洲高等教育的质量，统一的欧洲高等教育体系，互认的学分和学位文凭，为高等教育领域引入了竞争机制，学生选择大学的余地和空间更大，流动也更大，可以广泛地进行各大学教育质量的比较，从而选择教育质量更好的大学进行学习，这样一来，就会促进高等教育质量较低的大学进行改进，提高其教育质量；（6）促进欧洲范围内的高等教育合作，为欧盟范围内各个大学之间的高等教育合作提供了一个广阔的平台，具体表现在合作办学，共同颁发文凭等方面，这种合作主要集中在硕士学位层面上[①]。比如，西班牙一个公立大学可以非常自由地选择欧盟境内的任何一所大学共同创建一个硕士学位课程，学生可以在两地的大学学习，获得两个大学共同颁发的文凭，这种合作为培养复合型和跨国性人才开创了新的教育模式。

2. 大学和城市的融合发展

在第二次世界大战结束后，欧洲各国对大学和城市都快速进行恢复和重建。受到第三次科技革命的推动，欧洲各国先后进入后工业化时期，而以工业起家的传统工业城市则出现了传统制造业萎缩、就业和人口衰落、种族歧视等一系列社会问题，形成了后工业时代老工业城市的“城市病”。与传统工业城市的发展有所不同的是第二次世界大战后欧洲高等教育由精英教育阶段快速迈向大众化教育阶段，大学也得到了快速的发展，不断地向外拓展和争取资源，但是大学的高速发展也引发了一些问题，在有些城市也爆发了城市危机。促使欧洲各国重新审视大学和城市之间的关系，他们为了扭转城市危机，进行了大规模的城市更新和改造活动，推进城市的发展和大学的发展相适应，通过国家、城市当局和大学的共同努力，城市中心区的生活环境和投资环境在一定程度上得到了改善，对于传统工业城市来说，转型升级没有这么容易，他们需要在传统技术的基础上，勇于革新自我，向以高科技和现代服务业为基础的后工业城市转变，在这些城市的变革过程中，都需要大学的智力和技术支持。

随着城市变革速度的加快，大学和城市的互动越来越频繁，深度不断加大，欧洲大学共同体和科研共同体相互配合，共同塑造欧洲共识，推动经济、社会、文化的一体化发展。在城市化进程中，城市的中心也逐步形成了以服务性、商业性和管理性为主的中心区，构建了大都市区的组织结构，例如，英国的伦敦-伯明翰-利物浦-曼彻斯特大都市区，法国的巴黎-鲁昂-勒阿弗尔大都市区，德国的莱茵-鲁尔大都市区等。这些都是大学和城市的不断互动发展的结果之一。伴随城市的快速发展，新的城市问题也会出现，这又面临着解决新的城市问题。不过，大学和城市的互动经验，为解决城市新问题提供了思路与参考。为了治理大都市区的各种问题，欧洲组成了欧洲城市联盟和欧洲大都市网络的城际联盟组织，这两个联盟加强了大都市在技术、知识、资本、信息等方面的互通与合作，同时将大学所承担的高等教育功能作为重要的支撑。在此时的大学一体化联盟

① 王庆东．中国学位授权体系的委托代理问题研究［D］．沈阳：东北大学，2008．

里，能够更好地在治理大都市区问题中发挥大学职能，推动大都市区城市问题的治理进程，从而推动欧洲各国走向深度融合。可以说，大学和城市的互动越来越紧密，双方的认识也是不断深化，形成“你中有我、我中有你”的良好态势，欧洲的大学也集群化和联盟化，和城市的发展的目标趋于一致，不断深化大学与城市的良性互动。

第二节　美国大学与城市互动的发展历程

大学的发展与社会变迁息息相关，美国大学与城市的互动过程中，随着美国社会的变迁，形成不同的动能与势能，进而促进了美国大学与城市的深度融合和发展。15 世纪开始，欧洲开始了大规模的对外探险，处于北美大陆中心地带的美国被发现后，大批的欧洲移民开始涌入，美国殖民时代就已经有大学产生，哈佛大学就是其中之一（创建于1636 年），其由马萨诸塞州殖民地立法机关创建，殖民地议会批准拨款 400 英镑建立，初名“新市民学院”，这也被认为美国大学与城市的最早互动。从独立战争到南北战争期间，美国的领土不断扩张，资本主义经济也得到迅速发展，社会的变迁使得大学也在不断演变。在此期间，随着工业资本主义的胜利，城市化进程不断加快，美国的高等教育体系也在不断形成，形成了美国大学的初步轮廓。南北战争后随着美国社会的迅速发展，大学的职能也在不断演变，研究型大学的诞生对大学与城市的互动关系产生重要的影响。第二次世界大战后，美国的大学和城市的互动不断加快，大学更加深入地参与城市发展，在经济、科技、文化等领域不断加强与城市的互动。自 1636 年至今，美国的高等教育已经走过了 380 余年，时间相比欧洲的大学不算长，但其发展速度快，发展规模大，普及程度高，并在社会发展中不断迭代更新、升级，美国大学和城市之间，也是随着美国经济社会不断发展，城市化不断推进过程中逐步发展形成的，使美国的高等教育形成了自己的特点：自治、多样化、竞争和开放[①]。这样的特点促使美国大学和城市的良性互动。

一、殖民时期大学与城市的互动

1. 殖民时期大学的建立

16 世纪上半叶开始，西班牙、荷兰、法国和英国等殖民者纷纷侵入北美大陆，开展殖民地的争夺。西班牙最早抵达美洲，在今日的美国南部墨西哥、佛罗里达及中南美洲获得广大的殖民地。法国由加拿大沿圣劳伦斯河南下，抵五大湖区，盘踞密西西比河一

① 朱浩，杨汉麟．殖民地时期美国高等教育的形成与发展［J］．河北师范大学学报（教育科学版），2008，57（09）：41-45．

带。1607 年 5 月 14 日，第一批 105 名英国殖民者来到维吉尼亚建立了詹姆斯敦，这是北美第一个永久殖民地，标志着美国发展历史上开启殖民地时期，也是美国历史的开篇。随后，入侵北美大陆的殖民者纷纷开始抢夺土地和资源，到 1763 年，英国排挤了其他国家的殖民者，在现在美国东起大西洋西岸，西至阿拉巴契亚山脉之间，从最北的缅因到南部的佐治亚的东海岸建立了 13 个殖民地①。在早期的移民过程中，英国起步最晚，但发展迅速，英国采用股份有限公司方式进行移民，与法国及西班牙由国家推动的移民不同，股份公司以经济利益为导向，公司设在英国并以英国地名命名，如伦敦公司、普里茅斯公司等。

美国在殖民地时期很早就有成立学院的倡议，当时所谓的学院就等同于欧洲大学，弗吉尼亚殖民区是英国移民地，是南部人才荟萃之地。在哈佛学院成立前，弗吉尼亚州就曾募集了 2000 英镑，弗吉尼亚公司划拨 9000 英亩的土地作为办校用地，准备创建亨利科大学，甚至已经确定了大学的校长人选，但由于受 1622 年印第安人暴动的影响，又遇到弗吉尼亚公司解体，创办大学的计划化为乌有②。至此，美国大学和城市的互动尝试失败。

17 世纪初期，由于英国国内的宗教斗争异常激烈，清教徒们纷纷逃离到国外去，有一个目的地就是北美大陆。1620 年约有 100 余清教徒经过荷兰来到了北美大陆的普利茅斯，十年内大约又有 1000 余名清教徒来到了马萨诸塞，到 1640 年，大约有 2 万余名清教徒来到了马萨诸塞。清教徒的到来，最关心他们的教会会不会落入牧师之手，在这样的危机感下，他们大规模兴建教堂和学校，传播宗教。因此，可以看出，在美国的大学最初建立的想法是受宗教的影响。

在清教徒中，有些是英国剑桥大学的毕业生，这些毕业生也把剑桥大学的思想和理念传播了过来，他们更是立下了要把“古老英国大学的传统移植到北美的荒野”这样的雄心壮志③。在清教徒的支持下，1636 年马萨诸塞海湾总法院和殖民地总督批准成立一所学院，初名“新市民学院”。1637 年，总法院命名学院的所在地为坎布里奇，因此该所学院也叫坎布里奇学院，1639 年 3 月，为了纪念在成立初期约翰·哈佛牧师将自身一半家产和 400 册藏书捐赠给学校，学院更名为哈佛学院，这是现在哈佛大学的前身，也是第一所殖民地学院。从一定意义上来看，哈佛学院的建立，开启了美国大学和城市的互动。

2. 殖民时期大学与城市的互动

虽然哈佛学院正式成立，由于受到当时宗教和社会的双重影响，哈佛大学并没有建

① 杨洋. 美国殖民地时期学院道德教育探析［J］. 四川师范大学学报（社会科学版），2015，42（03）：94-99.

② 朱浩，杨汉麟. 殖民地时期美国高等教育的形成与发展［J］. 河北师范大学学报（教育科学版），2008，57（09）：41-45.

③ 黄福涛. 外国高等教育史［M］. 上海：上海教育出版社，2008.

立在城市的中心，坎布里奇是波士顿以外的小镇[①]，大学和城市的互动处于分离阶段。在哈佛学院创办后的半个世纪，圣公会于1693年发起建立了威廉玛丽学院，这个是殖民地第二所高等教育性质的机构，位于弗吉尼亚州威廉斯堡市。随后，高等教育性质的机构快速地建立起来。

1701年，清教徒的公理会教士在康涅狄格州纽黑文市建立了殖民地第三所高等教育性质的机构，1718年定名为耶鲁学院，这也是耶鲁大学的前身。此后紧接着建立了多所殖民地教育机构，1740年，本杰明•富兰克林在宾夕法尼亚州费城创立了费城学院，这是宾夕法尼亚大学的前身。1746年，在新泽西州的普利斯小城建立了新泽西学院，这是现在普林斯顿大学的前身。1754年，在纽约曼哈顿成立了国王学院，也就是现在哥伦比亚大学的前身。1764年，在距离波士顿45英里的罗得岛州普罗维登斯市，成立了罗德岛学院，这是现在布朗大学的前身。1766年，在纽约和费城之间的新泽西州新布伦斯维克，建立了皇后学院，是现在拉特格斯大学的前身。1769年，在新罕布什尔州的汉若瓦，成立了达特茅斯学院。

殖民地时期的9所学院的创办，从层次上大体处于高等学院和中学之间，其规模从几十人到几百人不等，这些学校在建立的时候考虑到了地理等因素，因此有些位于城市，有些位于城市外，但是这些学院都是美国高等教育的起源，他们随着美国经济社会的发展不断拓展辐射。

这些学院的建立主要还是归属为地方管理，此时的美国还没有形成全国统一的高等教育中心，从一定程度上看，这9所学院主要服务于当地的教士、律师、医生、商人、权贵等等，学院的学生主要以当地学生为主。此时学院还没有真正建立社会服务体系，也可以理解为私立性小规模学院，他们崇尚博雅教育理念，以古典语言和文学教育为核心，比如哈佛学院设置阿拉米语、古叙利亚语、希伯来语、伦理学、政治学、物理学、数学、神学等课程。这些课程的设置，没有基于所在城市的发展需求，也没有考虑学生的兴趣与职业发展。这样的理念，主要是从中世纪、文艺复兴、宗教改革运动后延续过来的知识体系，这样的知识体系能更好地被大家接收，甚至被认为是永恒不变的真理。通过在学院的学习，对于宗教、法律、医生等职业的学生来说很有帮助，他们能够很好地用于实践。同时，在学院的学习也是教养的象征，是阶级地位的象征。

进入18世纪，原有的理念逐步发生了变化，殖民地学院开始学习欧洲的高校做法，其中欧洲启蒙运动以及英国非教派学院及苏格兰大学对他们的影响较大，他们开始反思学院的课程体系，开始做出一些改变[②]。课程体系的改变，也是人才培养目标的改变，大学开始增加了对自然科学人才的培养，用实验的方法进行教学，同时增加了很多的科学

① 郄海霞．美国研究型大学与城市互动机制研究［M］．北京：中国社会科学出版社，2009.

② 陈学飞．美国高等教育发展史［M］．成都：四川大学出版社，1989.

仪器，向学生教授天文学、物理学、化学等基本原理，以使学生毕业后进入到城市的相关机构，推动城市的发展。有些学院开始考虑为从事技术职业的学生设立一些独立的课程，使他们在原有古典课程的基础上能够学到相应的技术。1756 年，费城学院的院长史密斯设计了“自由教育计划”，是一个侧重培养政府官员，但是不效仿英国，并且不为宗教服务的课程计划。费城学院除了支持古典文学外，还支持医科发展，推动医师走向专业化，也促进了大学为城市发展提供专业化人才支持的隐形互动。虽然多所大学在殖民地时期进行了多种探索与实践，但是总体来说，殖民地时期的大学还没有与城市发展需求相结合，只是侧重于自身的发展需要，大学与城市的关系处于分离的状态。

二、独立战争至南北战争前后大学与城市的互动

1. 独立战争爆发后对美国大学与城市互动的影响

殖民地时期 9 所学院的创办，为传播思想起到了积极作用，从英国建立第一个殖民地开始，经过了一百多年的发展，在长期的交流、融合过程中，英语成为各殖民地的共同语言，逐渐产生了共同的文化。在此基础上，美利坚民族思想开始形成，民族意识逐渐觉醒。到 18 世纪中叶，启蒙思想已经在英属北美殖民地得到传播，涌现出一些杰出的思想家，如本杰明·富兰克林和托马斯·杰斐逊，在英属北美殖民地的民族和民主意识日趋增强。

1775 年 4 月 19 日，列克星敦和康科德民兵打响独立战争的第一枪，美国正向着一个独立的民族国家进行探索与建设，大学和城市的互动随着战争的爆发而受到影响。1976 年 6 月 11 日，大陆会议设立以杰斐逊为首的委员会，着手起草《独立宣言》，并在 7 月 4 日通过，这标志着英国在北美大陆的殖民地正式分家。现在，这一天也被称为“独立纪念日”。

《独立宣言》的发表对 9 所学院的冲击很明显，思想得到进一步解放，这不仅表明北美殖民地人民与宗主国英国公开决裂的决心和意志，而且也揭示了一种政治信念，即生而平等，所有人都具有追求幸福与自由的权利。这种政治信念导致了美国革命的爆发，而美国革命的时间也为后来的欧洲革命以及亚非拉的革命运动树立了光辉榜样，助力学院在发展中形成新思想，促进大学与城市的互动①。

独立战争是美国历史上的重大转折，对于大学和城市的互动影响也很明显，独立战争后，结束了英国对 13 个殖民地的统治，开始建立了联邦制资本主义国家。宪法有关规定和第九条修正案等都为美国高等教育向着分权化、世俗化、自由化方向发展提供了法

① 王辉云．美国独立战争的性质［J］．读书．2011（08）：138-145.

律依据[①]，而大规模的领土扩张和资本主义经济的迅速发展，也为美国的高等教育变革及其演进奠定了一定的物质基础。在此期间，美国社会还受到了欧洲启蒙运动的深远影响，美国独立初期民主主义和自由主义的思想非常流行[②]。人民与殖民地时期的旧思想、旧传统观念彻底决裂，开始要求政府组建新的、更为实用的高等学校，加强与城市社会经济发展的联系。美国政府也曾考虑过组建国家大学，但是由于当时的时代背景比较复杂，这样的提议遭到了各州的抵制[③]。

虽然受到经济社会发展的影响，但美国各地还是开始新建学院，但新建的这些学院主要坐落在阿勒格尼山脉以西的边疆地区，只有查尔斯顿学院和圣约翰学院建在东海岸沿岸城市，即分别建立在查尔斯顿和切萨皮克。可以看出，独立战争后建立的大学还是没有以城市的需求为主要目的，但是相比较殖民地时期，此时新建的大学目的性更强，考虑的因素会更多。由于独立战争的胜利，美国国内需要大力培养具有政治和管理才能的领导者，还需要强化公民的国家意识和民族意识。因此，大学便能够承担好应有的角色，发挥更大的作用。然而在寻求加强国家和民族意识的过程中，发现边疆地区的居民远离政治、经济、文化中心，急需培养和强化西部边疆地区居民的国家意识，使其成为适应美国社会的公民。教育是实现“公民化”的最佳手段，这种“公民化”的教育目的赋予了这些新建大学一种新的政治教育目的，即为国家培养良好公民和领导者。

随着工业革命的开展，美国开始由农业国向工业国过渡，同时，随着经济的发展、民族的独立、人口的增加以及西部边疆的开发，各地对高等教育的需求增大，美国掀起了“学院运动”之风，大量学院如雨后春笋般涌现起来，这些学院的创办，开始审视以前创办学院的初衷和目的，目光更聚焦在社会与国家的发展需求上。

1775—1783 年的美国独立战争虽然使美国人民摆脱了英国的殖民枷锁，新建的大学也被赋予了新的使命，但是大学与城市空间分离的状态并没有得到根本性的改变，大学与城市之间的互动仍不明显，这些新建大学在选址时大多倾向于乡村小镇而不是大城市，没有与所在城市的发展需求相适应，这些新建立起来的大学，以服务地方为主要目的，因此也具有明显的地域性，除了本地区的人以外，很少有人知道。正如阿布萨罗姆·彼得斯所说的：“我们的国家将成为一个学院之乡”[④]。大学与城市的分离，在很大程度上是因为当时美国城市发展水平低且数量少造成的，虽然美国独立后一些城市得到了发展，但是此时的城市化只是一种区域性的城市化而且发展水平很低。正如杰克斯和里斯曼所言：“内战前典型的学院，无论位于城市还是农村，50 英里之外几乎无人知晓。”[⑤]

① 刘刚．大学章程内容要素研究［D］．杭州：浙江师范大学，2012．

② 陈学飞．美国高教史上若干关键性决策及其影响和启示［J］．高等教育研究，1993（3）：80-88．

③ 黄福涛．外国高等教育史［M］．上海：上海教育出版社，2008．

④ 郄海霞．美国研究型大学与城市互动机制研究［M］．北京：中国社会科学出版社，2009．

⑤ 张德祥，李枭鹰．大学与城市互动发展论［M］．北京：科学出版社，2019．

独立战争爆发后到 19 世纪 20 年代前后，因为国立大学遭到反对，因此新建大学基本都自称为州立大学。1825 年，经过托马斯・杰斐逊的多年努力，弗吉尼亚大学正式开学，这是美国历史上第一所真正的州立大学。相比于殖民地时期的大学，弗吉尼亚大学追求的是更高级的教育，并允许学生能够根据需求选择专业和课程。弗吉尼亚大学的创办，对南部、西部和北部地区高等学校的发展产生了重要影响，尤其是西部地区尝试建立了一些“赠地大学”。根据相关记载，从独立战争后到南北战争前夕，美国的 27 个州已有 25 个州相继建立了州立大学。随着新大学对地方的需求认识更加到位，所以在这一时期，专业教育和技术教育进入美国大学，传统上需要高深教育及特殊训练的职业从学徒制逐渐转变为正规的专业学校教育。一些院校更是建立起医学院和法学院。针对城市社会上的一些技能需求，大学里的技术教育也开始出现。1802 年美国军事学院西点军校的建立，开始促进传统学科专业的改革，使得大学在一定程度上更加关心城市和社会的需求。

在 19 世纪 20 年代前，大学和城市的关系因为于高等学校控制权的争夺产生了微妙变化。有些州政府试图把一些私立院校改变为州立大学。在达特默斯学院案件中，联邦最高法院赋予了私立院校以不可侵犯的权利，这迫使州政府、各种宗教派别和私人团体尝试组建各自学院。使得高校之间的竞争以及整个高等教育事业多元化、多样化发展，推动了在大学和城市的互动，大学自主权得到了保护，宗教、神权的影响逐步让位于多种社会因素和新兴力量，高校的决策权在一定程度上呈现出由管理委员会、校长向教师转移的趋势。可以说，这一时期是美国高等教育不断“试误”的时期，也是美国高等教育自由放任、自生自灭、无序发展的后果。因此，独立战争的爆发对美国高等学校的发展具有明显的促进作用，大学的创办缘由和目标也发生了变化，大学和城市的互动虽然还处于较为分离的状态，但是两者的互动已经日趋紧密。

2. 南北战争爆发后对美国大学与城市互动的影响

19 世纪以来，欧洲的工业革命传到美国，工业革命助推了美国经济社会的迅速发展。在国土方面，美国不断拓展领土，尤其是在西部获得了大片土地，新成立多个州。每次新州的成立，针对奴隶制是否存在的斗争就时有发生。对于北方资产阶级和农民来说，他们主张在新州内禁止奴隶制度，要求把新州确定为自由州，而对于南方奴隶主，他们则想方设法将奴隶制扩大到西部，主张把新州确定为允许奴隶制存在的州，同时奴隶主利用其在国会及政府中的统治地位，连续取得了胜利，这种做法激起北方广大人民的愤慨。南北双方的政策存在差异，南北的分歧也越来越大，导致教会间出现了不信任的声音，并相互抨击，逐步撕裂了教会，为后续的美国内战爆发埋下了隐患。1861 年 4 月，美国历史上唯一的一次内战爆发，但此时的北方在工业上明显优于南方，战争也从一场维护国家统一的战争演变为一场为了黑奴自由新生而战的革命战争。在南北战争期间，美国的大学也因为战争的爆发深受影响，不断开展相关的变革。

在殖民地时期建立的高等学校大多与各教派有关，9 所学院中只有费城学院是非教派的，学院由教会举办或与教会紧密联系，因而其主要宗旨是培养宗教工作者，学院通常被视为教士养成所。与殖民地时期的高等院校不同，州立大学由政府管理，更重要的是州立大学面向实际，培养实用人才，开启了高等教育发展的新纪元，在美国高等教育史上具有划时代的意义。但是因为当时仍然封建、封闭的学院体制，并未能够跟上独立后的美国资本主义经济的迅速前进的步伐。学院课程仍以古典课程为主，并未适应美国科技迅速发展的形势。教学上也仍旧保持着殖民地时期学院以死记硬背为主的方式。而当时的美国处于大发展时期，大学必须从根本上推动教育教学改革才能够适应美国当时社会的大发展。

1862 年，美国颁布了《莫雷尔法案》，是美国高等教育史上最早也是最重要的法案之一。该法案对美国甚至世界高等教育产生影响的规定有很多，其中包括：（1）联邦政府在每州至少资助一所学院从事农业和技术教育；（2）按照 1860 年规定分配的名额，凡有国会议员一人的各州可以获得 3 万英亩的公用土地或相等的土地期票；（3）出售公地获得的资金，除 10%可以用于购买校址用地外，其余将设立为捐赠基金，其利息不得低于 5%；（4）这笔资金如果在五年内未能用完，土地全部退还给联邦政府。《莫雷尔法案》从作为议案提出，遭布坎南总统否决，到最后由林肯总统签署通过，历经了一个漫长而又曲折的过程，法案所牵扯到众多利益相关者。法案一经实施，在不到两个月的时间内，赠地学院就在各州迅速发展起来，形成了“赠地学院运动”，赠地学院的创办是法案对美国高等教育产生的最直接的影响，也是各州响应法案最直接的体现[①]。1890 年，《第二莫雷尔法案》规定联邦政府每年向赠地学院拨款，而这笔资金将用于资助农工高等教育。这一法案适应了当时美国社会的发展需求，尤其是服务于工业革命的需求，体现了美国的高等教育能更好为经济社会发展提供服务。许多州都依靠赠地、出售土地所得或拨款建立了新的农工学院，或者在原有学院里设立了与农业、机械相关的系科。很好地适应了美国工农业迅速发展和人口激增对高等教育的新需求，使得美国现代公立大学体系开始形成。但是与服务城市相比，此时大学还是以服务所在地区的发展为主，没有以服务城市为目的。

由于缺乏与城市互动的内在动力，因此新建的大学在选址上也倾向于城市的周边，布尔斯廷曾说，“从欧洲人的观点看，异乎寻常的是，从独立战争到南北战争这段时期内，很大一部分新的学院都设立在边远村落和定居点的边远，这段时间创建并陆续办学到 20 世纪的 180 多所大学和高等院校中，有 100 所以上建立在原来的 13 个殖民地之外”[②]。这也体现了美国大学在发展初期，还没有很好地建立与城市的互动关系。

① 夏梦梦.《莫雷尔法案》对于美国高等教育的影响研究［D］. 上海：上海师范大学，2014.

② 丹尼尔. 布尔斯廷. 谢延光等译. 美国人——建国的历程［M］. 北京：生活读书新知三联书店，1993.

南北战争后，随着美国社会工业化、都市化的快速发展，大学在其中的作用也愈加明显，带动了整体社会文化思想的进步，在社会上，要求创办研究型大学、发展研究生教育的呼声越来越高。1876 年，约翰霍普金斯大学创办，标志着美国大学有一个新时期的开始，首次把培养研究生放在第一位，使授予博士学位和开展研究生教育成为学院的标志，学者们更能把自己的专门领域与创造性研究结合起来。这期间大学与城市的互动开始加深，大学除了为所在地区的发展服务，越来越多的研究者开始研究大学与城市之间的关系①。

从 19 世纪后期开始，美国的城市进入快速发展的鼎盛时期，一个以大中小各类城市构成的城市网络在全美国范围内初步形成，美国的大学也开始逐步搬入城市，以大机器工业为基础的近代工业城市也逐渐占据主导地位，人才的需求日益旺盛。此时的美国大学加快与城市的互动，甚至有些出现了以大学为中心的大学城，如马萨诸塞州的剑桥、密歇根州的安阿伯、康涅狄格州的纽黑文等大学城。综合来看，在南北战争结束，美国统一后，越来越多的优秀人才来到美国，美国的近代高等教育体系也在发生重大的变化，院校也主要分为研究性大学、农工大学（州立大学）、初级学院三种类型。美国大学与城市的互动，从殖民时代的完全分离，逐步走向了研究互动和服务互动，后来有更多的城市因为大学而建立，形成了很多“大学之城”。

三、两次世界大战期间大学与城市的互动

1. 第一次世界大战前后

20 世纪初，美国的城市发展高度集中与密集，同时郊区化也开始出现分散趋势。城市的发展带动了美国高等教育的快速发展。第一次世界大战最终是以协约国的胜利而结束的，但作为协约国的美国，在战争期间不但没有遭受到大的损失，反而因为战争没有在本土发生等因素，美国获得了难得的发展机遇，得到了巨大的好处，其经济社会和高等教育发展进一步加快，大学与城市的联系进一步加强。

1914 年，阿克伦大学、波士顿大学、辛辛那提大学、纽约城市学院、亨特学院、路易斯维尔大学、纽约大学、西北大学、宾夕法尼亚大学、匹兹堡大学、纽约州立大学布法罗分校、坦普尔大学、特伦托大学、华盛顿大学等 14 所大学联合起来成立了城市大学协会，协会成立初衷是为加强和统一博士学位标准，后已成为全世界规模最大、学术性研究范围最广的大学组织。

第一次世界大战的爆发，也促进了美国高等学校的发展，建立起了初级学院，此时全国各地成立了公私立两年制学院 46 所，到第一次世界大战的结束，学生数量达到了 4505

① 闫亚林．高等教育层次和科类结构研究［D］．上海：华东师范大学，2005．

个，其中公立初级学院数量为 14 个，私立初级学院达到 32 所。到二战爆发前，美国的初级学院达到 248 个，学生数更是超过 44 000 人。为了规范初级学院的发展，1920 年美国初级学院协会对初级学院作出了明确而统一的界定：初级学院是一种提供严格的两年学院水平教学的教育机构。后来这一解释又进一步丰富。“初级学院是一种提供严格的两年学院水平教育的教学机构，初级学院的课程可以包括四年制学院前两年所提供的课程，在课程内容上保持一致。此外，初级学院可以或倾向于开设适合全社会永远变化的公民、社会、宗教及职业需要的课程类型。在这种情况下，初级学院的教学水平可相当于公立高中毕业班的水平。”①

初级学院主要是作为大学的基础部设立的，为那些不能完成大学三四年学业的青年提供相关人文课程。同时，初级学院为培养城市的一些急需技能型人才提供了可能。从美国大学体系的完善角度而言，相对于已存在的高等教育机构，初级学院拥有自身的特点和优势，尽管部分初级学院存在教育质量不高的弊端，但是却是根据社会需要合理设置了专业，增进了大学与社会的交流，尤其大学与城市中的需求联系越来越紧密。

从一战结束到二战爆发前夕，美国也进入了经济大萧条时期，失业人员越来越多，大学如何发挥好自身职能，更好地为城市培养新技术人员是面临的新挑战。在当地政府的要求下，大学为失业的工人开展了各种形式的短期的实用技术培训班，比如汽车维修、装潢、餐饮服务等。这些非学位教育的出现，很好地解决了城市所面临的人才短缺等问题。在这个阶段，大学和城市的关系从分离逐步走向了联系，双方根据社会经济的发展不断联系，双方不再是完全的对立和隔离，大学与城市的互动也真正地进入了初始阶段。

2. 第二次世界大战对大学与城市互动的影响

第二次世界大战对于美国来说是具有特别意义的，在经济萧条后，战争促使美国的经济迅猛发展，给大学也带来了许多新的变化，大学和城市之间的互动也是不断加深。第二次世界大战初期，战争的爆发点远离美国本土，但是随着 1939 年欧洲战争的爆发，美国随即进入到战争的准备状态，在日本袭击珍珠港以后，美国开始全面地参与了战争。美国参战后，由于需要开展大规模的征兵，并且要招大量为战争服务的人员，这样也吸引了成千上万的青年参与到战争中，其中不乏有很多的在校学生，这也导致了大学中的学生骤然减少。据不完全统计，1942 年美国大学生比 1941 年减少了近四分之一，而 1944 年的时候，大学将近 40%的学生参军或者从事和军队服务相关的工作。大学生的减少，必将对正常的教学秩序和大学职能的实现产生影响，也造成了大学财政来源的严重困难。于是各个大学开始改变其传统的方法，寻求新的教育对象加入学校，许多学校陆续开始招收那些 18 岁以下不能服役的男青年或者妇女进入到大学学习。有些采用速成教育计划和速成课程的方式进行教学和培养，也有的想方设法为那些不能参加正常学习的学生提

① 黄福涛. 外国高等教育史［M］. 上海：上海教育出版社，2008.

供各种补习课程的机会，同时也鼓励人们修习院外学分。

战争期间，大学和城市的互动变得更加紧密，因为战时大学最重要的变化就是为军队要提供大量的培训计划，早在 1940 年，美国教育理事会和全国教育联合会就联合创立了教育与国防委员会，专门负责政府与教育界之间的联络工作，进一步增加大学、政府、城市之间的互动。在战争初期，大学还没有被政府应用于服务军事斗争，但是随着战争的进展，政府意识到大学具有的巨大科研能力，而且教育的职能能够快速培养各类军事人才和指挥人员。1943 年，政府战时高等教育计划得以确立，大约有 660 余所的高等学校与政府签订了各类军事培训的合同，这也开启了大学与城市、政府之间的深入合作。据不完全统计，仅 1943-1944 年，美国大学培养的各类军事人员超过 30 万人，并且高级预备役军官训练营也得到了迅速的扩大，有很多预备役人员留在学校等待应召入伍。

大学除了为政府和社会培养军事人员外，美国教育理事会也意识到对战后非军事教育的意义，最终得出战后应当借鉴的经验：（1）继续跨学科教育的方法；（2）提供多种形式的速成教育；（3）着眼于战后的责任，为各种教育计划规定专门的目标和适合于需要的人才培养规格；（4）改善办学动机，尽力促使学生实现他们满意和预期的文化与职业目标；（5）改善学生的适应力；（6）鼓励扩大教育机会[①]。

可以说，第二次世界大战前，大学里科研是小部分人从事的小规模行动，与城市的互动更是少之又少，随着美国为战争做准备，最终投入到战争中，大学的使命和地位越来越重要。二战是美国大学科研发展的一个关键节点，大学科研经费规模急剧增加，成果不断涌现，比如原子弹、雷达等都是从大学的实验室产生，大学为美国赢得胜利起到了重要作用，为美国城市和社会的发展提供了重要的动能。

四、第二次世界大战后大学与城市的互动

1. 大学职能不断丰富

第二次世界大战结束后，世界各国的政治经济形势都出现了新变化，世界大国从战争期间的直接军事对抗转为战后经济、军事、科学技术发展的持久竞争，这种竞争尤其是以美国为首的资本主义阵营和以苏联为核心的社会主义阵营之间尤为激烈。大家都有清楚的认识，科学技术的发展和大批高素质人才的培养，能够极大地促进社会生产力的提高，而这其中大学应该承担更重要的角色和使命。

第二次世界大战后的美国对大学高度重视，高等教育也步入了黄金期，大学与城市的互动更加频繁，另外大学生人数也是不断增长，入学率已经达到 50%。此时美国科学

① 黄福涛．外国高等教育史［M］．上海：上海教育出版社，2008．

技术的发展向大学提出了新的要求，舒尔茨人力资本理论提出更进一步强化科学技术在社会经济发展和个人职业生涯中的作用。美国与苏联在世界范围内所开展的军备竞赛和军事竞争，也促进了大学改革，深化了大学与城市的互动关系。1957 年，苏联人造卫星上天，促进了美国政府开始干预高等教育，拨款资助大学的基础研究和应用研究，美国的科学技术也得到了飞速发展。

在美国高等教育进入黄金期时，美国的城市发展也进入了新发展时期，出现了世界著名的大城市，并且中心城市在不断扩大，对周围地区的辐射效应也越来越明显，与城市周边的郊区或者周围的城市联合起来形成了都市区。到 1990 年，美国已进入大型大都市区时代。城市在扩张的过程中势必会遇到很多问题，其中大学与城市的关系成为关注的焦点之一，大学和城市之间不仅在空间上的联系进一步加强，而且在经济、社会、科技、文化等领域也与城市开展了频繁互动，进一步加强了互动的深度和广度。

2. 走向良性互动

第二次世界大战后，大学开始参与到战后城市的发展之中，在人才支撑和科技创新为主导的时代背景下，对于政府而言，大学成为时代发展最快的产业之一，这一发展主要集中在城市，能够在城市更新中发挥特殊的作用。对于大学而言，之前很多的大学都建在郊区，经济状况不容乐观，周围环境的恶化也不利于大学的招生和教学，为了扩展空间、获取更多发展资源并拥有一个良好的发展环境，大学也需要与城市一起行动。大学参与城市更新的一个重要结果，是大学获得了清理贫民窟和解决土地问题的自由权利，从而获得了更多廉价土地，这也进一步激发了大学的积极性，当然也引起了大学与周边社区关系的恶化，甚至发生矛盾冲突。20 世纪 60 年代，美国城市出现了一系列的种族骚乱，在危机中，大学反而成为了城市问题的一部分，比如大学学费成为了城市中低收入学生的经济障碍，大学在扩张过程中也赶走了一部分城市贫困者。大学和城市的关系变得微妙后，大学开始通过多种方式参与解决城市问题，许多城市的大学管理者也将相关工作纳入为重点工作。大学开始为城市贫民提供教育，去发展良好的社区关系，去开发城市研究计划，在解决城市危机中，大学加强了与城市的联系。

到 20 世纪 90 年代后，大学与城市逐步形成了互相支持的良性互动关系。以人才为核心的大都市区建设时代，大学成为了都市区的经济发动机，他们在人力资源开发、吸引投资、就业、购买力、基础建设等拉动区域经济方面发挥重要作用。同时，在一些科学园区，需要大学提供专家型人才支撑，尤其是研究型大学里的科研人员，此时的大学与城市不断融合发展。随着时代的发展，大学也逐渐成为了城市的文化中心，代表着一个城市的文化形象，提升了整个城市和都市区的文化品位。

总之，在第二次世界大战之后，美国的大学和城市之间的关系更加紧密，相互依赖却又相互制约，形成了良性互动关系，并且在不断地进行演化和发展，未来美国大学和城市的互动关系必将向着更好的方向发展。

第三节 日本大学与城市互动的发展历程

因受到政治、经济、文化、社会等多种因素的影响，日本大学与城市的互动在不同历史阶段，有着不同的特征，从德州幕府时代到明治时代再到后来发动侵略战争，不同的社会背景下，大学和城市的关系处于不同的情况，从之前的疏远到初步接触再到紧密结合，有学者分别用“淡泊疏离”“接轨结合”“匹配相生”“引领融合”几个阶段来表示[①]。与美国和欧洲大学与城市的互动相比，日本大学与城市的互动在总体趋势上有相似之处。

一、明治时代日本大学与城市的互动

1. 时代背景

19 世纪中叶，西方列强开始入侵日本，后来日本德州幕府被迫与美国签订了《神奈川条约》，随后又被迫同欧洲列强诸国签订了多个不平等条约，一系列的不平等条约使得日本的经济受到了重创，在很长一段时间里都是不断恶化，社会的矛盾不断激化，日本城乡也不断发生农民和市民暴动，以江户幕府为中心的幕藩体制发生动摇。1868 年，天皇睦仁发布《王政复古大号令》废除幕府制度，维新派军队于京都附近击败幕府军，同年 10 月改元明治，这就是日本历史上开始的“明治维新”大变革，日本的大学也正式进入到明治时代。

在幕府统治后期，由于危机四伏的社会背景，原有的吸收东亚传统文化形成的、独具特色的日本文化，在遭遇“欧风美雨”后，显得“弱不禁风”。特别是西方的科学思想对日本的影响，尤为剧烈。明治政权确立后，对大学的重视不断增强，提出了富国强兵、文明开化、殖产兴业的方针，其中文明开化，就是要办教育，向西方各国学习先进的技术与经验。在社会文化上，当时社会上占主流的思潮都觉得要向欧美各国学习，而不是向中国学习儒学，此时的日本大学也在思潮的影响下不断更新自身的专业和授课内容，以满足社会的需求。明治维新初期，斐斯泰洛奇教育思想对日本的影响比较大。到了中后期，赫尔巴特的教育思想开始传入日本，形成了明治 20 年代的赫尔巴特教育思想的大流行，他的五种道德观念及其五段教学法，对日本产生了极大的影响。明治年代末期斯宾塞的教育思想又被传入日本，形成斯宾塞主义时代。

① 张臻汉，张海英，张彦通．从历史视角探析日本大学与城市的互动关系［J］．现代大学教育．2015（04）：26-32

2. 政府主导的大学发展

明治维新提出的首要政策口号就是“文明开化”方针，维新代表人物如伊藤博文、岩仓具视、森有礼等在留学或出访欧美国家的过程中，深入了解了大学制度对建设独立国家的极端重要性。在维新的具体实践中将植入“大学”制度作为一项重要筹谋，为建设新型大学开展了模式探索、方案策划与制度设计，直接催生出作为日本大学“范型”的东京大学，这也是日本国立大学制度创立的标志性事件①。明治政府清醒地认识到高等教育对社会发展的作用，因此他们不断增加对大学的投入，根据记载，曾投了将近 40% 左右的国家教育预算给东京大学。

明治政府初期，日本教育主要还是通过“拿来主义”学习西方经验，派出留学生前往欧美，聘请国外教授前来授课，这些专家和留学生为日本近代大学的发展做出了积极贡献。此时的日本高等教育明确“国家主义”，国家利益为上。在大学执掌教务的人，当遇到为学术还是为国家的争执时，会将国家利益放在优先地位予以考虑。同时，法科大学和文科大学毕业生可以不经考试而成为“高等官吏候补”，清楚地表明大学成了贯彻国家意志、培养官吏的工具。为了进一步加强统治，明治政府还力图将忠君爱国、纲常伦理以及神道主义等精神渗透到高等教育中去，最后引向了为军国主义政治服务的歧途。普遍的观点就是“帝国大学以按照国家需求教授学术技艺及研究深奥的学术为目的”，“办学的目的不是为了学生，而是为了国家。”如果说办学校为了国家，那么研究学术的目的，归根到底也是为了国家，这样的思维影响着日本政府和大学的关系，影响着大学和城市的互动关系②。

从发展的角度看，明治政府对大学的教育还是有实用的部分，比如他们高度重视科学，重视为社会解决问题等等。明治时代，还颁布了关于日本大学高等教育的法令《帝国大学令》。这是明治维新后的日本仿效欧美先进的现代化大学之路上的重要一步。该法令以法律形式规定了帝国大学在日本全国高等教育机构中的核心地位，在学术研究和高等教育方面，帝国大学需要承担重要的职责。《帝国大学令》规定大学所要教授的学术技艺，不仅指“理论”，而且指“应用”。突出大学应着眼于培养日本实际需要的人才，大学一定要引导学生理论与实际相结合。在日本的高等教育体系里，不仅有综合性大学，还有专门化的学校。可以看出，此时日本的大学和城市的互动过程中，日本政府其实是起到主导的作用③。

在第一次世界大战前，日本的大学教育管理体制以中央集权为主，教育法令体系从根本上规定了国家管理大学的责任与大学服务于国家的义务。1881 年起，东京大学以及

---

① 梅士伟，任增元. 明治维新与日本国立大学的创立［J］. 河北师范大学学报（教育科学版）. 2019，21（5）：106-113.

② 武晨箫，李正风. 科学文化与后发追赶国家的科学体制化——基于日本的案例［J］. 自然辩证法通讯，2021，43（06）：105-111

③ 李福杰. 大学文化视野下的大学发展研究［D］. 上海：华东师范大学，2006.

之后成立的所有国立高等教育机构的教师都被赋予了国家官员的身份。尽管这一时期，大学、政府、教师等也会发生冲突，但仅仅是局部现象。当时的日本政府不仅直接管理和干预帝国大学的有关事务，而且经常干预教学方面的工作。

在明治时代的大学和城市的关系因帝国思维而存在联系，并且由政府的强制掌控而显得较为弱势，此时的大学为国家需要为主的国家主义思维成为主流，大学与城市自发的互动联系处于冰河期，大学与城市皆被捆绑在军国主义战车上，其资源要素都围绕国家主义配置，大学的使命、学科等与城市并不关联，大学社会责任难以发挥，二者都随国家政治军事形势起起落落，无法沿着大学逻辑和城市演进规律有序发展[①]。

二、世界大战期间日本大学与城市的互动

1.《大学令》的出台

两次世界大战对人类是大浩劫，对日本的影响也是巨大的。日本曾经因为中日甲午战争、日俄战争而大发横财，因此在两次世界大战中更加疯狂，到后期整个日本几乎就是一个战争机器，在这样的大背景下，日本的大学以及城市化发展受到了严重的制约和影响。

1914 年第一次世界大战爆发时，日本仅有 4 所大学，而且均为国家办的帝国大学。其实，在当时的日本，以“大学”为名的高等教育机构远不止这些，例如庆应大学、早稻田大学等等，只不过除帝国大学之外其他的名为“大学”的机构尚未得到政府的正式承认，而只是给予非正式的默许。进入 20 世纪之后，一些成立早、办得较好的私立专门学校不断要求政府允许它们升格为大学。1918 年 12 月公布了《大学令》，这是日本政府继《帝国大学令》之后制定的第二个大学法令，全文 21 条，对大学的目的、设置审批、内部构成、入学条件等作了详细的规定。要求大学以传授国家所需要的学术理论及其应用、并且研究其本质为目的，同时必须兼顾人格的陶冶与国家思想的培养。大学通常下设数个学部，在特别需要的情况下也可只设 1 个学部。学部包括法学、医学、工学、文学、理学、农学、经济学和商学。在特别需要的情况下，也可设立由上述学部分化或综合而组成的学部。大学学科、功能的完善，为下一步大学逐步和城市的互动奠定了基础。

2.《大学令》产生的影响

《大学令》公布后不久，日本政府还着手制定了一个为期 6 年的国立高等教育机构创办和发展计划，也就是从 1919 年起，要新建 10 所高等学校、6 所高等工业学校、4 所高等农林学校、7 所高等商业学校、1 所外语学校、1 所药学专门学校、4 个帝国大学的学部，还有若干学校或学部要升格和扩充。政府对高等教育的拨款也大幅度增加，这些都

① 张臻汉，张海英，张彦通．从历史视角探析日本大学与城市的互动关系［J］．现代大学教育，2015（4）：26-32．

不断加大了大学与城市互动中政府的关键角色作用。

在两次世界大战之间相对和平的时期，日本大学在管理上具有一定的自治权，日本的大学、专门学校和高等在课程设置上主要是以专门教育为主要内容，在高等教育上主要设置普通教育课程，实施文理分科教育。第二次世界大战期间，日本大学的管理如同军事管制，在此之前大学好不容易争取到的一点自治的权利，一下子被糟蹋得无影无踪，教学内容也主要是为侵略战争服务的思想灌输和技术课程培训。

两次世界大战时期的日本的大学充满着浓厚的军国主义色彩，这种片面、畸形发展的高等教育最后完全沦为侵略战争的工具。日本作为第二次世界大战中法西斯主义的大本营之一，不仅给别国人民带去了灾难，也给日本人民带来了深重的灾难。第二次世界大战不仅最终摧毁了日本经济，而且也使日本的高等教育遭到严重破坏，政府完全掌控着大学与城市的关系，大学与城市自发的互动受到严重影响。

三、第二次世界大战后日本大学与城市的互动

1. 互动关系的建立

二战后，一般把日本大学的发展分为“民主化”“大众化”及“自由化”三阶段，而这一时期日本城市建设得到快速恢复，经历了“复苏期”“成长期”和“成熟期”三个阶段。大学的发展得益于城市化的快速推进，而城市的快速发展，大学也是重要推动因素。日本大学与城市的互动也可以分为初步结合、互相匹配和融合发展三个阶段。大学改革在战后日本得以率先进行，教育先行的理念是日本当局和战后初期美国占领军的共识，为日本战后的经济恢复和城市复苏奠定了一定基础。1945 年 9 月，颁布了《建设新日本的教育方针》，标志着战后日本教育改革由此开启，明确指出战后日本教育改革要“废除基于服务战争的教育政策”，为“培养建设文化、道义国家为目标的文教政策”而努力。日本的城市化率从 1945 年的 27.9%升至 1955 年的 56%，恢复至战前水平，并有所超越。因战后初期日本大学与城市在需求供给上有了结合点，战后的城市急于发展民用工业而向大学提出人才需求，大学则由军工转民用来迎合城市发展的需要，大学也在寻找自身发展机会，大学与城市很容易就找到了结合点，大学与城市的互动关系由此建立。

2. 良性互动的开始

复苏期日本大学与城市的互动关系呈现“结合”和“互促”两大特点。一方面，大学和城市皆处在蓄力期，通过完善政治经济体制及高等教育改革，开启了大学与城市良性互动的局面，二者开始结合；另一方面，大学得以科学化布局，大学的规模、水平均有提升，促进了城市的工业化进程，工业化又激发城市活力而推进城市化的复苏，二者在互动中相互促进相互受益。

成长期城市的核心需求是发展经济和科技，日本大学与城市的互动关系以“匹配”和“支撑”为两大特点。城市作为日本实现经济腾飞的主要载体，要求大学为其经济高增长提供相应人才；城市化以工业化为路径，工业化需要规模化、专业化的人才作为基底，并以技术为支撑，方能提升其产业竞争力；大学则是技术和人才的主要来源。此时，日本大学的规模及结构皆与城市经济社会发展相匹配。

成熟期是指城市化水平超 75%，日本大学与城市的互动关系进入大学对城市的“融合发展”阶段。城市的社会问题复杂化，从单纯追求经济转向多元化，精神诉求开始超越物质欲望；日本的大学转入“自由化”时期，大学从社会舞台的边缘走向中央，从以往对城市的匹配支持，转向以知识和智慧促进城市发展，大学与城市在发展上的共同利益日益叠加，二者互动关系趋于引领与融合的特征。

第四节　俄罗斯大学与城市互动的发展历程

俄罗斯的大学与城市在发展过程中，受到统治阶级和政府机构的影响较大。在帝俄时期、苏联时期、苏联解体后至今的时期，其大学和城市的互动呈现出不同的特点，俄罗斯的大学和城市互动与欧洲和美国、日本的有所不同，政治体制的特殊性呈现出大学对城市、城市对大学两者不一样的需求特点，进而推动俄罗斯大学与城市的互动发展。

一、帝俄时期大学与城市的互动

1. 大学的产生

俄罗斯现代大学是为了挽救和摆脱国家落后面貌、超越欧美众多强国，从上而下建立的。在沙皇时期，政治上的统一先于独立社团的成立，上层权力有足够的力量推动大学的现代化改革，为自上而下的改革奠定制度保障。

帝俄时期大学的产生，最主要的原因就是国家的需求，此时的社会处于政治稳定和政权强大的时期，为大学的诞生提供了坚实的保障，现代的俄罗斯大学从诞生起便有了国家的烙印，国家政府既有意愿也有能力管理大学，这也决定了这个时期的大学与政府、城市之间的特殊关系。随着社会的发展，军事、政治、经济、文化、生活习俗、教育等领域也开始了变革，为了强大军事力量和工业基础，需要大力发展教育事业，尤其是以大学为主的高等教育，社会不仅需要专业技术好的专家，更需要具有爱国主义情怀的专家。19 世纪上半叶，大学开启了和政府的紧密联系，1802 年，中央政府成立了中央教育行政管理机构，大学与政府、城市之间的关系随着政府和城市的不断作用而呈现特殊的互动关系。

2. 自主互动的开始

在大学自治阶段，大学与城市的互动比较明显，按照《大学章程》，大学是一个学术组织，同时兼有政府机构的性质，大学对于学区内的寄宿学校、教会学校具有管理的责任。政府允许大学自行成立科学社团，设立印刷所、出版报纸等，此时大学的责任是进行科学活动和传播科学知识。在这一时期，俄罗斯建立了 6 所综合大学，1802 年建立了杰尔普茨大学，1803 年建立了维林大学，1804 年建立了哈利科夫大学、喀山大学、彼得堡师范学院，1834 年建立基辅大学。

1835 年后，修订了《大学章程》，大学行政垂直管理的地位增强了，督学成为了大学的最高领导者。同时取消大学建立社团和行政管理的权力，大学的行政管理职能被大大削弱了，同时强制性管理和教学过程统一化。1863 年，《大学章程》重新宣布了大学学术委员会作为团体机构是大学的最高管理组织，具有自我执法权，允许成立社团和出版社，出版科学、社会、文化等领域的著作，取消了一系列教学方面的限制，取消招生限制，允许平民子弟进入大学学习，因此大学生人数得到迅速增长。1884 年，《大学章程》再次取消了大学自治，高等学校的学术委员会丧失了自治权，督学和学监拥有管理大学的全部权利。

虽然《大学章程》不断被修订，由于帝俄时期国家在大学管理体制中建立政府控制的传统，通过“国家主义”的思想意识形态和集权管理，既从行政手段上，又从思想意识上对大学进行控制，使大学的教育宗旨、目的、教学内容、人才培养规格全面符合自己的需要。从帝俄时期高等教育发展的历程可以看出大学与政府不断进行权力博弈，时而“自由主义”占上风，时而“保守主义”得势，政府时而赋予大学自治，时而剥夺大学自治。大学自治与政府控制的交替形式，取决于高校演进中“非自主”特点，取决于“自上而下”的变革形式，取决于不断变化的政治方针的“钟摆式”发展。俄罗斯大学依附于政府的模式决定了尽管大学为争取自治和学术自由不断进行斗争，但始终没有获得全面胜利，斗争的结果往往是政府对其控制的进一步加强。

在百余年内政府不止一次地实行了相互矛盾的改革形式，总体上大学的演进充满了政府干预的色彩，注定了大学体制、大学功能的形成是作为国家的一部分。“国家主义”绝对权威及专制制度主要决定了大学发展。这样大学与社会发展步伐之间就出现某种不和谐声音，致使大学本质贬值，大学功能倾向于狭隘实用主义，放弃大学本应有的历史使命和理念，完全屈从于政府。政府干预的优势能够保障大学发展所需的物力和财力，促进大学快速发展。帝俄时期大学在政府的强行干预下获得了快速发展，走完了西方需要几百年的历程，这里不难看出国家强力管理大学的优势。国家建立了有效的、动态的教育体制，同时重要的还有廉价的管理体制。政府承担大学所有财政经费，大学负责完成政府定制的任务，二者互相谋求发展①。

① 李莉．大学与政府——俄罗斯高等教育与国家崛起［M］．北京：社会科学文献出版社，2012．

在帝俄时期，政府控制大学发展，更多意义上体现了为统治阶级服务的意识。大学在与政府、城市的互动中不断探索和发展，此时大学更主要体现为意识形态的国家机器。帝俄时期俄罗斯大学和大学生数量一直处于上升的态势，特别是农奴改革后，大学发展速度急剧上升这为后续俄罗斯大学的快速发展奠定基础，也将进一步加快和城市的互动联系。

二、苏联时期大学与城市的互动

1. 时代背景

苏联时期的大学与城市主要在政府的主导下进行互动联系，并随着相关政策、制度的变化而发生变化。苏联时期的高等教育是在帝俄封建落后的基础上发展而来的，与先进的西方资本主义国家相比，沙皇俄国的经济和教育都非常落后，在高等教育方面留下的遗产十分有限。不仅学校数量少，工农子弟被剥夺了享受高等教育的权利，男女在享受高等教育的权利方面也极不平等，学校的布局也不合理。高等学校布局上存在的问题既是沙皇政府沙文主义政策的体现，也是它推行军事扩张、忽视教育对经济社会促进作用的结果。1914—1915 学年，沙皇俄国总计有 105 所高等教育机构，约有 12.7 万名大学生就读，主要是来自有产阶级。大部分教育机构位于彼得堡、莫斯科、基辅和欧洲部分的某些城市。而在中亚、白俄罗斯、高加索和其他一些地区甚至没有 1 所高等教育机构。苏维埃政权最重要的成果之一就是建立苏维埃高等教育体制培养民族人才。高等教育机构要培养高水平的、掌握马克思列宁主义理论的、国民经济某领域当中拥有精深的专业理论知识和实践技能的专家。苏联在培养高等和中等专家方面取得了很大成绩。在整顿无产阶级文化协会，以及批判无产阶级文化派的历史虚无主义、宗派主义和分立山头的无政府主义错误的过程中，俄共（布）逐渐确立了在国民教育事业中的领导地位，中央集权制的教育管理模式逐步形成。大学与政府关系主要表现为被领导与领导、被管理与管理的关系。

2. 有计划的大学与城市互动

苏维埃国家成立后，实施高等教育民主化方针，让广大劳动人民享受高等教育成果。在第一次全俄国民教育会议上，大会讨论了高等学校的改革问题，在会议通过的有关文件中，除了强调工人系的作用外，还提到必须从政治上掌握对高等学校的领导权，要在一切高等学校中开设政治课，加强对大学生的思想政治教育等等。加强对大学生的共产主义世界观的培养，是高校的一项重要任务，每所高等教育机构的所有教研室都致力于解决这个问题。1921 年 9 月，列宁签署了十月革命后的第一个有关高等学校的文件，按照这一文件，高等学校必须担负为国民经济各部门培养专门人才、为高等学校和科研机构培养科学工作者、向人民群众普及科学知识等三项任务。在苏维埃政权建立初期，高等教育实现了国家统一办学，实行教育与政治相结合的管理原则，大学教育目的是为社会主义培养人才。

20 世纪 20 年代，既是共产主义意识形态的强化时期，也是大学自治的结束时期。在整顿无产阶级文化协会的过程中，俄共（布）逐渐确立了在国民教育事业中的领导地位，中央集权制的教育管理模式逐步形成，当然这在某些方面也是迫于历史条件的选择。该时期高等教育的主要成就是：高等学校面向所有阶层，特别是广大工人和农民开放，大学生和知识分子的社会成分有所改变，实施教育免费，高等学校得到了巩固并有所发展。学科门类结构有所调整和完善，重视工科院校的发展，新建很多工科类型的高校。学校布局得到了改善，在一些过去没有高校的加盟共和国设立了高等学校，成为这些地区发展文化教育的中心。实现了苏联共产党对高等学校的领导，中央集权管理模式初步建立。到了 20 世纪 30 年代，苏联社会主义建设进入到极其重要的阶段，工业化、农业集体化和国民经济社会主义改造全面展开，对教育的领导和管理提出了新的要求和任务，大学和政府之间的互动更倾向于政府主导。

苏联时期高等教育宏观管理体制是中央集中统一和部门条块分割的管理，大学与城市、政府之间的互动中，政府处于强势地位，所有的高等院校完全按照国家计划培养高层次专门人才。大学实际上是一个执行上级主管部门政策和计划的公共部门，办学体制单一，只有国家办学一种，这也是在历史和特殊形势下的选择。高等教育管理的中央集权模式在很大程度上促进了苏联高等教育事业的发展，促进了苏联大学与城市、政府之间的关系，但这些绝大部分不属于自发形成的内在互动，大学参与互动的活力不够，无法适应经济社会多样化的需求。

三、苏联解体后大学与城市的互动

1. 时代背景

在 20 世纪 80 年代末和 90 年代初，苏联发生了一场“自上而下的革命”。高度集中的计划经济体制阻碍了经济发展，逐渐失去活力，不再适应国家进步与发展的需要，最终政权体系轰然倒塌，联盟解体。苏联解体后国家的政治经济制度、政权体系都发生了改变，国家的官方意识形态体系被取消，全民财产被私有化，社会体系和生活方式也发生了相应变化。与政治、经济体制变革相呼应，高等教育管理体制也随之发生变革，出现政府放权、大学自治的趋势。这里既有教育国际化因素，也有国内政治、经济和文化等领域的影响。在俄罗斯的社会转型过程中，无论是经济发展模式、国家体制、意识形态，还是价值观念体系都在发生着前所未有的根本性的变化。作为社会文化领域重要组成部分的教育，同样经历着前所未有的变革。社会是一个结构复杂的动态系统，构成社会大系统的各子系统之间相互作用，相互制约，教育即是这个动态社会中十分重要的子系统。社会制度的变迁必然影响到教育体制的发展，同时教育子系统还与其他社会子系

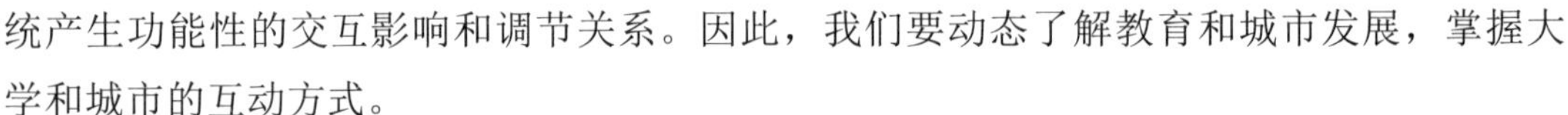

统产生功能性的交互影响和调节关系。因此，我们要动态了解教育和城市发展，掌握大学和城市的互动方式。

2. 大学的变革

在 20 世纪 90 年代末期，教育不再是一种国家活动，而是变成一种公共社会活动，并在国家、社会和大学共同监管之下完成教育活动。大学的办学主体不再是国家垄断的，而是变成独立法人组织和机构。与此相应，高等教育不再是国家强力控制和监管，而是变为国家与社会共管、社会与国家共管等几种管理模式，教育的宗旨和意义更加关注个性和个体的发展。

然而俄罗斯的教育改革说到底是一个由国家强行推行的自上而下的过程，而非认识论发展的自发过程，这也注定了“大学自治”基础的脆弱性和矛盾性。与俄罗斯的政治文化传统是矛盾的，改革的同时伴生着反改革，官僚主义的国家性也孕育着无政府主义。在现代化过程中，传统因素和现代性因素经常性地角力，东方与西方的争论从未中断。一方面专制主义、国家主义的文化特质持续发生作用；另一方面文化的二元性和开放性更加容易接受西方文化的影响。可以说初期高等教育领域内改革是失败的，主要是因为其忽视、否定和放弃了苏联时期的所有传统。

俄罗斯高等教育是苏联教育体制的继承和发展，其现代的教育体系也基本保持了苏联时期的框架。为了适应社会转型的新形式和及时应对知识经济的挑战，在教育形式、教育内容、人才培养规格等方面的变革接连不断。有些变化是延续性的，具有明显的历史延续性和继往开来、破旧立新的鲜明时代感；有些变化则是颠覆性的，过于浮躁也缺乏传统文化和制度基础。实际上，解体初期俄罗斯教育体制改革遇到的那些问题和困难，在其他国家也同样存在。不同的是俄罗斯选择抛弃了本民族的优秀传统，过度夸大美国教育成就，盲目复制美国的教育模式，在更快走向西方模式与迎合世界发展潮流的过程中，俄罗斯大学渐渐远离了自己的文化土壤，最终导致大学危机。

3. 大学和城市良性互动的发展

从普京执政开始，俄罗斯社会思潮趋向中派保守主义、极左势力基本消退、右翼思潮式微的态势。一方面反映出转型时期俄罗斯社会思潮多元化的形势，另一方面也体现了俄罗斯正在努力塑造全体公民认可的核心价值观。普京执政时期正是俄罗斯社会思潮发生变革、路标转向的时期，也是塑造核心价值观的关键时期。

与此同时，高等教育领域也伴生着由“自由主义”向“国家主义”转向的过程，经历了短暂大学自治，政府重新涉入大学管理。大学与政府关系再次出现钟摆移动，即由“大学自治”向“政府控制”移动。普京政府总结前一时期经验教训，结合俄罗斯历史文化传统特点及转型时期社会特点，重新确定了“国家主义”取向的高等教育政策方针。正如俄罗斯学者所指出的：领导者大笔一挥就取消了几乎三个世纪的传统。在民族教育理论中，承认丧失了重要的成就—其中之一就是国家领导高校的独一无二的文化。在俄罗斯历史上素来具有“国家主义”传统，有着强大权力的国家对于俄罗斯人民来说不是什么不正常的事，不是一件要去反对的事，恰恰相反，它是秩序的源头和保障，是任何变革的倡导者和主要推动力。俄罗斯的文化传统特性决定了国家在教育中所特有的地位，同时社会转型时期国家调节作用也更加明显。由于苏联解体初期俄罗斯的国家政权机关和管理机关软弱无力，即便是最可靠的经济和社会政策也无法落实。因此，俄罗斯需要一个强有力的国家政权体系，需要国家对经济和社会进程发挥更大的影响力，整合社会资源以保证政策畅通。社会转型的过渡时期，实施“国家主义”的保护措施是必须的，政府对大学一定程度的财政支持、监督和管理更能起到积极的、建设性作用。

随着俄罗斯社会转型的进程，国家、社会和个人三者相互关系的角色发生了系统性的转变，大学和城市的互动也进行了转变。大学的义务是对个人、社会和国家负有义务，相应地国家也应该保障教育系统的功能条件。从苏联解体以来，俄罗斯高等教育稳步发展，特别是 2000 年以后，大学生数量激增，每万名居民中大学生数量不仅远高于发展中国家，甚至高于很多发达国家，这些都为促进大学与城市的良性互动奠定了基础。

第五节 中国大学与城市互动的发展历程

据史料记载，我国在夏商时期就有了“大学”，但是具体的时间有待进一步考证。从考古发掘中，从殷商甲骨文和史籍的记载中可以证明当时类似现在大学的职能的存在。因此，我国的大学雏形至少可以追溯到商朝。另据史料记载，在原始社会末期，也就是在中国社会第三次大分工时期，随着农业、手工业的发展以及阶级分化的出现，人口的空间集聚趋势开始出现，由此出现了中国早期的城市，可以理解为在商朝大学出现之前，城市已经出现。因此，中国大学和城市互动可以追溯到数千年前。但是大学和城市的互动发展过程中，由于受儒家等思想的影响，我国大学和城市的互动在很长一段时间里没有特别大的变化，但是进入近代后，随着西方思想的涌入，我国大学和城市的互动有了快速的发展，尤其是新中国成立后发展迅速。党的十八大以来，党和国家高度重视高等教育，对高校、学科、专业的发展以及人才培养目标有了更为明确的指导，也促进了我国大学和城市互动朝着融合共生快速发展。

一、近代以前中国大学与城市的互动

1. 大学与城市的起源

对于中国大学与城市的互动，何文栋等人较早开始了研究，也比较明确地给出了近代以前中国大学和城市的互动发展。商朝的大学并不是纯粹的教育机构，其教育活动与

政治活动是密切结合在一起的，祭祀的习礼、习乐、习舞和军事的习御、习射等，都是为商朝统治者的政治和军事需要服务的。中国史前早期城市的出现与原始社会末期阶级的分化、城邦国家的产生直接相关，各个早期城市都是国家政权所在地，是作为国家权力中心而存在的，是早期国家的物化形式，是典型的政治城市，夏商周时城市也是统治阶级的驻所。从春秋战国到秦朝建立，中国逐渐形成比较完备的从中央到地方的统治机构等级体系，由此形成了具有中国特色的以首都为核心的城市行政等级体系，城市规模的大小与城市行政级别的高低呈正相关。从秦朝到清朝中叶，绝大多数城市都是封建王朝从中央到地方各级统治机构的驻地，也就是当时中央或地方的行政中心。城市作为统治阶级的行政中心，一般都驻有数量不等的军队，尤其是都城、省会城市以及位居交通要道或军事要塞的城市。由此可以看出，中国古代城市是政治、军事而非经济发展的产物，政治中心或军事中心是城市的主要功能，古代城市不仅是各级统治阶级的驻地，还成了统治阶级的象征，城市是按政治功能的要求设置的。古代虽然也兴起了一批以商业功能为主的城市但是其商业功能是依附于政治功能的①。

2. 大学与城市互动的开始

在古代的城市中，其功能已经出现了叠加性发展趋势，政治功能叠加商业功能、文化功能，促进城市的产生或进一步发展，但是这只是一种低水平的叠加，并不能改变城市作为政治中心的根本功能和地位。古代城市的政治属性是由中央集权的政治制度所决定的。

大学的政治目的和功能决定了大学选址在以政治为中心的城市，何文栋等人通过研究发现，夏商周三朝的大学建在祭祀的建筑群里，汉朝的中央大学毗邻皇城而建，唐朝在京师设立的“六学二馆”（国子学、太学、四门学、书学、算学、律学、弘文馆、崇文馆）主要是官方创办的，且大多建在城市或朝野之中，为维护中央统治集权而服务，以儒家经典为主要教学内容。儒家的“学而优则仕”的价值观对古代大学乃至现代大学产生了深远影响，从汉朝的察举制和太学教育到隋唐时新兴的科举考试，培养和选拔行政管理人才是各类教育的最高目标。在官本位的价值导向和教育体制中，各类官学自然成为培养官员的预备机构。宋朝的书院虽然为了免于世俗的干扰而潜心治学，将学校建在山林胜地，但是书院反对的是权力对知识的奴役，而非知识对行政的介入。朱熹虽然在《衡州石鼓书院记》中阐明建立书院的目的是“以俟四方之士有志于学而不屑于课试之业者居之”，但同时也认为教育的目的是“使之知所以修身、齐家、治国、平天下之道，而待朝廷之用也”。书院并非反对“学而优则仕”，而是痛斥知识分子眼中只有“仕”而没有“学而优”。到了明清时期，大部分书院官学化，为了便于政府监管而进驻到城市。总体来看，这个时期中国的大学与城市的之间很难形成互动关系，大学紧紧是城市里的一

① 何文栋．大学与城市文化互动研究［D］．南宁：广西民族大学，2017．

个场所，而且城市对大学没有管辖权，大学也很少思考城市发展①。

二、近代中国大学与城市的互动

1. 时代背景

19 世纪中期，以鸦片战争为起点，外国势力开始侵入中国，英国、法国、美国等列强强迫清政府签订了一系列不平等条约。一批租借城市、开埠城市在列强的控制下畸形发展，开埠城市被外国势力从清王朝的封建统治下强行分离出来，成为外国资本侵华的基地，尤其是租界建立后，这些城市成为半殖民或殖民城市。由于东北、西北边疆地区受到资本主义列强的侵略，清政府为加强边防，也重视边疆地区的开发，这在一定程度上推动了边疆城市的发展。

近代资本主义工商业的兴起和发展，需要军事、科技、工商等专门人才来应对时局的挑战。西方的坚船利炮和民族危机使我国一部分有识之士认识到传统的科举教育所培养和选拔的人才无法适应近代社会的现实需要，要想挽救民族危机就要进行“西学”，创办新式学堂。传统的以科举制为重心的高等教育形态逐渐被“中学为体，西学为用”所取代，推动了新式高等教育的创立。

为了培养外语、军事、技术人才，清政府陆续创办了一批外语、军事、技术类洋务学堂。洋务派建立了中国近代第一所外国语学校——京师同文馆，以及福建船政学堂、天津水师学堂、广东水陆师学堂等。

中日甲午战争后，《马关条约》的签订标志着西方列强对我国的侵略进入帝国主义阶段，同时西方列强取得了在我国办厂、筑铁路、开矿山等权利，西方列强对我国的经济侵略转向以资本输出为主。随着铁路的修筑和新的轮船航线的开辟，铁路沿线和轮船码头开始形成并初步发展起来一批工商业城市和交通枢纽城市，同时，矿产资源的开发促进了一批工矿业城市的兴建。通过不平等条约而发展起来的开埠城市较前一阶段增长了近一倍，而且开埠城市已经扩展到内陆。这一时期西方帝国主义国家忙于第一次世界大战，无暇东顾，暂时放松了对我国的侵略，为我国民族工商业的发展保留了一点空间。总体来看，这一阶段我国近代城市得到了快速发展。这一时期，大学在内外压力的共同作用下获得了新的成长和发展。19 世纪末 20 世纪初，为了适应“以华制华”政策的需要，西方列强的宗教信仰、价值观念、制度规范等挟其坚船利炮之余威，日益渗透到中国的殖民或半殖民城市之中，西方教会开始把办学的注意力从初等、中等教育转移到高等教育，以培养西方所需要的未来在华代理人，教会大学迅速发展起来。

① 何文栋．大学与城市文化互动研究［D］．南宁：广西民族大学，2017．

2. 大学与城市的互动

可以说，近代大学与城市的发展趋势基本上是一致的，均是由沿海向内陆扩展，两者都具有一定程度的殖民色彩，是在西方列强控制和支配下被动发展的，无论是城市还是大学，都对西方列强具有一定的依附性，因此，这一时期大学与城市之间的互动主要是被动的、殖民性的、依附性的互动。

在中国共产党成立初期和第一次国内革命战争时期，为了广泛地宣传马克思主义理论、培养干部，许多共产党人兴办了具有大学教育性质的教育机构，如湖南自修大学、上海大学、中法大学等，这些大学打破了旧大学的传统，坚持教育为革命政治斗争服务、教育与生产劳动相结合、理论联系实际。

在土地革命时期，革命斗争需要大批领导干部，因此，革命根据地设立了红军大学、苏维埃大学、马克思共产主义大学等。这一时期由于党的工作中心在农村，走农村包围城市、武装夺取政权的道路，所建立的大学基本在农村。1937 年，日本发动全面侵华战争，由于国民党推行“消极抗战、积极反共”的策略，华北、华东、华中和华南地区相继沦陷，我国大部分城市被日军占领且遭到严重破坏。为了保存我国工商业和教育的实力，沦陷区的大批工商企业、学校、居民都向大西北、大西南撤退，使这些地区的城市得到了暂时性的发展。抗日战争胜利后，战时迁往内地的大学、工厂等又重新迁回。所以，从总体来看，这一时期由于内战和抗日战争，大学与城市出现分离状态，两者的发展均服务于政治斗争和抗战的需要。

三、新中国成立到改革开放前中国大学与城市的互动

中华人民共和国成立后，国家对城市和大学都进行了恢复、重建和发展。1953 年，我国开始执行第一个五年计划，期间主要以重工业建设为主，而且工业布局重点放在东北和内地的城市，获得国家重点资助建设的城市多数成为我国新兴的工业城市。在“一五”计划期间，虽然城市的第三产业停滞不前，但是国家重视文教卫生、科研事业，这一时期成为新中国后新建大学较多的时段。为了满足城市各部门对各种专业人才的需要，国家新建了很多大学。“二五”计划期间，“大跃进”打乱了国民经济的正常发展进程，内地城市在国民经济调整期形成了钢铁工业基地、新型机械工业基地，同时建成了大量的能源工业城市。在国家政策的导向下，大部分大学相继下放到地方管理，一时间地方大学数量猛增，这种“大发展”不仅违背了高等教育发展的基本规律，还超出了国家经济的承受能力。在“大跃进”背景下，过度强调“理论联系实际、大学与生产劳动”相结合，大学办起了工厂和农场，学生大部分时间都要到工厂参加劳动，但在某种程度上培养了国家或城市所需要的劳动人才。文化大革命期间，城市经济和学术环境均遭到了严重的破坏，高等教育发展受到重创。教育界的很多干部和师生被下放到“五七干校”

劳动、知识青年上山下乡，一批大学被撤、并、迁，大学失去了培养人才的功能，成为改造知识分子的场所，并为此付出了沉重代价。

四、改革开放以来中国大学与城市的互动

我国大学大多数建在大中城市，而且又集中在东部沿海城市，中西部城市的大学数量相对较少，这是中国大学与城市最典型的地缘关系特征。今天我们几乎可以从一座城市拥有的大学的数量和知名度，判断出该城市在我国城市中的地位。

改革开放促进了我国经济建设的快速发展，推动了我国城市化的进程。城市经济社会发展需要不同类型和层次的专业人才。为了调动各级政府办学的积极性，更好地服务于地方经济社会的建设与发展。1985 年，中共中央颁布的《中共中央关于教育体制改革的决定》指出实行中央、省（自治区、直辖市）、中心城市三级办学体制[①]。1994 年，《国务院关于＜中国教育改革和发展纲要〉的实施意见》进一步指出，有条件的经济发展程度较高地区的中心城市办学，由中央和省两级政府统筹。这一系列决策为中心城市办大学指明了方向，提供了政策保证，一大批中心城市大学如雨后春笋般不断地涌现，全国范围内掀起了一场“新大学运动”。中心城市办大学不仅可以紧密结合地方需要来培养人才，而且可以吸引和聚集一批具有专业技术职务的知识分子，改变地方人才结构，增强地方优秀科技人才的实力，利用大学学科门类齐全、人才集中和科研手段较完备的有利条件，直接为经济社会建设服务。当然，中心城市办大学绝非轻而易举，而是要具备一定的经济实力。教育发展受经济社会发展的制约，没有城市的发展，教育的发展就没有物质基础。改革开放政策的实行带来了全国经济的发展，特别是沿海地区和经济开放区经济的腾飞。一些经济先行发展起来的地区有了拿出较多经费进行举办大学的可能，出现了各级政府及社会力量如企业、社会集团、爱国人士、华侨、港澳同胞等多渠道集资办学的新趋势。

1983 年文化体制改革的提出和 2003 年文化体制改革试点工作的启动，为城市文化发展指明了方向。在城市发展给人们带来丰富多彩的物质生活的同时，人们的精神世界也面临着各种挑战，城市文化中各种功利主义倾向不断蔓延，城市在发展的过程中需要不断克服世俗文化的庸俗、感性、即时的倾向，大学作为城市精英文化的集散地，肩负着净化城市文化的责任和使命，而大学文化的理性品格恰好具有克服世俗的超越性，从而引导城市文化健康发展。大学作为城市中的一种文化组织，具有高层次、深内涵、多元性等特性，这些特性决定了大学在城市文化建设中的特殊地位和作用。大学依托于所在城市，又高于所在城市，大学以其特有的优越性、开放性和前瞻性，在城市文化的建构

① 徐同文，房保俊．应用型：地方高校人才培养的必然选择［J］．高等教育研究，2012，33（06）：59-65．

和城市精神的塑造中发挥引领、辐射的作用。社会转型时期不同文化的碰撞与交流日益频繁和激烈，不仅有传统文化与现代文化的交锋、本土文化与外来文化的争夺，还有先进文化对落后文化的冲击。城市文化与大学文化类似于“大环境”与“小环境”的关系，大学文化作为城市文化的重要组成部分，势必会受到城市文化的影响。

大学处在城市文化的浸染下，城市文化在滋养和孕育大学文化的同时，有时也会给大学带来一些消极效应。一方面，城市文化滋养和孕育大学文化。城市是文化的容器和文化的荟萃之地，大学文化的建设和发展必然会吸收城市文化的精髓，大学师生作为大学文化建设和发展的实践主体，他们的教育教学活动、科研活动、社会交往、日常生活等都是城市生活的一部分，城市的多元文化为大学文化建设提供各种社会支撑和精神支持，从而孕育和创造出适应新的时代需求的先进文化。另一方面，城市建设中的“千城一面”现象在大学中有所渗透。伴随着城市化进程的加快，城市改造也加速进行，在现实利益的驱使下，一些城市的历史文化遗产或遗迹被各种商业性质的建筑所取代，具有相同风格的现代化建筑被大量地模仿、复制在城市中，甚至被视为城市中的标志性建筑，具有地方特色的城市面貌正在消失，一座座历史性城市的特色正在消失。在这种功利性的城市文化的影响和示范下，大学在进行物质文化建设的过程中，过于追求建筑的现代化，而忽视对其文化内涵的塑造，致使大学的新造建筑样式雷同、千篇一律。德国的哲学家斯宾格勒曾说过：“每一种文化都是植根于它的土壤，各有自己的家乡和故土的观念，有自己的‘风景’和‘图像’。”正所谓“一方水土养一方人”，城市中的大学必然会被打上地域文化的烙印，地域文化特色都映射在大学文化载体的外在表现中，大学的物质文化、精神文化建设和发展的过程中必然渗透着特定的地域文化[①]。

深化工程教育改革、推进工程教育高质量发展，对服务经济转型升级和建设高等教育强国具有重大意义。党的十九届五中全会，提出了我国 2035 年基本实现社会主义现代化的远景目标，对“十四五”规划作了专题研究。并提出加快发展现代产业体系，推动经济体系优化升级，强化就业优先政策，建设高质量教育体系。由此擘画出了我们国家今后一个时期发展的美好蓝图，对建设高质量教育，强化就业优先，发展现代产业体系做出了部署，为我们继续做好产教融合工作指明了方向。

城市国际化水平的高低不仅受制于城市的硬实力，还受制于城市的软实力。当今经济社会的发展趋势是从国家经济到世界经济，国家间的相互依存程度往往是国家或区域走向国际化的先锋和枢纽，而大学作为城市文化活动的中心在城市国际化的过程中扮演着重要角色。作为现代政治、经济、科技、文化的中心，城市离不开传播知识、培养人才、科技创新的现代大学。特别是在数字经济时代，大学的特质决定了它是城市增强软硬实力的重要源泉之一。大学与城市实现城市化的客观要求是更加开放、自由，两者相

① 何文栋. 大学与城市文化互动研究［D］. 南宁：广西民族大学，2017.

互借力，利用地缘优势使大学与城市互为“金名片”。大学推动城市国际化建设。大学国际化可以扩大所在城市的国际影响力，大学在科技、文化等交流中具有明显的优势，通过参加国际组织和国际机构举办的各种国际会议，从而在国际社会讨论中获得发言权，并进一步扩大所在城市的影响力。城市国际化为大学国际化提供实施平台，通过开展国际会议、展览、节庆等交流活动，增强城市文化载体功能，为大学国际化提供背景舞台。城市国际化的发展为大学与国外企业科研合作、与友好城市大学开展合作项目提供了机遇。大学可以为城市提供人才保障。随着经济全球化和信息技术革命的推进，人才流动呈现出国际化发展态势，而国际化的城市目标正是要吸引、凝聚或培养大量拔尖的创新人才。大学的国际化进程可以为城市发展高科技企业和知识密集型经济提供人力资源和智力支持，大学国际化所产生的教育、学术和文化磁场对城市国际化产生强大的辐射作用[①]，增强所在城市的文化品位和国际影响力，推动城市的国际化进程。

在2020区域高等教育改革发展论坛上，专家学者也提出了很多的见解，指出要主动对接区域经济社会发展需求，加强对产业结构、人才需求结构等因素的系统分析，着力优化区域内高等教育层次、类型、布局结构，积极引导研究型高校、应用型高校和职业技能型高校合理定位，分类发展，逐步形成不同类型高校之间各安其位、相互协调，同类型高校之间有序竞争、争创一流的发展格局，打造优质高等教育集群区。大学与城市的互动变得更加正常、普遍，大学与城市构建命运共同体，成为大学与城市的共识[②]。

① 许军华，原源．大学国际化与城市国际化——以中国西部城市成都市为例［J］．西南交通大学学报（社会科学版），2012，13（04）：69-73.

② 毛建青，陈文博．我国大学内部经费配置结构：特征、影响和原因——基于60所大学收支数据的分析［J］．国家教育行政学院学报，2021，285（09）：55-66.

第五章

大学与城市良性互动的国外考察

大学和城市都是经济社会发展到一定阶段的产物，纵观世界高等教育发展历程，大学和城市渊源甚深。中世纪的博洛尼亚大学、牛津大学、剑桥大学、巴黎大学等，均以城市命名，威斯康星大学从一成立就宣告为所在州服务。所以说，从大学诞生以来，就与城市发生做各种形式的互动。大学和城市的良性互动过程中，美国、欧洲、日本、俄罗斯等国家和地区都有其各自的做法和特征，本章将选取这几个国家和地区的大学与城市良性互动情况进行阐述。

第一节　美国大学与城市互动的案例考察

一、大学与城市政府的互动考察

1. 政府发挥的积极助推作用

美国在建国之初，国家政府有过建立国家大学的想法，但最终都没有获得成功，到二战前联邦政府很少过问大学的事情，此时的大学和城市之间的互动没有受到联邦政府的影响。二战的发生，打破了这一平衡，此时大学在军事科研中发挥了重要作用，加上冷战的爆发以及国际局势的快速发展，联邦政府逐渐认识到大学的重要性，并将其作为国家发展的一项重要战略，出台相关法律文件，并加强对大学的科研经费的拨款，这在宏观上推动了大学与城市之间的互动。

美国的联邦政府涉及大学的主要立法有：1785 年和 1787 年的《西北土地法》、1862 年的《莫雷尔法》以及 1890 年的《第二个莫雷尔法》、1914 年的《史密斯-来沃法》、1917 年的《史密斯-休斯法》、1944 年的《军人再适应法》、1946 年的《富布赖特法》、1949 年的《住房法》以及 1954 年和 1959 年的《国家住房法修正案》、1958 年的《国防教育法》、1963 年的《高等教育设施法》、1965 年的《高等教育法》、1980 年的《贝赫-多尔法案》、1993 年的《为国家和社区志愿服务法》、1994 年的《学生贷款拖欠免除扩大法》、1994 年的《美国2000年教育目标法》、1995年的《学校-工作机会法》等。在这些法律中，影响大学与城市互动较为明显的有1949年的《住房法》及1954和1959年的《国家住房法修正案》、1965年的《高等教育法》、1980年的《贝赫-多尔法案》等。1949年通过的《住房法》授予地方城市政府能够征用土地的权力，为政府征用土地开办大学打开了通道；1959年《国家住房法修正案》第112条中，政府鼓励大学与城市建立有限的伙伴关系，间接助推了大学与城市的互动。根据规定，大学可以在城市的规划范围内购买城市的土地，这些土地只要是用于教育的就能得到联邦政府的补助支持。

1965年颁布的《高等教育法》中，明确了对学院、大学和学生的资助。该法案中，有一条“社区服务和继续教育计划”（简称“社区服务计划”），其中包含解决大学的科研服务和大学的推广，以及大学为城市提供的继续教育服务。《高等教育法》不仅明确了各项学生资助计划，而且将解决城市问题、为社区服务作为大学的重要使命。在解决城市中的居民诸如住房、贫困、娱乐、就业、交通、卫生和土地使用等社区问题，美国国会开展了专项拨款，这为稳定城市居民的生活和发展提供了支持，为今后大学与城市的良好互动打下基础。

1980年，美国出台《贝赫-多尔法》，这是联邦政府资助大学科研成果转让的一项法案，为了提高产业的国际竞争力，使科研成果更好地为本国服务，建立联邦政府机构的统一专利政策，重新明确政府资助项目所产生的专利权属问题。这项法案的核心内容是，允许小企业和非营利性机构有权就其完成联邦资助项目所产生的发明以自身名义申请专利，并享有专利权，政府只保留介入权。该法案能够使得科研单位、发明人在转让发明专利过程中，可以得到一定比例的专利使用费，这大大刺激了大学科研人员的积极性，研究者开始大量申请各类专利，使大学的专利数量大大增加，从而增强了科研转化能力，促进了大学和城市社会经济发展的互动。

联邦政府的科研拨款大大促进了大学自身的发展，科技的提升和成果转化，又进一步促进大学和城市的互动，政府的资助主要表现在二战及二战后。二战期间，联邦政府在战争的压力下，与多所大学签订了大量研究合同，这极大地促进了大学科学研究能力的提升，有资料显示，1943—1944年，科学研究与发展局与大学签订的合同是战前大学所有科研的3倍。1944年，罗斯福总统要求科学研究与发展局局长万尼瓦尔·布什开展如何将战时经验继续用于战后和平时期的调研，布什的报告《科学——无尽的前沿》被看做是“战后联邦科学政策的宪章”。在这份报告里，着重强调了科学的价值，布什认为联邦政府应该资助科学研究，特别是对大学科研的资助，在报告里，也给出了目前大学科学研究所面临的问题和困难，比如资金不足严重影响着科研人员的科研进展，也影响着科研人员的积极性。同时，布什也希望国家重视科技发展，重视基础研究工作，并希望由大学和科研机构承担主要的研究任务。报告列出了相关的开支情况，比如1930—1940年间，联邦本身的科研支出增长了200%，工业支出增长了100%，而大学的支出只增长了 50%。应用研究和基础研究在国家科研预算增长中的比例从 4.5∶1 扩大到 6∶1。因此，布什希望政府要加强对大学基础科学的研究投入与支持力度。此外，报告也建议建立国家科学基金会，来资助大学的科研人员，这也真正地将大学成为了美国基础研究和创新中心、高层次人才培养的基地，为进一步加大对大学的发展提供了政策依据。

国家的资金支持推动了大学科研成果的产出与转化，同时科研成果的转化促进了美国工业的发展，在这期间，也出现了 128 号公路、硅谷等高科技中心，这些最初都是由大学师生在将科研成果转化过程中建立起来的，这些高科技中心后来也成为了城市的主导产业，并产生了集聚效应，吸引着更多公司的加盟，最终形成高科技中心。

综上所述，政府在大学和城市的互动中主动给予资金支持，将促进大学的科技进步和成果产出，科技成果的转化促进大学与城市的深度互动，科技成果的应用能助推城市工业的发展和整体社会的进步，成果的应用又能反作用于大学的科学研究，大学和城市的互动将随时间的变化变得越来越紧密。如麻省理工学院带动发展起 128 号公路，随着集聚效应越来越大，使波士顿成为美国两大高科技中心之一。

2. 政府发挥的协调作用

美国联邦政府没有办大学的权利，而各州是可以举办大学的。对于州政府来说，主要是通过两种方式加强对大学的管理，一种是州长通过在大学董事会任职或任命董事会成员而参与到大学的管理中，另一种是设立专门的大学管理机构进行管理，比如咨询性协调委员会、管理性协调委员会和统一管理委员会等。咨询性协调委员会的作用是就大学的发展、规划和其他问题向州政府和大学提供意见和建议，有建议权而没有管辖权；管理性协调委员会介于管理委员会和州政府机关之间，主要功能是与本州教育机构及其基本的支持者一起规划大学的发展，拥有一定的权利；统一管理委员会是完全控制着规划和协调的大学管理机构，被视为大学机构的辩护者。

地方政府与大学之间的关系模式随着地方政府的管理不同而呈现不同景象，主要包括政府机构模式、政府控制模式、政府资助模式、社团模式等。

政府机构模式指将大学看做是地方政府的一个分支机构，比较刚性，大学的所有收入都归州财政部门，并通过拨款控制其开支，学生的学杂费一般由立法机关确定，大学的大部分开支和人事工作必须事先征得地方政府同意，年度未使用的预算经费要在财政年度结束时返回，政府的监督贯穿于大学运行的整个过程，这样也导致了大学运行效率的低下。

政府控制模式与政府机构模式有很多相似的特征，但有更多的弹性。尽管拨款和开支仍然由地方政府控制，但大学的拨款不像政府机构模式那样规定得非常详细，开支也不如政府机构模式控制得严格，更具有灵活性，许多来自地方的收入由高校自己保留和支配。

政府资助模式指政府向大学提供资金，大学在政府的指导下可以自由支配这些资金，某些方面和我国的有些地方大学类似，其大学预算主要以拨款为基础，学费和学生的其他费用以及收取的服务费一般由高校董事会确定，高校筹集的所有资金都保留在地方，不由政府支配，地方资金的余额一般也不会收回。

社团模式指大学对所有人、财、物等事项拥有全部控制权，大学通过第三方董事会或代理机构进行管理，大学在日常运行中与地方政府保持密切联系，其主要资金来源于学生。

无论哪种模式，城市与大学之间的关系都是十分密切的，城市在大学运转的方方面面都发挥着重要作用，当城市和大学发生冲突的时候，则由政府出面进行协调，可以说在大学、城市、政府之间的互动逐渐形成了平衡。

3. 大学和城市互动的基本遵循

（1）法律原则

大学和城市互动过程中，必须遵循法律原则，在不同的时期所遵循的原则也会有差异。

在殖民地时期，早期的城市政府一般是由总督代表英国皇室或由殖民地领主授予城市特许状，规定市政体制和城市政府的权限。英属北美殖民地中的新英格兰市镇会议是世界近代史上最具特色的基层政权组织之一，市镇会议是城市政府的雏形，一般集立法、行政、司法于一体，市长、议员和其他主要官员都属于议会成员，它的创建是英裔移民利用特殊的历史环境将英国传统移植和更新的结果，市镇会议在运作过程中，强调和遵循的是群众对基层政权组织参与的民主性和这种组织权力的独立性。

在独立战争以后，州政府的权力不断扩大，城市开始处于州政府的控制之下。1868年，“狄龙规则”的出台增强了州政府在城市管理问题上的权限，“狄龙规则”的内容主要包括两个方面：一是城市的法律地位，即城市是公法人还是私法人，城市对其领域内的财产享有何种权利，是所有权还是管辖权？二是城市可以行使的权力，具体而言，依据“狄龙规则”，城市是州立法机关所创造的，并从它那里获得权力。州立法机关创造了城市，也可以毁灭城市，当然可以删减和控制城市的权力。除非有宪法上的限制，否则，即使立法机关通过一个法案决定取消州内所有的城市法人，这些城市法人也不能制止。城市法人成立后获得的财产将受到与私有财产一样的保护。但是，公共街道不属于这种性质的财产。城市只是作为一个公共管理者对这些财产进行管理，在其之上，立法机构代表公众对这些财产的用途享有无限制的控制权①。

19 世纪末 20 世纪初，美国确立了三大市政体制，“强市长型”市长——议会制、城市委员会制和城市经理制，这使城市得到了有效治理，大学在和城市互动过程中也发生了变化。二战以后，三大市政体制发生了很大变化，城市经理制日益繁荣。在城市政府

① 董礼洁．美国城市的法律地位——狄龙规则的过去与现在［J］．行政法学研究．2008（01）：134-140.

的不断发展过程中，其权力范围逐渐明确。在权力分配中，城市政府只拥有州法律赋予它的权力。尽管城市政府拥有一定的自治权，但如果与州政府发生矛盾，则首先要服从州政府的权威。“即使在地方机构拥有一般权力的地方，地方政府也不能行使与州法律相冲突的权力，如果出现冲突，地方法律要服从州法律。地方政府也不能管理州优先管理的领域或者受州行政豁免权保护的事务。当然，地方政府也不能以违反联邦宪法的方式进行管理。”可见，美国的城市政府受联邦政府和州政府的双重约束，尤其是受州政府的直接约束，如何处理好大学与城市、政府的关系也将决定大学与城市的互动程度。

（2）优先原则

优先原则指联邦法律在某些政策领域取代或优先于州法律的原则。其根源是美国联邦宪法第 6 条最高权力条款。由于美国是联邦制，合众国法律均为全国的最高法律，行使联邦和州权力引起的冲突应根据联邦宪法第 6 条依照有利于中央政府的原则解决。该原则主张如果联邦的政策考虑很重要，联邦法律必须优先于州法律。在高等教育领域，州政府和城市政府的法律也要遵循“优先原则”，即如果联邦法律与州或地方政府的法律相互冲突，根据联邦优先原则，法院有时会判决地方性法规无效，因为联邦政府优先于地方政府的特殊规定；如果城市法律与州法律在处理相同的高等教育问题时存在冲突，要依据州法律规定而不是城市的法律规定。

（3）行政豁免权原则

美国公立大学主要由州政府负责管理，享有行政豁免权原则。威廉·凯普林指出：“与私立大学相比，公立院校更容易脱离地方政府的管辖，因为它们更多地被州政府管理。例如，在特殊情况下，它们更可能事先得到保护。公立院校还通过行政豁免权免受地方政府的管理，而私立院校则没有这权利。”私立大学既不直接受州政府的领导，也不直接受城市政府的制约，而是地位相对独立的、具有自治权的法人实体。与州政府相比，私立大学与城市政府的关系相对复杂些，因为它们位于这个城市当中，尽管在法律地位上具有独立性，但在很多具体领域，如校园的建设与开发、校园安全、公共服务等方面，需要与城市政府协商，否则很容易引起冲突。而且，城市政府认为私立大学是更加富裕的、拥有大量免税地产的机构，因此总是试图向私立大学征收地产税，以获得更多资金弥补财政上的不足但城市政府不能超越州政府赋予私立大学的免税地位，只要大学的免税政策没有取消，城市政府就不能向私立大学征税。博克指出“与州政府不同，如果私立大学不在城市政府的管辖区内，城市政府就必须放弃所有可能征收的地产税。”总之，大学与城市政府之间具有复杂而微妙的关系，这些关系因大学性质的差异具有不同的特点，城市政府对私立大学的管理对公立大学的管理相对多一些，但总体上对两类大学都不具有决定性的影响。

（4）免税原则

城市政府很难通过拨款制约大学的发展，一方面因为城市政府财力有限，更主要的是因为大部分私立大学主要依靠捐赠资金，大学主要依靠州政府的财政支持。城市政府很少对大学给予直接资助，只对市立大学和两年制的社区学院提供经费支持。在卡内基基金会对31个都市区的市长进行的调查中发现，高等教育支出很少被列入城市预算当中，即使有也主要是针对市立大学或两年制公立社区学院。

每一个城市居民都要交纳财产税，城市利用纳税人的钱满足公共服务的开支。不过，大学作为一种非营利的公共服务机构，应该被免除财产税，居住在大学内的师生也相应地享有这一特殊权利，而在校外有不动产的师生则必须交纳财产税。但是，城市认为大学的很多活动带有商业营利性质，而且是城市公共服务的很大受益者，目前很多城市面临财政危机，试图通过向大学征税来缓解危机。大学、城市双方各有道理，因此当城市政府向大学征税或者要求其自愿捐款为城市做出补偿时，常常在双方引起很大的争议。

（5）城市对大学的管理原则

在美国，每个州至少设有一个专门负责高等教育的机构，通常称为“州高等教育委员会”，具体管理高等学校的发展计划，批准建校及制定必要的规章，向新建学校拨款或发放许可证。地方政府一般设有社区教育委员会或社区高等教育委员会，但主要职责是制定各种法令来管理社区学院。具体的立法内容包括社区管辖内土地的使用，如学校应建在何处，校园规模应该多大，建筑风格，社区学院的经费，教师任用与晋升等。

城市政府对大学的管理权主要表现在城市的一些公共领域，如防火和安全规章、吸烟和饮酒、房屋出租、土地使用和规划等，任何位于城市的大学都要在上述方面受到城市政府的管理，并遵守相关的规定。特别是在防火和安全方面，大学与城市之间的争议相对较少。因为，无论哪种类型的高校，其教学和科研都需要一定的公共服务来支持，学校自己在公共服务领域的能力有限，因此需要与城市政府达成协议，使用城市的一些公共服务，并愿意接受城市政府在这方面的管理。

城市政府认为大学所进行的一些活动对整个城市居民或全人类造成了影响，属于城市管理的一部分；而大学认为自己是具有自治特权的法律实体，不接受城市政府的管理。例如，城市政府试图管理或阻止大学进行基因实验、核武器研究、核武器产品或放射性物质的生产与保存、利用动物进行实验等，但大学认为这是纯粹的科学研究，应该受到学术自由的保护。城市政府关于土地使用和规划、吸烟、饮酒的规章也常常在大学中引起争议。

4. 部分高校考察案例

（1）加州大学伯克利分校

加州大学伯克利分校成立于1868年，是美国西部加利福尼亚州的一所公立研究型大学，伯克利分校作为加州大学系统成立最早的一所分校，不但历史最为悠久，学术影响力也享誉世界。到了20世纪30年代初期，加州大学伯克利分校在全美大学排名的调查中显示，其在院系设置与规模方面已经和众多一流大学比肩①。在二战后，加州大学伯克利分校获得了难得的发展机遇，更加坚固了在全美大学中的优势地位，并在20世纪80、90年代通过为地方服务和发展学科优势，加州大学伯克利分校的劳伦斯实验室等科研机构将科研成果转化成生产力，培养大批技术精英，不断向海湾地区输送技术型人才，推动海湾地区知识工业的进步和经济的繁荣发展，科研效益又促进政府大力经济扶持，在20世纪末期，该校连续两年通过获得各项发明和专利的形式积累到一定的商业价值，为美国西海岸的发展注入资金，为学生提供大量的就业平台②，进一步促进了大学和城市的互动。

（2）哥伦比亚大学

哥伦比亚大学位于纽约市曼哈顿区北部，著名的专业有英语、教育、政治、法律及哲学。现有3个本科生院：哥伦比亚学院、普通教育学院及工程与应用工程学院。现有13个研究生院：商学院、法学院、艺术学院、建筑和规划学院、文理研究生院、内科与外科医学院、公共卫生学院、牙科与口腔外科学院和护理学院等。在学校创办初期，面临人力、物力不足，图书馆、教室、校舍设备很差等问题，且传统课程体系课程固定，不允许学生自由选择课程，当时学校的主要职能以宗教服务为主要目的。1864年，巴纳德担任新的校长，其办学理念具有现实性和革新性，注重大学的功用性，当然这种功用性是建立在破旧立新的基础之上。在功用理念的指导下，打破封闭的体制，哥伦比亚大学在南北战争之后正发生着新的改变，课程设置更加灵活，有别于过去刻板的做法，更加注重社会的需求，开设更加实用的职业课程而抢占市场份额，认为受教育的人应该掌握一技之长，教育是个人和社会进步的途径。纽约作为国际化的大都市为哥伦比亚大学科研提供了极好的机遇，哥伦比亚大学也充分利用这个天时地利的条件促进其发展，1904年与美国自然历史博物馆、纽约公共图书馆、纽约大都市博物馆、布鲁克斯植物园等城市公共服务机构签署协议，双方建立教育合作，为哥伦比亚大学提供科学、自然、历史等方面的教科书与材料，并为哥伦比亚大学的学生提供免费的课外讲座等等，与哥伦比亚大学建立广泛的学术与教育方面的联系与研究合作。进入20世纪后半叶，哥伦比亚大学将科研成果转化，以科研来带动社会的发展，服务国家，通过软实力的提升来提高美国的国际地位③。可以说，哥伦比亚大学也是在加大与城市互动过程中逐渐发挥优势而不断发展壮大的。

① Pelfrey，Patricia A.. A Brief History of the University of California［M］. Second dition：Berkeley，CA：University of California Press，2004：29-30.

② 何洋. 加州大学伯克利分校崛起的因素分析［D］. 沈阳：沈阳师范大学，2006.

③ 张纪红. 哥伦毕业大学办学理念发展研究［D］. 济南：山东师范大学，2014.

二、大学与城市在产业上的互动

1. 城市产业结构调整对大学人才培养的影响

劳动力在城市的产业发展上具有重要的作用，社会劳动力职业结构的新需求对大学的人才培养提出了新要求，大学不仅要培养政治精英和学术精英，还要培养满足工业化和城市化需要的专业技术人员。随着城市产业结构的不断调整，一些低技术含量的劳动力逐渐被淘汰，社会对掌握新知识和新技术的高级劳动力的需求日益增强。对于城市来说，自身没有力量在短时间内培养众多的具备高级技术和技能的劳动力，因此城市社会所需的新知识、新技术和高级劳动力主要通过大学来提供。大学也要快速响应社会需求，改变人才培养模式，适应时代发展的要求。人才培养模式的创新和改革不是一蹴而就的，随着反馈机制的不断完善，人才培养模式也会不断进行变更，当人才培养模式实施后所反映出来的培养结果与社会需求不相适应或者滞后于社会发展的矛盾和问题时，需要对人才培养目标、培养规格、培养方案和培养途径进行合理的调整，从而使高校培养的人才更好地适应社会发展的需要。这是大学主动适应城市发展变化的表现之一，体现了互动过程中的主动。

在大学和城市互动过程中，大学的人才培养的目标随着城市产业结构的调整而不断变化，不同时代的大学根据时代使命的不同确定不同的人才培养目标。比如中世纪大学的培养目标主要是传播宗教知识，英国古典大学培养的目标是受过博雅教育的绅士，美国殖民地学院的培养目标主要是培养牧师或者为政府培养政治人才。随着新科技新技术的发展，传统的人才培养目标显然不适应大学和社会的需求，社会对符合时代要求的高级专门人才的需求不断增加。

第二次世界大战后，新的秩序逐渐建立起来，新的科技也得到快速发展，时任哈佛大学校长的查尔斯·艾略特认识到，现代社会的管理需要专门训练的领导和管理人才，大学可以培养社会发展所需要的律师、医生、工程师、地质学家和经济学家等各类人才。他大胆开展“选修制”的改革，大力削弱古典课程和古典学习，增加新兴学科和社会急需的应用型学科，以培养符合现代社会要求的人才。大学是城市经济社会发展的发动机之一，是城市新兴产业发展的重要智力支撑，只有不断培养学生的创新能力和创业能力，才能促进城市经济和产业创新不断向前，才能在国家创新体系中发挥更大作用。不同的大学因其所处的城市以及发展历程等因素影响，其定位和人才培养目标也会有差异，但是大学要培养满足时代需要的具有创新精神和创造能力的复合型高级人才已经形成共识。比如麻省理工学院致力于为学生奠定坚实的科学、技术以及人文基础，鼓励他们在发现问题、解决问题的过程中培养创造力，因此他们为学生提供把严格的学术训练和激动人心的发现结合起来的教育。

人才培养的目标决定着培养规格，培养具有创新能力的专门人才就要在培养规格上实现综合化。在美国工业化和城市化迅速发展之前，城市及其产业发展缓慢，对劳动力的要求较低，大学对城市社会的需要关注也比较少，人才培养规格单一，要么培养企业需要的技术工人，要么培养各学科的理论工作者。城市化进入鼎盛时期后，城市产业结构发生了很大变化，服务业和高新技术产业在城市产业中占据主导地位。城市新兴产业需要的是厚基础、宽口径、具有创新能力和实践能力的高级人才，这类人才的培养仅仅通过技术教育或专业教育是远远不够的，必须坚持通识教育与专业教育相结合、理论与实践相结合、学习与创新相结合。这就需要将原来单一的人才培养规格转变为适应产业发展需要的综合性人才培养规格。特别是对于研究型大学来说，科研创新是其主要特征，创新能力是毕业生在城市产业中发挥作用的关键能力，这种能力的培养既需要广博的基础知识和过硬的专业知识，也需要广泛的实践经验。因此，研究型大学在确定人才培养规格时要综合考虑广博与专精、理论与实践的结合。

大学的人才培养方案是根据培养目标和培养规格来制定的，随着城市产业结构的变化，为了培养符合产业需要的高级实用型人才，大学对人才培养方案进行了相应的调整。传统的人才培养方案以理论学习为中心，学生首先学习普通文理知识，再学习专业知识，本科生阶段以通识教育为主，研究生阶段以专业教育为主，但各个阶段的培养对实践环节关注不够，与社会和城市的发展需求联系不够紧密，存在着大学培养自己认为所需要的人才，而城市找不到自身发展所需要的人才，这样的矛盾显然是大学和城市互动存在着不融合的问题，这种传统的人才培养方案也不适合新的人才培养目标和规格要求。

随着大学与产业界的联系日益密切，大学在人才培养方案中逐渐增加了的实践教育和创新能力的培养。为了培养企业所需要的基础扎实、技能强的复合型、应用型人才，大学在专业结构、课程设置和教学环节等方面都作了相应的调整，有些大学对传统学科进行了改革，新增加了新兴学科和应用型学科专业，在课程中加强了学生的实践教育。例如，为了培养学生的创新能力，哈佛大学、麻省理工学院、斯坦福大学等著名大学都制定了“本科生科研计划”。

如何培养人才，其实施的路径如何，这是贯穿大学人才培养目标、提高人才培养质量、实施合理的人才培养方案的，如果没有一条有效的人才培养路径，任何的目标都将无法实现。在有些大学，为了实施通识教育与专业教育相结合、理论学习与实践教育相统一、提高学生创新能力的新型人才培养方案，他们通过本科生通识教育、研究生专业教育、本科生科研计划、社团活动、企业实习、创业计划等多种途径培养现代社会所需的人才，如哈佛大学的“哈佛学院研究计划”、麻省理工学院的“本科生研究机会计划”、加州大学的合作教育计划等。根据不同的环境、不同的培养对象和培养目标，制定针对性的人才培养路径，显然能取得更加明显的成效。

除了人才培养方案，大学的专业结构也会随着城市产业结构的调整而发生变化，有些大学也设置了适应城市工业和技术发展需要的应用型专业。在第二次世界大战前，美国的铁路网逐渐发达，工业、资本和人口在北部和西部获得了显著增长，特别是在东北部地区，重工业发展迅速，城市也得到了快速的发展。工业化和城市化的进程提高了劳动生产力，促进了市场的发育和完善，以制造业为主的重工业城市日益发达，包括多种产业的综合性城市纽约、芝加哥等城市，以某种产业为主的专业化城市巴尔的摩、费城等，劳动生产率的提高对劳动者受教育程度的要求越来越高，大学的专业结构也随之发生了重要的改变，传统的大学在专业结构和课程设置上开始进行现代化改革，出现了许多新的专业。比如哈佛大学的选修制改革是比较明显的，哈佛大学的选修制改革始于 19 世纪 40 年代，最初的改革受到社会大环境等因素的影响不幸夭折，但为其后来的选修制改革打下了基础[①]。进入 19 世纪 60 年代，担任哈佛大学校长的查尔斯 • 艾略特认识到哈佛大学僵硬的课程不适应新兴的、复杂的都市化和工业化文明，他相信科学的进步和知识的扩展，努力寻找将新知识纳入大学课程的途径。哈佛大学的选修制改革取得了很大成效，并成为其他学校在课程改革方面模仿的对象。尽管哈佛大学的选修制改革遭到部分人和部分学校的反对，但其适应经济和工业发展需要的初衷却是值得提倡的，就整个社会发展而言无疑是进步的。

2. 大学对城市经济产业的积极作用

20 世纪 60 年代，美国人克拉克 • 克尔在《大学的功用》中曾指出“知识是社会的核心，越来越多的人和越来越多的机构从来没有像现在这样需要，甚至是要求知识。大学作为知识的生产者、批发商和零售商，不可避免地要向社会提供服务。”[②]密歇根大学安阿伯分校荣誉校长、联邦未来高等教育委员会成员詹姆斯 • 杜德斯达说：“高等教育机构，特别是研究型大学提供的知识基础，如果不比为吸引和保留公司总部和新工厂而私下达成的免税和房地产交易更重要的话，至少是同等重要的。”[③]大学对城市的经济影响发展具有十分重要的作用，当美国城市经济以第二产业为主的时候，城市里聚集了大量非农劳动力人口，他们对知识的需求十分旺盛。城市里经济的发展、生产率的提高、企业效益的增加、技术的创新、人才素质的提高都离不开新知识的开发和应用，而这些都将为大学提供重要的发展空间。

大学和城市互动过程中，通过培养城市所需人才、科技创新和技术转让等方式促进城市经济的发展。随着科技的进步，在知识水平较高的地区，拥有大学文凭的人数将逐渐增加，比如 1980 年有四分之一以上的城市居民拥有大学学位，到 20 世纪末，该数字增长为 45%。在加利福尼亚州的海湾地区，共有 68 所学校，1990 年以来，仅加州大学伯克利分校和斯坦福大学两所主要的研究型大学就授予十几万本科生和研究生学位。大学

① 郄海霞. 美国研究型大学与城市互动机制研究［M］. 北京：中国社会科学出版社，2009.

② 克拉克 • 克尔. 大学的功用.［M］. 陈学飞，等译. 江西：江西教育出版社，1993.

③ 郄海霞. 美国研究型大学与城市互动机制研究［M］. 北京：中国社会科学出版社，2009.

为当地的产业发展输送了大量科技人才，这些人才也因为城市的发展和吸引力的增加，不断留下来，成为了该地区经济社会发展的重要推动力量，随着时间的推移，受过大学教育的人越来越多，集聚效应越来越明显，这也进一步推动了城市的快速发展。

城市的发展带动了大学和城市的项目合作，城市为大学提供研究经费，大学为城市提供智力支持，破解科技难点，最终大学的科学研究促进了地区经济的不断发展。大学由于掌握了大量的专利，可以通过专利许可等方式将自己的知识和技术转让给当地公司，公司利用转让的技术进行产品研发，帮助专利技术的落地，同时在转化过程中反馈给大学，促使大学技术的迭代升级，可以认为，大学所创造的科研成果间接促进了城市经济的发展，并随着对科技的需求越来越高，这一需求越来越大。比如波士顿地区，曾经有十多家公司的建立或多或少得益于哈佛大学转让的技术，并且大学的专利技术和城市的产业集群不断吸引着诺华、默克等著名大公司前来，直接带动当地的就业达到上千人。

科技的发展，对知识的渴求越来越高，产业的改造升级也急需新知识的到来，因此，越来越多的掌握先进技术的大学在推动城市经济发展中逐渐发挥作用，且需求越来越大。哈佛大学、加州大学伯克利分校、麻省理工学院、斯坦福大学等等高校都对大学所在城市产生了巨大的影响。他们通过大学的技术转让促进了产业的升级，不断促进了大学和城市、大学和产业的深度融合。

三、大学与城市市民的互动

1. “市民”和“学人”

“市民”又称城市居民，通常是指具有城市有效户籍和常住在市区的合法公民。“学人”主要是指在学术上有一定成就或造诣的人，在本文中主要是大学的师生。从“市民”与“学人”的主要特征来看，二者存在很多差异，从历史的角度来看，从中世纪起双方就不断发生冲突，在中世纪大学的发展历程中，充满了“学人”和“市民”的冲突，这种冲突一直持续到18世纪。两者之间的冲突主要表现在日常生活中的摩擦和物质利益等方面。双方的冲突严重影响着大学和城市的互动。

从19世纪开始，随着社会进入了新的阶段，大学与城市之间的关系也进入新的阶段，双方的关系也越来越密切，之间的冲突也有所缓和。为了共同提高城市生活的质量，在城市政府和大学的共同努力下，通过多种形式的沟通和采取多种举措，双方开始寻求减少冲突、增加合作的机会，大家的目标逐渐变为和谐共生的发展。

2. 互动的形成和发展

大学是能够生产科学知识和进行知识传播的，这些科学知识具有一定的专业性和难度，一般市民在没有接触的情况下，难以理解大学的一些本质，尤其在早些时候社会文化水平不高的情况下，该现象尤为明显。大学所在的城市市民在生活中日常知识，是传统的、浅显的，大学师生则是拥有了自己知识生产的方式和话语符号，这两种不同的知识类型和知识生产方式，决定了二者之间会存在隔阂和不理解，而知识的不对等也是冲突引起的原因之一。有些大学师生认为市民不理解科学知识的重要性，而市民则认为大学生产的知识与实际生活联系很少，过于高深或者故弄玄虚，脱离了实际生活的需要。

有些师生在城市里的不良行为也是冲突的直接原因，主要表现为酗酒、吸毒、偷盗及严重犯罪等。大部分校园治安管理人员认为酒精是一个主要问题，并引发了故意破坏行为、人身伤害和骚乱。尽管这些不良行为和犯罪活动主要发生在校园内，但不可避免地要波及到周围社区。此外，学生的社会活动，如大大小小的聚会、摇滚音乐会、大型运动会、狂欢等，也常常遭到周围市民的抱怨，这些社会活动常常忽视了周围市民的感受，严重影响着市民的工作、生活和休息[①]。

随着“市民”和“学人”的深度交流，“学人”放低自己的姿态逐渐融入城市的“市民”中，“市民”也用于学习“学人”的各种文化知识，加上在物质条件上的协调，双方的冲突逐渐缓和。

第二节　欧洲大学与城市互动的案例考察

一、第一个世界高等教育中心里的大学与城市互动

1. 互动的时代背景

在意大利北、中部地区，工商业的发展促使农民慢慢摆脱了对封建地主的依附，推动着旧制度的不断改革，之后传统的农奴制逐步瓦解，此时的农民身份发生了重要的转变，他们中有一部分成为佃农，有一部分成为雇佣工人。在 12—13 世纪，随着意大利早期城邦兴起，地理位置的优越性以及古罗马沿袭下的自治传统[②]，意大利城市的发展迅速，成为了西欧最发达的城市，比如海滨城市威尼斯、热那亚、比萨，内陆城市博洛尼亚、佛罗伦萨、米兰、维罗纳、皮亚琴察等等，尽管城市发展的步骤、历程不尽相同，但都经过不断的斗争，推动和巩固意大利的封建制度。随着城市实力的提升，部分自治城邦慢慢演变为城市公国，如威尼斯、热那亚、佛罗伦萨等开始建立自己的城市公国，政权掌握在城市贵族、大商人以及一些小封建主手中。但随着手工业群体的发展，他们开始联合起来组成行业协会加入对城市支配权的抢夺中来。13 世纪行业协会在意大利中北部

① 郄海霞. 美国研究型大学与城市互动机制研究［M］. 北京：中国社会科学出版社，2009.

② 韩菲尹. 走向巅峰的高等教育大国［D］. 杭州：浙江师范大学，2015.

地区的很多城市斗争中都获得了胜利。而到了16—17世纪，意大利半岛却又重新陷于别国统治之下而开始了长期艰苦卓绝的民族独立运动[①]。

到了中世纪，教皇和世俗君主的封建斗争，促成了意大利大学的繁荣和兴盛，同时在后期发展中受制于他们的斗争。此时，希腊、罗马文化遗产的延续与创新，知识研究的复兴，高级学科的发展吸引着世界各地的学生来此求学，医学权威萨莱诺、法学渊薮博洛尼亚、翻译中心西西里，还有新生的高级学科研习所帕多瓦，那不勒斯等均在此时进行了发展。

克拉克·克尔在《大学的功用》一书中所言，大学仍然遵循着一脉相承的治理方式。从古典文明与世俗文化的相互激荡到经济发展的需求、社会治理的需要，意大利在中世纪已经迫切需要进行新型人才的培养，这也直接催生了一批中世纪大学，这些大学都具有特色鲜明、专业、国际化等特点，并成为彰显中世纪时期欧洲学术中心地位的重要表征。总之由于中世纪中期意大利城市的发展基本是依靠对外贸易，因而在12—13世纪意大利仍旧处于四分五裂的状态，地区经济发展很不平衡，对城市的发展也大受影响，北部的伦巴第王国和中部的托斯卡纳地区工商业发达，大城市集中，而中部的教皇国封建关系占据统治，南部的西西里王国则仍主要为农业区，相对落后，这也影响了大学的诞生和发展。

2. 中世纪前欧洲大学城市的互动考察

中世纪的高等教育源于古希腊、罗马的教育传统，尤其是意大利，直接继承和传播了古希腊、罗马文化。柏拉图、亚里士多德等学者赋予了大学崇高的使命，这和古希腊、罗马的教育初衷是为提升公民的人格和道德素养服务而非为某种专业生涯做准备是相关的。

“智者”泛指聪明并具有某种知识技能的人，后来自然科学家、诗人、音乐家乃至政治家，他们也是早期的教师。在中世纪，“智者”在不断推进着教育的平民化，希望将教育当作公民参与社会生活事务的一种训练手段。伊索克拉底是希腊古典时代后期著名的教育家，他很大程度上师承了智者派的教育传统，他抨击当时日渐颓败的智者教育，但局限于在道德人格上的指责而不是在理论上，主要教授修辞学和雄辩术，以培养演说家为己任，后来，他在雅典吕克昂附近创设第一所修辞学校，在他的指导下，许多学生成为演说家、政治家。

西塞罗是古罗马杰出的哲学家、政治家、演讲家。当时的罗马，认为拥有雄辩术便是能够有能力从事政治工作的人，因此，西塞罗就成为了其中一位雄辩家，他认为教育的价值在于实用，学习是为社会从而为个人服务的。因此在当时，雄辩术成了最实用的知识，西塞罗认为教育的目的就是培养拥有雄辩能力的政治家。古罗马时期的昆体良是

① 杨天平．创新与崛起：六国高等教育发展研究［M］．上海：上海交通大学出版社，2018．

西方第一位真正意义上的教育家，在他看来，影响教育的因素有天赋、环境、德行，天赋是自然赋予的理性和理解力，是教育的基础，教育可以根据儿童天赋的差异性因材施教。和广义的环境不同，教育的环境指能够影响到他人是否具有知识与品德的环境。昆体良认为雄辩家应该是宣扬正义与德行的人，而不是把知识当做争取胜利的武器，他认为德行是雄辩家的首要品质，应该要成为学校的主要课程。可以说，西塞罗、昆体良是在实践中和理论上赋予修辞学以更加崇高的地位，使其成为整个高等教育体系中的核心，大学和城市的互动随着他们思想的变化形成了新的互动动力。

3. 中世纪时期欧洲大学城市的互动考察

中世纪的欧洲，由于城市的快速发展，人才需求也十分旺盛，因此形成了很多的名师和科技强者，同时，在 12—16 世纪的意大利大学也为城市和社会发展培养了一大批优秀的学子，最著名的莫过于文艺复兴时期的“文坛三杰”和“美术三杰”，“文坛三杰”是被誉为“意大利最伟大诗人”的但丁，“人文主义之父”的彼特拉克和意大利民族文学奠基者薄伽丘。“美术三杰”指达·芬奇、米开朗基罗和拉斐尔。

在意大利的大学中，但丁、彼特拉克、哥白尼等都曾在博洛尼亚大学度过令他们一生难忘的学生生涯，也对他们的身心成长产生着重要影响。博洛尼亚大学教学方法的基础是在格拉齐诺亚的教会法方法论以及欧内乌斯的罗马法方法论相结合的基础上形成的，尤其是法学教学的基础，受到了蒙彼利埃大学、帕多瓦大学法学等多所大学的借鉴和模仿，之后，博洛尼亚大学在当时不仅成为欧洲法学研究的发源地，而且成为整个 12 世纪法学复兴的中心。博洛尼亚大学法学教授，罗马法学家欧内乌斯培养出的布尔加罗、马尔蒂诺、乌戈、贾科博更是在欧洲整个法学界十分有名。

可以说，当时的意大利大学和城市互动过程中，相互影响相互成就。意大利早期人文主义学者伽里诺曾得到费拉拉市政府的支持和帮助，他在 1391 年创办费拉拉大学。意大利著名解剖学家蒙迪诺，他的影响力在整个欧洲领域都拥有极高的声誉，法国、德国、英国等许多国家的学生都不远千里来到博洛尼亚听他讲授解剖学课程，这也促进了人才的集聚效应。

早期博洛尼亚大学并没有学生名册的官方记录，但根据海斯汀拉斯达尔的推断，当时的意大利学生数量绝对居于欧洲首位。活跃于 13 世纪中期法学家奥多弗雷德曾在其著作中有提到 12 世纪博洛尼亚的学生人数已达 1 万名，而基督教涅斯托里派僧侣拉班努斯·古玛指出 1287 年巴黎大学拥有当时最大的学生群体，大致人数为 3 万人[①]。博洛尼亚大学前身是 1088 年创办的博洛尼亚学科研习所也是学生型大学，可以说是“自发的”大学，但在整个欧洲中世纪大学中，有其独特的一面，影响也是较为深远的。

意大利的很多大学主要是由学生组成的同乡会行使权力，杨天平在其著作《六国高

① 海斯汀拉斯达尔. 中世纪的欧洲（第三卷）[M]. 崔延强，邓磊，译. 重庆：重庆大学出版社，2011.

等教育发展研究》一书中指出，从意大利大学中同乡会的成分可以判别12—16世纪的意大利大学中学生的国别属性。说部分大学的同乡会以“山南大学”和“山北大学”这样的地理名词为区分，由于这里的山指的是阿尔卑斯山脉，这样基本上就能猜测出是将意大利与法国、德国等地的学生加以区分。还有一部分意大利大学在此基础上更加明晰化，如维琴察大学就在山南山北的基础上划分为四个同乡会-英国同乡会、德国同乡会、克雷莫纳同乡会以及普罗旺斯同乡会，很显然这里的同乡会有四个国家的学生组成，再如维尔切利大学也是由四个同乡会组成，它们分别为法国同乡会、意大利同乡会、德国同乡会以及普罗旺斯同乡会，那也意味着这所大学的学生群体以法国、意大利、德国三个国家为主①。

意大利萨莱诺医学院是萨莱诺大学的前身，在10世纪的萨莱诺早已在当时的医学界赫赫有名，到11世纪初已经是医疗的研究中心，在学校全面建立后有更多的人慕名而来学习医学。这所大学建立了医科大学的基础课程，培养了一大批著名医师从业者。在学校建成后，大学和城市的互动一直在开展，这也可能得益于医学的研究，城市也需要大批的医务工作者，在和城市的互动过程中，学校在医学领域一直走在欧洲前列，到1812年后，由于其所拥有的权威性，成为欧洲最早也是最著名的医学研究中心。萨莱诺大学在发展中，和城市的发展是息息相关的，其也得到城市的资金支持，城市的市民也表现出友好的一面，因此大学和城市在互动过程中有序稳定地向前发展。

二、精英教育期的大学与城市互动

1. 高等教育的快速发展

在讲到精英教育时期的大学和城市的互动，就得讲到英国的大学和城市。和意大利大学的发展类似，英国到18世纪后有着众多的知名教育家，其数量占据了欧洲总量的一半以上，并且英国的大学有很多的技术成果转化，在各类科学家中涉及了航海家、化学家、数学家、天文学家、物理学家、学者、医生、哲学家等，其所产生的经济效益也相当大，随着大学的发展，吸引了大批的留学生前来学习，城市中的市民、相关的职业阶层等等都成为大学的受益者，大学带来的学生数量增加也间接带动了城市的大发展，在此期间，城市的文化艺术氛围、社会的思想都进一步解放，大学和城市相互促进，使得英国到后来超越意大利成为第二大世界高等教育中心，这也不断加快了大学和城市的互动融合和发展。

在复杂的政治诉求以及社会经济的快速发展中，通过激烈的社会思潮的碰撞，英国的高等教育中心形成了。社会经济的快速发展，使得英国城市的物质保障很充分，解决

① 杨天平．创新与崛起：六国高等教育发展研究［M］．上海：上海交通大学出版社，2018．

了温饱问题后，英国的城市市民开始追求精神上的需求，不知从何时开始，读书和接受教育变成了一件时髦的事情，人们纷纷希望进入大学进行深造，谋求更高的学术追求。大学的快速发展在经济快速发展后成为全社会关注的焦点，此时英国政府迫切地需要用不同层次的人为其战争、工业发展所服务，英国的思想家们则希望通过高等教育的影响，破除封建迷信。因此，英国高等教育体制经历教育革命、大学新建重塑后，逐步形成了两种高等教育模式：其一是以牛津、剑桥为代表的传统大学，其二是由“学徒制”模式引导下出现的高等专业学校，“学徒制”的出现为英国资本主义的发展提供了高素质的产业工人，基本上满足了英国各方面的需求。英国传统大学在发展过程中不断吸收社会的精英人才，并将英国的大学推向了繁盛①。

2. 大学与城市的互动

早在5000多年以前，欧洲大陆开始向不列颠移民。到公元1世纪，那里只有一些稀稀落落的乡村和象征着权力的城堡，因为没有受到良好的教育，在这里生活的城市居民基本上没有文化知识，很多连文字也看不到。公元55年，罗马帝国入侵并占领了不列颠岛，随后的500年中，宗教给英国的发展和文化的形成有了深远的影响。但是为了宣传天主教的教义，文字的重要性越来越高，因此教会就主动办起了学校，力求培养能懂文字并信仰天主教的学生。随着生产的发展，到11世纪，欧洲大陆居民的受教育水平已经相当高②。

相比于法国巴黎大学，英国初期大学要晚将近20年，1167年亨利二世和法国闹翻了，他下令在巴黎大学的英国学者必须全部回国。这些学者回到英国后选中了牛津地区，于是在牛津成立了英国第一所大学，这也是世界著名的牛津大学。牛津大学和城市的互动过程中，也发生了很多的矛盾和意见。1209年一名牛津学者误杀了一个居民，引发了周围居民报复，一时间牛津大学人心惶惶，为了避难，于是其中有一部分学者逃到剑桥，在那里落脚办学，最终形成了剑桥大学。这两所大学在开始建立的时候几乎完全是宗教的附庸，教学是为了培养牧师和神职人员。大学的人才培养课程方面与中世纪意大利大学有些类似，主要是哲学、神学和医学。授课方式包括传统的授课方法和新型答辩的方法。传统授课法，也就是老师在讲台上授课，学生在课堂上听讲、阅读，这有点类似“填鸭式”的教学方法。另一种方法是师生的答辩，这种答辩与现在学位授予时的答辩相似，内容有时跟所学内容有关，有时会综合多门学科，学生们对这些复杂问题进行辩论后写出论文，这种答辩每年会有两次。就此看来，当时的课程、毕业方式已与现代学制差不多，也可以说是为现代大学的发展打下良好的基础③。

高等教育的入学规模逐步扩大，每年都有数百人进入大学深造，剑桥和牛津大学分

① 谢晨璐．迈向巅峰：17—18世纪英国高等教育发展研究［D］．杭州：浙江师范大学，2016．

② 杨天平．创新与崛起：六国高等教育发展研究［M］．上海：上海交通大学出版社，2018．

③ 谢晨璐．迈向巅峰—17-18世纪英国高等教育发展研究［D］．杭州：浙江师范大学，2016．

别于 1544 年和 1571 年开始有入学人数等记录。1700 年牛津、剑桥两所大学注册人数分别约为 400 人、300 人，在 1635 年左右出现峰值，牛津注册人数达到 500 人，剑桥人数也突破 400 人大关。[①]实际上，这可能远远低于在这两所大学的实际入学人数。

大学并不只局限在牛津和剑桥两所大学，在为律师提供专职训练和为绅士提供通识教育的律师会馆同样可以接受大学的教育。律师会馆的入学登记册存留下来并于 1660 年前印刷成册，虽然我们无法判断这些登记册本记录入学学生情况上的完整程度。而且那些在大法官法庭学院学习的学年可能根本不习惯在法学院登记。所以，很容易低估律师会馆学生增长的数量。

通过对国外的部分人口数量考察，我们发现，大学和城市的互动程度比较高，有很多的城市市民进入到大学的学习，比如当时的圣加伊乌斯学院和圣约翰学院中，15 至 19 岁的在校生达到了 90%左右，其中学生人数最多的学生是处于 16 岁和 17 岁。如果把 17 岁作为进入大学的新生的平均年龄，就总人口 500 万而言，相当于每年年满 17 岁的男性人口达到 5 万多人。因此，相当于有 2.5%的男性进入到大学，就当时的社会发展水平来看，这已经是非常高的数据，大学和城市的互动发展已经处于比较好的状态。

在英国大学发展史上，出现过发展资源不足的情况，比如在牛津、剑桥大学建立后，当时学生为了节省开支，学校附近的小客栈等成了相当于宿舍的学生居住场所，这些客栈或宿舍楼的管理虽逐渐受到学校的控制，但实际上学生却是完全失控的。后来学院制在英国开始盛行，牛津大学和剑桥大学也纷纷加入，可以说学院制的建立和发展为英国大学带来了辉煌的成果，也为英国大学的快速发展奠定了基础。

牛津大学建立的学院主要有：1266 年由巴利奥尔男爵建立的第一所学院巴利奥尔学院，1274 年由莫顿的沃尔特将世俗的学识和寺院戒律相结合建立的莫顿学院，1324 年由布罗姆的亚当建立的圣玛丽学院，1341 年由罗伯特建立的女王学院，1362 年由西蒙伊斯里普建立的坎特伯雷学院。

剑桥大学建立的学院主要有：1285 年前后由修巴尔萨姆以莫顿学院为原型建立的彼得学院，1324 年为了培育牧师由赫维建立的迈克尔学院，1326 年由理查德建立的大学学堂，1347 年由玛丽建立的彭布鲁克学院，1348 年由埃德蒙建立的维拉学院，1350 年由威廉贝特曼建立的三一学院，1350 年后由基尔特建立的圣体学院。

牛津大学和剑桥大学的建立，极大地促进了大学和城市的互动，各个学院也纷纷加强了与城市的互动，使得大学和城市的互动从二维变为多维。

除了学院制，还有一个是学徒制，学徒制是技术教育和商业教育的重要组成部分，比如从 14 岁开始，作为学徒的学员就要开始长达 7 年的学徒学习，到 21 岁后出师。学徒制并非都是城市贫民或者处于社会底层的人来上，反而有很多社会中产阶级来上，同

---

① 杨天平．创新与崛起：六国高等教育发展研究［M］．上海：上海交通大学出版社，2018．

时也有个别是巨富或者商人的家庭。英国也出台了相关的法律，对学徒制进行了规定，保障学生的权益，同时在担任学徒期间，要确保学徒的食宿等基本问题。学徒制的出现很好地补充了大学和城市之间的互动。

在大学的科目中，秘书、航海、建筑、会计、药学、法律、商业、政府、军事科学等现在常见的高等教育科目，在当时都是学徒制的内容，这就构成了专业知识与实践操作同步学习的良好学习氛围。甚至在学徒制的发展过程中，“数学家”成了值得依赖的计算学科老师，这种良好的社会风气，对英国人民受教育程度的提高大有裨益。

在精英教育时期，大学的快速发展给社会带来的变化并不单单局限于科学技术、经济发展这个表面现象上，在大学和城市的互动过程中，科学技术发展给社会带来的更多的变化是来自于生活中的各个领域。城市的市民在受到良好教育后，在满足了基本的温饱条件基础上，开始有了更多的追求，这也促进了大学和城市市民的交互，大学根据市民的需求不断革新自身，修订相关的人才培养等以适应城市的发展。

三、新型理工模式下的大学与城市互动

新型理工模式下的大学与城市互动主要通过对法国的考察开展。在 17 世纪，作为欧洲大陆传统强权的法国国内政治稳定，城市发展迅速，贸易经济水平提升很快，文化繁荣，综合国力不断提升。伴随着文艺复兴、宗教改革和启蒙运动的交替影响以及人文主义和理性主义广泛传播。新思想、新话语、新实践从政治理念、经济发展、文化进步、科学发展的各方面瓦解传统秩序的根基。

城市人口数量在稳定时期得到了快速发展，为大学的发展奠定了基础，启蒙运动所引领的理性主义和科学思维不断提升大学教育的内涵和水平，随着一大批专科学校建立，法国也出现了一些专门的科学研究机构，多种类型机构的出现也进一步推动法国的大学的发展逐渐走向繁荣，逐渐加深了与城市的互动[①]。

法国的高等教育具有悠久的历史，早在 13 世纪，以巴黎大学为代表的原生性大学陆续创立，各类人才储备丰富，而大学的科学院制度开启了精准研究方法的先河。旧制度末期法国国内已经创办了 72 所专科学校，学科和专业涵盖军事、工程、水利、医学、文学等科学领域，到大革命时期，高等教育体制不断变革，逐步发展为培养实用型人才培养机构和专门研究机构的两个系统。拿破仑时期，国家主义的教育改革浪潮得到进一步强化，中央集权的高等教育体制在法国得到确立，高等教育事业被确认为国家事业，综合理工学院成为培养精英的高等教育工程人才的典范，这也为大学和城市的互动奠定了良好的基础。

---

① 黄帅．走向繁荣——18 至 19 世纪法国高等教育发展研究［D］．杭州：浙江师范大学，2015．

和英国的高等教育中心类似，在复杂的政治诉求、快速进步的资本主义经济发展的需要、启蒙运动社会思潮的推动下，逐渐形成了法国的高等教育中心。法国政府需要实用性、标准化的人才为其解决战争、财政的困境，启蒙运动的思想家希望通过对于大学的影响破除封建迷信。法国高等教育体制经历法国大革命、拿破仑称帝等政治活动的重塑后，以“一个国家，两种模式”出现。这在当时满足了法国各方面的需求，并最大程度地吸收整个社会的精英人才，进而推动法国高等教育走向繁盛。进入 18 世纪，欧洲大陆在唯物主义哲学发展的基础上迎来了被誉为第二次思想解放运动的启蒙运动。启蒙运动的内涵精神在于以理性的思考批判旧时代留下来的一切事物，批判传统宗教，批判所有的束缚人们自由思考权力的压制。

在此期间，法国涌现出卢梭、狄德罗、爱尔维修等一大批思想巨人，在这么多名家的基础上，法国的启蒙思想家的声音萦绕于社会发展的各个方面。在高等教育和人才培养模式方面，“启蒙思想家们对于教会控制高等学校发起了猛烈的进攻，批判灌输教会信条的经院教育，主张培养适应社会发展的可用之才”[①]。这些声音打破神学枷锁，开启了近代精准科学研究的先河。

进入 18 世纪，法国的国际地位趋于微妙，原始的资本积累趋于扩张。传统大学经院哲学培养的毕业生完全不能满足政治、经济、军事对于实用型人才的需求。在封建社会时期已经创立了一批专门学校，打破了中世纪传统大学一统天下的局面。

这类专门的大学具有明显的特点，一是军事色彩明显，创设的原因就是为了迎合统治阶级在海外殖民扩展统治和弘扬国威的需要，在发展过程中，法国在 1720 年创办了炮兵学校，1748 年创设了梅齐埃尔工兵学校，1749 年创办了军事工程学校，1765 年创办造船学校和 1773 年创设了骑兵学校，这些都具有鲜明的军事色彩。二是具有一定民用色彩，为满足资本主义经济和手工业发展的专门学校也逐步设立，这些学校大多规模较小，管理体制较为松散，采用传统的集中讲授的方法，主要教授一些基本的知识和技能。三是入学考核机制较为严格，此阶段的专门学校已经开始了精英化的培养模式，专门学校在人才选拔和毕业学位授予都有严格的控制，毕业生的质量很高，适应社会需求的能力很强。这些学校也会根据不同的学科要求设置不同的大学教育机构，在课程设置上主要为新兴自然学科，同时注重实用技术的传授和掌握。这些都是大学和城市互动过程中，大学主动作为以求适应城市发展需要进行的。

四、科学研究发展下的大学与城市互动

科学研究发展下的大学与城市互动主要通过研究德国的大学和城市互动的情况进行

① 让皮埃尔·里乌. 法国文明史［M］. 傅绍梅，译. 上海：华东师范大学出版社，2010.

考察。世界上最早的大学起源于欧洲，最古老的大学是创办于欧洲中世纪时期的博洛尼亚大学和巴黎大学。中世纪的欧洲，教会教皇以及神圣罗马帝国皇帝的势力掌控了一切，这种影响不仅局限于信仰层面，还渗透到社会的政治、经济、文化、教育以及日常生活的各方面。而充斥于这一时期的教权与皇权之间的权利和利益争斗，甚至是流血与暴力冲突，使得整个欧洲大陆陷入“黑暗”，德国的大学就是在这样的环境中生长起来的。

在中世纪的德国，其大学是以法国巴黎大学为样板而建立起来的，在建设过程中，参考和沿袭了巴黎大学的组织结构及其所拥有的众多特权，但是也进行了适当的变更。德国大学和美国大学有一定的相似性，一般是由地方统治者创办起来的，地方政府为大学的创办提供建筑物和资金，同时赋予大学一定的自治权、司法审判权、豁免权等法人社团权利①。

在德国大学的创建过程中，当时大学的建立还需要获得罗马教皇的认可，教皇以“敕令”的形式准许大学的开办，同时赋予大学教学、考试和授予学位的权利。德国的海德堡大学在创建之时，便被罗马教皇赋予了如巴黎大学一样所拥有的特权，同时对大学师生的迁徙权、免税权以及独立司法权做了明确规定。在政府的支持下，海德堡大学师生拥有迁徙和居住自由，同时也拥有同僧侣一样的免税权。他们不但可以免交捐税，还可以免交部分应征收的实物税，学生宿舍和学生团体每年还可以购买非自己饮用的免税酒，学生在市内无须事先征得房主同意即可任意搬进空房里居住等。1394 年，海德堡大学获得了司法审理权，并设立了大学自己的监狱。众多的特权使得大学拥有一定的自由发展空间②。

相较于其他国家，德国大学一般是由地方政府创办并在罗马教皇的授权下建立的，德意志地区各邦国对大学投入了更多的热情和精力。可以说，德国大学与国家关系密切是德国大学区别于其他大学最显著的特征之一。在文艺复兴和宗教改革运动的影响下，德国大学在 16 世纪得到了快速的发展。从 16 世纪到 17 世纪早期，德国大学因其改革、学术声望以及高入学率而步入了发展的快车道。17 世纪中叶德国大学陷入了衰退，这种情况一直持续到了 18 世纪。18 世纪德国大学的改革运动则为陷入危机之中的德国大学带来了一丝曙光，并为 19 世纪德国大学的辉煌奠定了坚实的基础。

18 世纪德国高等教育的发展主要表现为两次大学改革运动。第一次大学改革运动可以追溯到 1694 年哈勒大学的创立，主要表现为哈勒大学和哥廷根大学的创办与发展。哈勒大学的创建为其后的大学树立起了一种新的发展模式，而哥廷根大学则进一步推进了改革，为 19 世纪德国大学的崛起奠定了坚实的基础。第二次大学改革运动发生于 18 世纪后半期，主要是天主教各邦对大学的改革。哈勒大学位于当时日渐发达的勃兰登堡—

① 姜维. 19 世纪走向强盛的德国高等教育研究［D］. 杭州：浙江师范大学，2015.

② 杨天平. 创新与崛起：六国高等教育发展研究［M］. 上海：上海交通大学出版社，2018.

—普鲁士邦，在三位重要历史人物——法学家克里斯蒂安·托马修斯、神学家 A.H.弗兰克和哲学家克里斯蒂安·沃尔夫的推动下，哈勒大学吹响了通往德国现代大学之路的改革号角。哈勒大学从创立之日起，就奉行两条新的原则，首先是采纳近代哲学和近代科学，其次是奉行思想自由和教学自由的基本原则。哈勒大学率先打开了现代哲学、科学、启蒙文化的大门。

位于汉诺威王国的哥廷根大学创建于 1737 年，当时的汉诺威王朝隶属于英国，一方面，他们对邻近的普鲁士邦拥有德国最有声望的大学而深受刺激，于是他们开始效仿哈勒大学创建了哥廷根大学，同哈勒展开了竞争；另一方面，汉诺威国君也期望通过哥廷根大学的创办为本国政府培养一个有教养的官僚阶层。汉诺威国王乔治二世将哥廷根大学的具体操办事务交给了汉诺威枢密院的主要官员闵希豪生，闵希豪生担任哥廷根大学校长长达 36 年，对哥廷根大学的发展做出了巨大的贡献。闵希豪生在吸取哈勒大学改革经验的基础之上，对哥廷根大学的改革策略采取了一种适度政策，它延续并推进了始于哈勒大学的课程改革，使之更加符合时代发展和新兴贵族的需要，它又保留了诸多形式上的守旧传统，从而在革新与传统的张力之间取得了一种微妙的平衡，这种融变革与传统于一体的稳定发展使改革获得了巨大的成功。

哥廷根大学将“培养一个有教养的官僚阶层”作为其办学宗旨，招生对象主要是贵族及富家子弟，贵族及富家子弟通常要比其他普通学生交付更多的学费，因此必须吸引更多的贵族子弟及外国学生入学，一方面可以为国家带来更多的收入，另一方面能够补充大学的运营开支。当时，时髦的“现代”观念在贵族圈中广受欢迎，为了迎合贵族学生的需要，哥廷根大学摒弃了传统大学众多的形式主义特征，着力打造具有时代气息的现代大学。在课程设置上，除传统课程外，哥廷根大学还开设了舞蹈、绘画、击剑、马术、音乐等课程，哥廷根大学对课程的改革吸引了大量贵族子弟前来入学，哥廷根的这些改革举措使得它成为一所具有贵族气息的现代大学。同时，哥廷根大学对哲学院和法学院进行了改革，当时由于哲学院地位低下，不受重视，逐渐沦为神学院、法学院和医学院的附庸，直到 18 世纪末期，这种依附地位仍然没有完全脱离，但是与 17 世纪以前相比，哲学院教学内容不断更新与丰富，在大学中的地位也开始逐渐上升。在改革中，哥廷根大学进一步拓展了传统哲学学科的教学内容，哲学院除保留传统的逻辑、形而上学和伦理学等课程之外，一些新课程如经验心理学、自然法、政治学、物理学、自然历史、语言等开始出现。通过这些改革举措，哥廷根大学哲学院的面貌焕然一新，学术自由之风开始兴起，哲学院的地位也有了较大提升，虽然总体上仍旧不如神学院和法学院，但却展现出了勃勃生机[①]。

① 姜维．19 世纪走向强盛的德国高等教育研究［D］．杭州：浙江师范大学，2015．

第三节 日本、俄罗斯大学与城市互动的案例考察

日本和俄罗斯的大学与城市互动过程中，有一些共同点，那就是他们都深受封建社会、帝国时期、战争、战后恢复等阶段的影响，且政府对大学与城市的管理和掌控较为类似，因此本节将着重介绍两个国家的互动案例。

一、日本大学与城市的互动考察

1945 年 9 月 15 日，根据联合国军占领当局的要求，日本文部省公布了战后的第一个教育改革的法令性文件《新日本建设的教育方针》，提出要“废除以前基于服从战争需要的教育政策，实施以培植建设文化国家、道义国家之根基为目标的文教政策”。占领当局设立了“民间情报教育局”（CIE），对战后初期日本高等教育的改革产生很大的影响。此外，1946 年，美国赴日教育使节团向占领当局提交了日本教育考察报告，提出日本高等教育必须彻底清除军国主义的影响。打破帝国大学的特权，给所有有才能的人享受高等教育的权利。还要克服偏重专业教育的弊端，加强一般性的教育。这份报告提出的许多观点后来直接转化为战后初期日本高等教育改革的政策基础。

以法律为依据是战后日本高等教育体制改革的一个鲜明特色。1947 年 3 月，日本国会通过战后第一个教育法律《教育基本法》规定“教育必须以形成人格，培养热爱真理与正义、尊重个人价值、勤奋而有责任感、充满自主精神、身心健康的国民及和平国家与社会的建设者为目标”。这与战前教育以服从国家需要、培养驯服臣民为根本目的的法律依据大不相同。同时颁布的《学校教育法》第五章关于“大学”的规定，明确了大学的目的、大学组织、学习年限、大学招生、大学教师、研究生教育、学位、短期大学等。大学作为学术中心，以广泛传授知识，研究专门学问，发展人的智力道德及应用知识能力为目的，短期大学则以传授与研究专门学艺，培养职业与实际生活能力为主要目的。与 1918 年《大学令》比较，大学的目的不同，学制不同，大学设立批准之程序不同（向大学设置审议会咨询成为批准设立大学的必要程序）。1956 年，文部省颁布了《大学设置基准》，具体规定了师资队伍、授课科目、校园、校舍、设备等大学设置必备条件的最低标准，而城市要为大学的发展提供足够的空间。

强化人才培养，普及高等教育。成立于 1952 年 6 月的日本中央教育审议会，是法定的文部省政策咨询机构。1963 年 1 月，该审议会向文部省提出了第一份全面论述大学教育的咨询报告《关于改善大学教育》。该报告分为大学的目的性质、大学的设置与组织结

构、大学的管理运营、学生的福利与学生指导、大学的入学考试、大学财政等六部分。报告指出，社会对于高等教育机构的要求，伴随着科学技术进步、产业经济发展、社会生活高度化以及国民大众教育水平的提高呈现出广泛、多样的态势。以此为背景，大学的性质与功能也发生了很大的变化。大学的目的、使命与国家、社会的要求也愈来愈紧密地联系在一起。一方面，大学必须面对激烈的国际竞争，不断回答社会进步所提出的要求，实现开展高水准的学术研究。另一方面，为了回答与民主社会的发展相伴而来的教育民主化的要求，大学还必须完成给予各阶层民众高水平的职业教育和市民教养的重要任务。高等教育的对象也从选拔精英人才转向普及教育，越来越多的人获得受高等教育的机会。大学培养的人才，越来越多地参与到城市建设、经济社会发展之中，他们也成为大学与城市之间的纽带，促进大学与城市的互动。

加强科学研究，激活研究生教育。20 世纪 80 年代和 90 年代，在日本高等教育政策形成的过程中，临时教育审议会和大学审议会这两个政府咨询机构发挥了重要作用。注重加强研究生教育的发展与提高研究生教育的质量。大学审议会的咨询报告从研究生教育的组织、形式、目的、内容、数量、学位制度等方面全面讨论了研究生教育问题，指出了研究生教育与改革的基本方向。要实现研究生入学资格的弹性化，使那些具有优秀研究潜能的学生尽早进入研究生教育阶段。如对在大学学习 3 年以上、并修满接受研究生教育所必需的本科课程学分的大学生，给予他们参加研究生入学考试的资格，对那些虽然没有硕士学位，但本科毕业以后从事过 2 年以上研究工作且取得了一定研究成果的人允许他们参加博士研究生的入学考试①。对硕士研究生教育的年限采取灵活的规定，可在 1 年内取得硕士学位（原规定一律为 2 年）。在学习方式上也采用更加灵活的方式，增加了夜间和函授性质的研究生院或课程。为了彻底贯彻课程制研究生教育及学位制度的基本精神，促进学位授予尤其是文科学位授予的正常化，政府对东京大学、京都大学、东北大学、九州大学、北海道大学、大阪大学、名古屋大学、一桥大学、东京工业大学、东京医科齿科大学、神户大学、广岛大学等 12 所国立大学实行“研究生院重点化”政策，增加研究生院的教师数和入学人数，增加教育经费，目的是将其发展重点由本科阶段转向研究生阶段。研究生数量的增加，大大推动了日本大学科学研究的水平提升，产出了大量的科研成果，需要科学技术用于城市建设和生产企业，促进以科技创新为牵引的大学与城市的互动。

突出规范办学，打造办学特色。“每所大学应该根据各自的教育理念和目的，并且适应学术、社会发展的要求，制定并实施具有特色的课程，充实大学教育，为社会培养各种优秀人才。”“为了促进各短期大学的教育改革，必须尽可能地使规定短期大学教育框架的短期大学设置基准大纲化，以便各短期大学能够根据各自的理念和目的实施自由的、

① 杨彬. 20 世纪 90 年代以来日本高等教育改革政策研究［D］. 石家庄：河北大学，2005.

多样的教育。"[①]1991 年以后，文部省对《大学设置基准》《研究生院设置基准》《短期大学设置基准》《大学函授教育设置基准》《学位规则》等法规进行了大幅度修改，揭开了 90 年代以来日本高等教育改革的序幕。此次修改的主要特征是"大纲化、简要化"，突出删繁就简，改细为粗，将一些非常硬性、刻板的规定改为富有弹性的原则，使大学在设置内部机构时能够具有更大的灵活性。通过此次改革，大学的办学更具特色，大学更多地结合经济社会发展需要进行办学，大学与城市的互动更加频繁。

打破僵硬模式，实施灵活办学。"从总体上讲，大学必须在批判闭锁、僵硬、不积极回应社会要求的现状之基础上，认真地响应当今学术研究与社会发展的要求，而不是把自己封闭在传统的大学自治之中。在学部自治之名下，不应产生阻碍适应学术进步和社会变化之改革的不利因素，而必须形成一种超越学部范围的自由议论空间，以圆满达成意见的统一。"并实施大学教师任期制，促进教师流动[②]。为了保证大学管理运营的顺利进行，大学审议会就大学校长的职责、校长的选任和任期、教师人事、评议会的作用、学部长的职责、教授会的权限以及大学面向社会等方面提出了许多具体建议。例如，在大学设置基准大纲化的同时，应建立对大学的评价首先是自我评价的制度。在大学设置基准修改后，导入大学自我评价制度被正式写进《大学设置基准》。大学办学从体制机制上解掉"束缚"之后，大学可以采用更加自主的方式进行办学。与城市的互动中，大学更加具有主动性，对自身所具备的资源要素具有更强的调配权。资源要素的高效配置，让大学、城市都获得彼此需要的资源，其自身价值也得到了充分体现，大学与城市展示出了较强互补性、互促性。

二、俄罗斯大学和城市的互动考察

俄罗斯大学和城市的互动因为国家高等教育的不断改革呈现不同的景象。在 1992 年的《俄罗斯联邦教育法》以及 1996 年颁布的《高等职业教育和大学后职业教育法》从不同的角度对国立高校和地方高校进行了规定，大学可以在办学许可证规定的范围内以及在联邦预算提供经费的国家招生任务之外，根据有关协议培养人才，学费由自然人和法人支付。如此，高校招收的学生就形成了三种类别：一是占高校招生控制数 70%的免费生，其学费由国家提供，毕业后自主择业。二是占高校招生控制数 30%的定向合同生，其学费由与大学签合同的企业、机关、组织提供，毕业后回定向单位工作。三是不占高校招生控制数的自费合同生，其学费由学生自己负担，只不过要有一家企业或单位作为中间人来与高校签订培养合同，毕业后自主就业。再加上 1992 年叶利钦签署了一项决定，

① 胡建华．大学审议会与日本高等教育改革［J］．中国高等教育，2001（12）：43-44．

② 胡建华．世纪之交的日本战后第三次大学改革［J］．清华大学教育研究，2001（02）：134-140．

使高校可以根据自己的师资和设备随意与合作者签订合同且数量不限。由此，尽管不少年份因经济低迷，俄罗斯大学的数量增加上不如人意，但总的招生数额不断上升。特别是非公费生的增加，促进了大学与城市各行各业之间的联系，大学培养人才的灵活性不断增加，城市部门对人才的需求，也更多地依托于大学的培养，大学与城市之间形成了较为频繁的人才流动。

苏联解体后，俄罗斯高等教育的结构在类型和层次上都发生了非常大的变化。1993年出台的《俄罗斯联邦高等职业教育机关（高等学校）标准条例》[①]进一步明确了一些问题：1. 高等院校，它的任务和机构，大学、科学院、研究所、学院在高等院校中的地位；2. 高等院校的招生；3. 高等院校的教学和科研活动；4. 高等院校的学术自由和自主权；5. 高等职业教育的国家级教育标准；6. 国有高等院校的管理；7. 大学生，高等院校的学员和工作人员；8. 科学教育人才的培养和科学教育工作人员业务水平的提高；9. 高等院校活动的监督；10. 高等职业教育和后高等职业教育系统的经济；11. 高等院校国际学术交流活动等。条例对大学进行了较为细致的规定，在规范办学的同时，也赋予大学更多的权利。此时的大学办学，更加适应经济社会发展，大学与城市之间的互动趋于理性，更能根据自身需求进行资源要素的配置。

在国内政治、经济体制改革的影响下，为了顺应国际高等教育发展的趋势，俄罗斯意识到21世纪的大学必须开展社会服务而不仅仅从事传统的学术研究。大学要从事具有社会需求的研究，并使教学计划适应外界的需求。这种教学与社会服务的联系不再只是与生产联系，而且还要与生活联系，即大学的教学不仅关注国民经济社会的发展，还要关注大学生职业的规划与发展。

宏观而言，俄罗斯大学的教学与社会服务的联系表现在几个方面：一是大学开展有偿教育、教学服务。大学利用自身的知识优势为企业、机关、团体、居民举办各种培训班、补习班或其他方式的教育服务。对此项服务活动，国家免予征税。市场经济体制引入高等教育，打破了俄罗斯国家对社会高等教育资源的全面垄断，造成国家对高等教育的控制力逐渐减弱，原来属于国家的权力要素越来越多地流入社会，社会拥有的高等教育权力不断加强，国家与社会关系发生了根本性变化，这充分体现在中央权威的削弱和地区力量的增强上。尽管如此，随着国家在整个社会改革中的地位增强，国家在高等教育领域中的作用也日渐增大。所以，目前的俄罗斯显然不是帝国时期的沙皇专制，也不是苏联时期的高度中央集权，但国家仍然在高等教育领域发挥着统一领导，甚至相当程度的控制作用。

同时，这一时期的高等教育变革采取的是“非单一化”政策，在思想方面对单一的“无产阶级意识形态”在高等教育领域的垄断式控制进行消解，使高等教育不再带有国家

---

① 李刚军．俄罗斯联邦高等职业教育机关（高等院校）标准条例［J］．管理科学文摘，1996（05）：35．

意识形态色彩，而对多样性的意识形态进行选择，直接影响着人才培养以及由此带来的专业设置和课程安排的改变。另一方面实行“多元化”策略，从办学主体、管理机构、经费投入、人才培养到招生就业都以“多”代替了原来的“一”。采用这种形式更加促进了大学的办学自主性，大学的发展在符合国家意志的情况下，更多地采用符合市场规律的方式办学，大学的专业更具有实用性，培养的人才更适合经济社会发展的需要，大学进行的科技创新可以更快地投入到生产经营。大学人才、科技等资源要素在城市发展中发挥更为突出的作用，同时，城市通过办学经费、空间等支持大学的发展。

第六章

大学与城市良性互动的模式研究

大学与城市的良性互动不是一种偶然现象，更不可能是自发形成的，而是有多个互动主体相互影响、相互促进的结果，二者之间存在着内在的必然联系。大学的发展离不开城市的财力支持和市政保障，城市的发展有赖于大学的智力支持与辐射带动。大学与城市在互动发展中，好大学与好城市具有高度相关性，形成好大学在好城市的独特格局[①]。近年来，伴随着城市经济社会的发展，城市对大学的渴望更加强烈，两者之间的互动更加深入。不同的城市采取了不同的策略，最常见的方式建设大学院区、引进高水平大学、共建校园或分校、建立战略合作等，同时，经济较为活跃的城市，还采取了引进国外知名大学、建设校园赠送大学等方式，促使大学与城市的关系更加密切。大学与城市的互动，既需要政府的规划引导，也需要大学的主动参与，同时还需要发挥市场的引导作用，全方位调动企业参与的积极性，进而构建起“大学-政府-企业”三者良性互动机制。大学与城市的互动模式是大学与城市在双向互动发展的现实过程中所体现的简化形式，它蕴含了大学与城市互动的行为方式、内在机制，以及事物之间的关系、结构或范型等[②]。综合来看，根据参与主体的作用强度，可以把大学与城市的良性互动分为以大学为主导的学术驱动模式、以城市为主导的政府推动模式和以企业为主导的市场引领模式，三种模式也不是孤立的存在，而是相互联系，相互作用，不断转变的协同体，由此，使得大学与城市的互动更加的绚丽多彩。

第一节　以大学为主导的学术驱动模式

以大学为主导，以学术为牵引下的大学与城市、企业之间的互动关系，在创新迭代上具有一定的先进性。在实施过程中，由于缺乏强有力的措施和手段，往往充满“被动”。需要把大学的科研力量、产业空间、人才资源、人文精神等紧紧融合在一起，打造技术高地、产业高地、智力高地和精神高地，让大学成为带动城市发展的最活跃力量、支撑

① 刘晖，李嘉慧．论大学与城市发展的时空逻辑［J］．教育发展研究，2018，38（05）：1-7．

② 张德祥，李枭鹰．大学与城市互动发展论［M］．北京：科学出版社，2018．

城市经济社会发展的不懈动力。

一、从互动方式角度分析

大学与城市的良性互动从互动方式上来看，最直接的校地合作，但大学作为城市重要的知识、科技、人才等聚集地，与城市经济社会互动联系较为密切，互动的形式也是多种多样，主要包括校地合作、校企合作和校校合作。

1. 校地合作

大学与城市互动最常见、最有效的方式之一。校地合作是指大学在地方政府合作框架的支持下，与政府及其所管辖的相关社会组织，如企业、研究院所、行业组织、事业单位、其他机构等开展人才培养、科学研究、社会服务、文化传承创新等方面的合作。校地合作可以促进高校与地方的深入合作，通过地方政府的协调，开展高校与地方企业、产业、学校、科研院所的合作。与一般的校企合作、校产合作、校校合作、校所合作不同，校地合作要求地方政府参与，如项目制定、资金投入、战略制定、多方联络、项目实施等。高校自主与企业、产业、学校、科研院所的合作，是当前高校与外部合作的主要形式[①]。合作框架构建具有一定的稳定性，可以助力大学快速融入地方、区域及行业发展，充分发挥大学服务社会职能的重要渠道。大学需要做好校地校企合作的发展规划及年度计划，组织开展校地校企合作的联系与签约。同时，加强对校地合作项目、平台的管理和考核。校地合作的关键是专家团队与城市需求形成良性互动，大学要做好校地合作专家团队的联系与服务。校地合作更多的是与城市具体的机构、单位或企业之间形成互动关系，大学需要做好校地合作框架内相关企业信息的收集及活动组织，科技成果转化、技术转移服务等。

2. 校企合作

通过大学与企业的合作，促进大学与城市经济社会发展互动共生。校企合作是通过深度融合学校、研究机构、龙头企业等重大实践平台和资源优势，弥补大学教育自身功能的欠缺，逐步将传统的以大学和课堂为中心的单一人才培养模式，拓展为“合作办学、合作育人、合作就业、合作发展”综合教育机制体制，在改革创新传统教育模式、强化应用型人才培养、符合创新型国家需求等方面尤为重要。有学者根据校企合作项目的持续性、稳定性、正规性、涉及领域与重点等特征，将校企合作分为浅层次、中层次和深层次[②]。还有学者认为基于企业动机“情、责、利”三要素，政府、院校、行业和社会等

① 钟玮．地方大学校地合作应用型转型发展研究：必要性、支持条件与对策建议［J］．黑龙江高教研究，2021，325（05）：16-21．

② 王文顺，尚可，芈凌云，李乐．如何激励企业参与校企合作——基于社会交换视角［J］．高等工程教育研究，2021，191（06）：97-102．

治理主体合理定位功能角色，对焦企业核心需求，形成联动协作关系，以驱动、协同、协调与环境等维度为动机支点撬动企业参与校企合作①。校企合作进行“订单式”人才培养较为普遍。培养“订单式”人才是满足企业用人需求和帮扶学生就业，实现双赢、多赢、共赢模式的有益探索。企业积极参与到大学教学当中，参与课程设置，师资培训，给学生讲解企业文化、社交礼仪、职业生涯规划、人际关系、团队合作等，把学生作为公司未来员工来培养，从不同角度对他们进行支持和引导，帮助他们完成从学生到员工的角色转换，真正实现教学与生产的结合。

3. 校校合作

大学与大学之间的合作，形成优势互补，以更强的力量共促城市发展。校校通过协同合作，开展一流课程建设、教师教学能力提升，实施本科学生课程学分互认、研究生生源互推，实行学科共建、导师互聘、联合培养等，相互推动重大项目、研究平台等建设和申报。在合作招生、合作育人、合作就业上迈出新步伐；在实训基地建设、师资资源共享、科研项目开发等方面取得新成果。由于地缘优势，校校合作一般选择就近高校开展合作。现有校校合作通常是同类院校开展合作，事实上，不仅同类院校可以合作，也可以不同类型、不同层次高校开展合作②。在我国最具有影响力的校校合作就是“九校联盟”，就是 C9 联盟（简称 C9）。是中国首个顶尖大学间的高校联盟，于 2009 年 10 月正式启动。联盟成员都是国家首批“985 工程”重点建设的一流大学，包括北京大学、清华大学、哈尔滨工业大学、复旦大学、上海交通大学、南京大学、浙江大学、中国科学技术大学、西安交通大学共 9 所高校，按照“优势互补，资源共享”原则，签订了《一流大学人才培养合作与交流协议书》。C9 是作为高校学术联盟进行创建的，旨在人才培养、科学研究等领域加强合作与交流，优势互补。C9 同其他著名国家级高校联盟，如英国罗素大学集团、日本学术研究恳谈会（RU11）、德国 U15 大学联盟、加拿大 U15 研究型大学联盟、澳大利亚八校联盟等均保持良好合作关系。联盟成立后展开了多项实质性活动，如互派交换生、召开研讨会、开展暑期夏令营等。

二、从互动内容角度分析

大学对城市互动过程中的要素流动，最直接的是科技、人才支撑。但大学与城市的互动内容是十分丰富的，包括大学职能的人才培养、科学研究、社会服务、文化传承创新和国际交流合作的所有内容。

---

① 沈剑光，叶盛楠，张建君．多元治理下校企合作激励机制构建研究［J］．教育研究，2017，453（10）：69-75.

② 韦成龙．服务地方发展 培养应用型人才［J］．中国高等教育，2015，551（19）：25-27.

1. 人才培养：提升人力资源竞争力，优化城市人口结构

新时代社会经济发展的主要资源就是创新人才资源，同马克思主义的生产力决定人类社会发展理论一致，习近平总书记重视创新人才工作，肯定了人才在社会生产中发挥了最重要的作用。创新人才也是衡量国家综合国力的重要标准，目前国家综合国力的较量集中体现在人才竞争方面，实现中华民族的伟大复兴，必须要提升综合国力，这也意味着必须上升到战略的高度去认识创新人才问题[①]。人才聚集主要是两种方式，即培养人才和引进人才。人才培养是大学的第一职能，立德树人是社会主义大学的根本任务。大学培养人才职能无法替代但其职能内涵却是常变常新，集中体现在培养什么样的人才和怎样培养上[②]。但从一个城市综合发展和建设人才高地的角度，可以从以下几个方面入手。一是“培养好”人才。作为人才培养摇篮的大学，需要牢牢把握立德树人根本任务，紧紧抓住全面提高人才培养质量核心要求，不断优化人才培养方案，着力推进产教融合育人才，大力培育高层次拔尖创新人才和城市发展需要人才，不断优化城市人口结构，提升城市人力资源竞争力，为区域经济社会全面发展积聚人力资本。二是“引得来”人才。人才是创新驱动引领大学与城市高质量发展的关键要素，要牢固树立“人才为先”的工作理念，引进人才要实事求是、客观公正，同时，要做到人岗相适，人尽其才。大学要综合学科专业需求和发展需要，有针对性地引进学术人才和创新领军人才，加速一流大学与一流学科建设，增强科技创新力度。城市要根据高质量发展需要，拓宽招才渠道，提供实质性有吸引力的岗位，依托各类主流媒体，面向海内外同步发布宣传，帮助重点产业企业引进更多优秀人才。大学与城市可以联合组建专家库、研究平台等形式，联合引进高端人才。三是“留得住”人才。城市要提供更多地人才政策，特别是要想办法让专业对口、需求量大的优秀人才想留下、留得下、呆得住、有发展。强化政策兜底，对涉及到人才的住房保障、子女教育、健康体检等实施人才优待。加强服务保障，为人才提供“一站式”“一体化”的服务，建设线上线下人才服务平台，真正实现“人才少跑路、数据多跑路”。努力营造让人才来了就不想走的良好环境，让人才“引得来、留得住”，以更优的环境促进城市高质量发展。

2. 科学研究：推动创新体系建设，提升城市综合竞争力

科技是国之利器，国家赖之以强，企业赖之以赢，人民生活赖之以好。中国要强，中国人民生活要好，必须有强大科技[③]。大学的科学研究是彰显大学办学特色、办学实力和办学水平的重要体现，是大学提升办学层次的核心指标，也是大学教师、学生不断成长的动力源泉。大学的科学研究是知识创新和技术创新两大体系的交叉融合，体现出对国家创新驱动发展战略的贯彻执行，同时也是对经济社会高质量发展的重要支撑。大学

① 范一泓．习近平新时代创新人才观探析［J］．湘潭大学学报（哲学社会科学版），2022，229（02）：127-131.

② 顾建民．大学职能的分析及其结构意义［J］．全球教育展望，2001（08）：68-72.

③ 习近平．习近平谈治国理政（第二卷）［M］．北京：外文出版社，2017.

的基础研究和应用基础研究优势突出，也是新技术、新材料等原始创新的重要来源。随着国家和区域城市创新体系的构建以及知识经济推动发展方式的转变，世界一流大学群体集聚并形成世界一流大学高地是国家跻身世界舞台中心的重要战略前提和途径。世界一流大学高地作为以人才培养、科研创新为手段来回应社会需求的国之重镇，同时也是为区域经济建设、国家战略发展、国际协同合作创造优质资源、提供智力支持的建设基地，其具有服务性、创新性、前沿性、引领性等特征①。为不断地促进大学科学研究水平，政府通过实施强有力的政策引导大学优势科研力量集中一个或多个领域开展研究，同时布局国家实验室、省级实验室和地方实验室，搭建科研平台，集中力量开展科学研究工作。大学将自身科研优势，服务到地方的新能源、新材料、新技术等领域，促进大学创新创业人才在协同创新体系内合理流动，充分发挥知识创新和技术创新对城市发展的支撑引领作用。

3. 社会服务：促进经济、社会、科技等进步

从大学创建之初起，大学的点滴与城市的经济投入、政治导向和文化影响就高度相关，城市大学往往借鉴前者经验与模式，利用城市提供的资源迅速发展壮大，立足城市，面向城市，紧密依靠城市，全方位服务城市，在与城市的互动中共同发展②。大学的社会服务职能起源于美国《莫雷尔法案》，发展确立于“威斯康星思想”。大学服务社会是一个传统功能，其范围比较宽泛，包括与输出人才与联合培养人才、技术支持与科技创新、志愿服务，等等，大学的知识、人才、科技等资源要素流向城市，助力城市经济社会发展时，大学的服务社会功能就发挥了正向作用。与人才培养、科学研究一样，大学直接为社会服务的职能，不仅是社会发展的需要，也是高等教育发展规律的必然。大学在一个地方、一个区域等范围内，具有社会文化、科学技术、卫生保健等方面的领先地位，能够实现对区域、城市的相关方面工作的指导、咨询服务等作用。大学应该采取积极主动的措施，同城市进行广泛的联系，尽可能地帮助城市解决经济社会发展过程中遇到的种种理论和实践上的问题，比如与产业企业等单位联合开展科研攻关，并进行技术指导。大学举办专业技术培训班或业余大学，为社会承担继续教育的任务等。大学通过社会服务的方式直接参与地方的经济社会建设在内容上是多种多样的，大学可以根据不同的学科专业特点，发挥所长，积极创造有利条件，全力做好社会服务工作。

4. 文化传承：丰富城市文化

文化是城市的灵魂，城市孕育着大学，大学也反哺城市发展。建设和发展好城市文化，除了具备丰富的历史文化和自然资源之外，还需要“真金白银”来“搭台唱戏”，才能更好地将文化资源转化为经济收益、社会效益以及文化品牌。充分利用大学与城市文

① 王战军，蔺跟荣．世界一流大学高地形成的时空逻辑与经验启示［J］．大学教育科学，2022，191（01）：4-11.

② 刘晖，李嘉慧．论大学与城市发展的时空逻辑［J］．教育发展研究，2018，38（05）：1-7.

化资源的个性优势，建立城市文化与大学文化关系良性、互动运转的体制机制，让大学文化走进城市，不断丰富城市文化内涵。同时也要让城市文化走进校园，强化城市文化的辐射功能。城市文化是具有一定地域特色的文化，服务于一方水土，具有广泛的群众基础。大学文化具有大学鲜明特色，是一所大学的精神面貌，具有强大的力量。大学文化对城市发展而言，具有强大的助推作用。城市的文化建设，不能单单靠地方政府或者文化企业，将文化束之高阁而片面求得文化产生经济效益和社会效益，而是要让文化成为人民大众广泛认可的精神家园，成为真正该有和应有的软实力。大学文化对城市的影响是一个潜移默化的过程，随着大学文化资源不断地向社会开放输送，加大了大学与社会的文化交流力度，实现大学与城市良性互动发展，助力城市文化品质提升。

5. 对外合作与交流：助力城市国际化

习近平总书记指出，“教育是国家发展进步的重要推动力，也是促进各国人民交流合作的重要纽带”①。大学教育的国际化趋势愈加明显，国际交流与合作已经成为大学教育国际化的重要标志。一是学习借鉴世界优秀大学的有益经验。当前，大学在扎根中国大地办大学的同时，也要清醒认识到自身发展存在的短板，与世界知名学府之间的差距，对焦一流大学一流学科，结合自身情况，大力推进大学内涵建设，注重高质量高水平发展，全面提升我国大学的国际竞争力，以大学的国际影响力带动城市国际影响力。二是大学办学的国际化。每一所大学绝不是孤立的存在，加强国内大学之间的交流的同时，加大与世界知名学府的互动办学，发挥好国际合作与交流的先行先试作用，建立双向互动关系，创新中外合作办学机制，引进国外优质教学资源，打造系统化、国际化的专业、课程体系。大学校园里不断出现国际学者，实现教育资源整合创新，以大学国际化带动城市国际知名度。三是大学生结构的国际化。国际留学生是国际合作与交流的“使者”，大学不断优化和改善国际留学生结构，可以丰富城市国际化元素，持续吸引世界上优秀的学生和学者，培养大学生与不同专业、不同种族和文化背景的同学共同学习交流、沟通协作的能力。为城市的国际化建设输送大量人才，同时，优质的国际学生回到本国，又可以提升城市在国际上的知名度和美誉度。

三、大学市场化趋势

大学市场化是新发展阶段我国高等教育新兴起的一种具有较大影响力的主流性办学模式，相对于过去传统计划经济模式下的大学办学，市场化给大学发展带来了新的生机和活力。高等教育是一种准公共产品，高等教育产品既具有市场性又具有计划性。在理

① 习近平同俄罗斯总统普京分别向深圳北理莫斯科大学开学典礼致贺辞［EB/OL］. 2017-09-13［2022-06-20］http://www.xinhuanet.com/politics/2017-09/13/c_1121658321.htm.

论上，高等教育产品供给要求遵循政府和市场共同分担的原则，通过市场和政府相结合的方式来提供高等教育。高等教育作为准公共产品的特性，以及市场和政府相结合的供给方式，对高等教育治理模式的形成产生了重要的影响①。高等教育市场化是一个宏观概念，主要从国家高等教育体系层面来理解市场化问题，如高等教育制度环境变迁、高等教育管理体制和投资体制改革、契约-评估制度建设等宏观变革问题。相对而言，大学市场化更多地涉及中观和微观层面的问题，往往跟大学的某些与市场相关联的策略和行为有关，强调大学与市场的互动和耦合，如大学的市场化经费筹措和管理、市场化人力资源配置、人才培养模式的市场化、科学研究的市场化等。同时，高等教育市场化和大学市场化还不单单是宏观与微观、自上而下与自下而上的关系，更是整体与部分、系统与子系统的关系②。在经济社会发展过程中，大学市场化表现出在科研成果转化、企业孵化、科技园创办和人才联合培养等诸多资源要素配置优势，使其在我国社会主义市场经济体制下，成为一种可持续的办学思路和办学模式。

（1）科研成果转化。大学的科研成果形式是多种多样的，其主要的形式是专利成果的转化或转让。从法律上理解，专利权转让主要是指专利权人将发明创造专利权的所有权或者权利转移给受让人，上的受让人按照约定支付价款的合同。通过专利权转让合同取得专利权的一方成为新的合法专利权人。大学或大学师生作为专利权人，其专利在应用到生产前，仅仅是一项科研成果的形式存在，并没有创造更多的经济价值和社会价值，把科研成果转化为生产力，也是大学价值的体现。按照市场交换的规律，大学的专利参与到市场经济之中，相关的企业根据自身发展的需要，通过购买专利所有权或使用权利的方式获得一项可以助力生产的新技术或新发明，进而推动企业生产效率的提升，在为企业创造经济收入的同时，还可以有效促进企业的内部运行机制的改革，更深远的将还有可能创造更多的社会价值和生态价值。此时，政府通过优化政策支持，对专利发明、专利转让等给予一定的奖励和税收优惠，对企业应用新技术新发明给予一定的补贴和税收优惠，通过这些政策推动科学技术在城市生产生活的快速运用，以科技助推生产力的提升，不断提升经济社会发展水平。大学与城市通过这种方式又实现了良性互动。

（2）孵化企业。大学是创新创业的聚集地，大学教师和大学生拥有较好的知识储备，也对新事物有较好的认知，对全球化具有很好的视野，特别是对新业态新产业与高科技产业具有很高的敏锐度。通过建设孵化器，可以让企业家走进校园、科研团队成果走出实验室，创新成果与市场需求实现精准对接，实现大学创新技术资源与产业企业精准匹配，实现科研、人才、学科与产业的良性互动与有效衔接，促进资源要素共享、有序合理流动和科研成果有效转化。积极推动企业技术创新，推进校企深度合作。通过孵化企

① 张应强，张浩正．从类市场化治理到准市场化治理：我国高等教育治理变革的方向［J］．高等教育研究，2018，280（06）：3-19．

② 王旭辉．高等教育市场化研究述评与研究展望［J］．复旦教育论坛，2016，80（02）：58-64．

业实现资源整合优势互补，助推城市经济社会持续健康发展，助力大学优势学科建设，用科技赋能新的产业经济建设。

（3）创办科技园。大学科技园是国家创新体系的重要组成部分，是高等学校实现社会服务功能和产学研结合的重要平台，是区域经济发展的主要创新源泉之一①。已经成为我国科技体制改革创新的试验基地、科技人员创新创业的核心载体、校企资源融合共享的枢纽平台，是支撑创新驱动发展的重要力量②。科技园的建设主要目的是促进产学研的深度合作，助力科技成果转化。近年来，大学更加重视科技成果转化和创新创业教育，使得大学科技园兼有孵化器和科技平台双重属性。当前，大学科研成果转化率低是普遍问题，大部分科研成果还是停留在实验室层面，很难形成有效的应用价值，对城市经济社会的发展没有发挥出应有的价值。通过创办大学科技园的形式，将大学里面可以用于生产的科研成果，拿到这样的综合平台，供企业选择使用，解决大学科技园在空间载体、资金条件和专业人才等方面尚不能支撑从成果孵化到产业化的完整科技成果转化需求。做大做强大学科技园，对于助力双创升级加力、促进科技成果转移转化和促进城市经济发展，具有多重战略意义。

（4）民办大学的兴起。民办教育，也被称为“社会力量办学”，已经成为教育事业的重要组成部分。民办高等教育的市场化体现为民办高校必须从市场而不是从政府那里获得发展的资源，如办学初始资金、办学经费、场地、生源和师资等。在市场化的不同阶段，民办高校在吸纳市场资源求得发展的方式上存在着很大差异。主要有两种方式，一种是小规模办学，重视教学质量，试图利用办学节余逐步改善办学条件，走滚动式发展的道路；另一种方式则倾向于资本运作，从银行或企业获得大量贷款或闲置资产，重视校园及硬件设施建设，走硬件先行、规模扩张的跨越式发展道路③。根据统计数据显示，2020 年，全国共有民办学校 18.67 万所，占全国各级各类学校总数的比例超过了 30%；在校生 5 564.45 万人，占比接近 20%。2021 年 9 月 1 日起，新修订的《中华人民共和国民办教育促进法实施条例》正式施行，提出对民办教育“积极鼓励，大力支持，正确引导，依法管理”，不再提“不得以营利为目的”，厘清了制约民办教育发展的模糊认识。民办教育有着天然的灵活机制、创新基因和竞争优势，更有利于培养学生的创新思维与能力，能够帮助学生在激烈的竞争中脱颖而出。比如作为企业创办大学的典范之一，曾经荣获“中国民办高等教育优秀院校”殊荣的北京吉利学院，一直以来，以企业董事长李书福提出的“走进校园是为了更好地走向社会”的校训，努力实现成为最受尊敬的民办大学的愿景。吉利学院依托吉利集团世界 500 强的先天优势，充分发挥吉利控股集团

① 曹阳，李林，王永宁．大学科技园孵化体系建设问题研究［J］．中国科技论坛，2006（01）：73-77．

② 董淼军，陆震，杨智洁，等．国家大学科技园税收优惠政策问题探究［J］．中国高校科技，2021，392（04）：72-74．

③ 郭建如．民办高等教育的市场化与民办高校的组织管理特征——以陕西民办高等教育为例［J］．高等教育研究，2003（04）：68-74．

企业办校优势，着力深化产教融合、校企合作协同育人，为区域经济社会发展培养德智体美劳全面发展，基础理论扎实、实践能力和创新意识强、综合素质高的具有国际视野的应用型人才。借助企业优势，对接成渝地区双城经济圈汽车、电子信息两大万亿产业，深入与成都等中心城市的良性互动。

四、学术驱动模式的主要优势与阻抗

1. 优势

一是教育资源整合优势。大学是高等教育资源的聚集地。教育资源除了教室、楼宇、宿舍等硬件资源外，高等教育资源更多、更重要地体现在师资力量、学术团队、领军人才等软实力方面。大学特别是一流大学发展史表明，打造一个整体结构合理、个体素质优秀的教师队伍是支撑高校、提升学校整体教育和科研水平的关键①。大学拥有知识、人才、科技和思想等众多资源要素。大学可以看作是教师和学生进行高深知识教育服务交易的“市集”组织，建立大学组织的好处在于：由大学通过有组织的管理提供教育服务，而不是让个体通过市场交易的方式分散化地购买教育服务，有利于加强教育服务交易中的分工、合作和监督，提高教育服务供给的效率和质量，降低教育服务供求衔接的交易费用②。在大学与城市良性互动中，大学可以全面整合自身所具备的各种资源要素，根据城市的需要，进行组合分配，充分发挥资源配置效能，参与城市建设，推动大学与城市良性互动。

二是科学研究优势。大学作为知识生产和科技创新的攻坚力量，在很大程度上决定了城市的经济发展模式和国内外竞争力③。大学的学科建设也较为完整，科研人员较为集中，各种科研资源要素聚集，有利于开展科学创新和技术发明等工作。从学科上看，大学学科较为齐全，据不完全统计，现在大学的学科门类达到 1 000 多个，大学具有多学科、多层次、综合性等特点，适宜开展大型的专业性、综合性和跨学科的研究工作。特别是针对新时代现代技术的快速发展，各项技术之间交叉融合、互相渗透得比较明显，同时又具有高精尖等特点，需要大学充分发挥其学科优势，研究出更多的先进成果。

三是人才聚集优势。大学不仅将科研成果转化为生产力，而且培养了大批专业技术人才。学生毕业后大多会留在读书的城市，成为企业创新的核心力量④。大学天生就是人才聚集的高地，大学的人才聚集主要两个来源：大学教师与大学生。大学教师是传业授

---

① 庞青山，李望梅，蓝清华，等. 研究型大学师资队伍建设三题［J］. 现代大学教育，2019，176（02）：80-86+112.

② 陈星，张学敏. 世界一流大学与城市的共生关系及启示［J］. 教育发展研究，2018，462（Z1）：1-8.

③ 王战军，于妍. 世界一流大学的外溢效应与城市建设——以武汉市为例［J］. 教育发展研究，2021，520（05）：1-7.

④ 苏洋，赵文华. 我国研究型大学如何服务全球科技创新中心建设——基于纽约市三所研究型大学的经验［J］. 教育发展研究，2015，35（17）：1-7.

道的人生导师，优势科学研究的创新力量，是大学所有职能的实施者。大学是培养人才的地方，技能型实用人才是企业发展的核心力量。同时，大学培养的基础性研究人才，致力于科学研究、科技创新，是技术产业革命的中坚力量。此外，大学还可以作为城市、企业进行人才培养的基地，培养各级各类专业技术人才和技能人才，让他们在“象牙塔”经过系统学习后，走进社会，为城市发展注入活力，服务于城市经济社会发展。

2. 阻抗

一是办学空间限制。对于城市的空间布局和资源分配来说，大学在土地等方面的扩张也可能与城市发展利益相悖。因此，管控分歧、实现互惠成为大学与城市协同发展的首要任务①。大学依附于城市办学，城市快速发展占据大量土地资源，大学办学空间限制和多校区办学已经是普遍现象。进而导致大学资源紧缺和管理成本加大，教学资源难以优化整合利用，不同程度影响了大学的整体规划和统一管理。尤其是因大学校园空间限制而建的高层学生宿舍，存在运行、管理、安全等诸多问题，拓展大学校园空间亦是大学与城市互动发展的当务之急。

二是资金投入限制。目前国家财政预算内拨款仍是大部分高等学校经费的主要来源，大约占到整个高校资金来源的 50%以上。不过，一些综合实力较强的高校，比如一些双一流建设高校等，近年来预算外经费来源越来越多，财政性资金呈现下降趋势，有的仅占到所有资金来源的 30%左右。2021 年 11 月，教育部、国家统计局、财政部发布《关于 2020 年全国教育经费执行情况统计公告》②显示，2020 年全国教育经费总投入为 53 033.87 亿元，比上年的 50 178.12 亿元增长 5.69%。其中，国家财政性教育经费（主要包括一般公共预算安排的教育经费，政府性基金预算安排的教育经费，国有及国有控股企业办学中的企业拨款，校办产业和社会服务收入用于教育的经费等）为 42 908.15 亿元，比上年的 40 046.55 亿元增长 7.15%，占 GDP 比例为 4.22%。“十三五”期间持续做到“不低于 4%”，这是自 2012 年以来连续第九年做到“不低于 4%”。生均一般公共预算教育经费全国普通小学、初中、高中、中等职业学校均是增长趋势，但全国普通高等学校为 22 407.39 元，比上年的 23 501.26 元减少 4.65%。各级教育生均一般公共预算公用经费支出情况，全国普通高等学校生均一般公共预算公用经费支出 8 119.51 元，比上年的 9 180.87 元减少 11.56%。也是减少最多的。

三是师资队伍限制。首先，结构固化较为突出。师资结构直接影响着师资队伍作用的发挥，大学被社会大众看作为“殿堂”，大学内部的教师具有一定的优越感，工作内容相对比较稳定。长期固化的人群机构与研究模式，与创造性的思维和劳动，很难匹配。

① 沈蕾娜. 互惠与正义：大学与城市协同发展的空间逻辑——以英国大伦敦区为例［J］. 国家教育行政学院学报，2020，275（11）：88-95.

② 教育部、国家统计局、财政部发布，关于 2020 年全国教育经费执行情况统计公告［EB/OL］. 2021-11-22［2022-06-20］http://www.moe.gov.cn/srcsite/A05/s3040/202111/t20211130_583343.html

有些年轻的教师进入队伍后，受到影响也耽误了成长机遇。其次，理念滞后较为普遍。大学教师分为两个主流，即教学和科研。两极分化较为突出，有的教师认为就是教书育人，对科研投入不多。有的教师则是全心于科研工作，无心教学。这两种极端都是不可取的，教学与科研是相辅相成的，需要对教学与科研作出客观的评价，进而提升教师综合业务水平。同时，教师素质参差不齐。近年来，大学教师负面新闻不断，这与有的大学没有建立起严格规范的师德师风制度，无序和不规范的内部竞争，以及实际存在的教师身份和专业技术职务终身制等，造成了部分教师的思想混乱、行动迟缓、素质不高。特别有的领导干部或学术带头人社会兼职很多，无暇投入到人才培养和科学研究之中，在教师队伍之中造成了较差的影响。此外，在大学对师资队伍的管理和用人机制等方面，也存在诸多弊端，成为制约教师队伍高质量发展的瓶颈问题。

四是学科专业限制。大学的学科专业结构基本上还是延续着早期学科布局，学科专业发展与城市发展很难同频共振，有的大学办学存在专业设置过多过滥等情况，有的大学忽视自身实力，盲目上马一些热门专业，有的大学贪大求全，在专业设置上难抑扩张冲动。这既造成办学资源的不合理配置，也一定程度上影响高校毕业生就业。同时，各学科专业之间发展很不平衡。这种不平衡的学科专业结构与现代城市发展要求的学科专业交叉融合要求不相适应；与经济社会全产业链人才培养要求不相适应。造成这种局面的原因是多样的，主要集中在两个方面，一是大学长期按照教育部门规定进行自身建设，与城市经济社会发展出现了脱节，有的大学与属地不存在隶属关系，双方在学科专业建设、人才培养上沟通不多、互动不强。大学的学科建设、专业设置和人才培养与地方经济社会发展匹配度不高，造成科研成果、专业人才和技术培训难以满足城市发展需求。另一方面是大学在学科专业上易受外界环境影响，追求热门领域，过份追求学生数量、个人喜好，表现出一定的“功利性”，忽视了对城市发展需求的深入挖掘和交叉融合，与城市发展需要渐行渐远。大学更多的论文写在了“键盘上”“网络里”，没有写在城市发展大道上。培养的学生也很难与本地城市相融合，很多被大城市所吸引，即使选择留下来工作的大学生，偶尔也会出现“水土不服”，中途退出的情况，城市发展人才短缺问题依然十分突出。

第二节　以城市为主导的政府推动模式

政府对大学的要素流动，主要是法律法规、政策、规划等“看得见的手”，通过实施强有力的手段，推动大学与城市互动。同时，政府还可以采用一定的政策措施，鼓励企业加强与大学的合作，由企业转化大学科技成果、联合培养专业化人才和共同科技攻关等，进而推动城市经济社会发展，实现大学与城市的良性互动。纵观国内大学与城市的良性互动，目前这种模式成效最为显著。但也存在一些弊端，比如缺乏有效的监督，资源要素投入的实际“绩效”易打折扣等。

一、约束性措施

1. 法律约束。党的十八大以来，中国特色社会主义法治体系不断健全，法治中国建设迈出坚实步伐，近年来，立法节奏不断加快，其形式也更加丰富。由于传统的影响和制约，哲学观与法律观失衡是中国大学发展一直以来面临的主要问题。在经历了数次制度转型之后，中国大学终于开始探索符合自身发展的道路，强调“依法治教”的理念就是在试图重新协调两者关系。大学法治的发展，依赖大学文化传统的积累与外部法律制度的构建，只有这两方面共同发展与融合才能为我国大学找到一条适合的发展道路[①]。我们国家对教育事业高度重视，出台了《中华人民共和国教育法》《中华人民共和国职业教育法》《中华人民共和国高等教育法》《普通高等学校设置暂行条例》等法律以及相关行政法规，从国家层面对大学办学进行了规范，提出了明确的要求。《中华人民共和国教育法》第十四条明确指出国务院和地方各级人民政府根据分级管理、分工负责的原则，领导和管理教育工作。高等教育由国务院和省、自治区、直辖市人民政府管理。2015 年 12 月 27 日，根据第十二届全国人民代表大会常务委员会第十八次会议《关于修改〈中华人民共和国高等教育法〉的决定》进行修正，进一步完善了中国特色社会主义现代教育制度，标志着我国教育事业依法治理能力和水平步入新阶段，为深化教育综合改革、提高教育质量、促进教育公平、加快推进教育现代化建设提供了有力的法律支撑。其中，第六十条明确规定高等教育实行以举办者投入为主、受教育者合理分担培养成本、高等学校多种渠道筹措经费的机制。国务院和省、自治区、直辖市人民政府依照教育法第五十六条的规定，保证国家举办的高等教育的经费逐步增长。国家鼓励企业事业组织、社会团体及其他社会组织和个人向高等教育投入。第六十三条明确指出国家对高等学校进口图书资料、教学科研设备以及校办产业实行优惠政策。高等学校所办产业或者转让知识产权以及其他科学技术成果获得的收益，用于高等学校办学。

2017 年 12 月 28 日，上海市第十四届人民代表大会常务委员会第四十二次会议通过了《上海市高等教育促进条例》，这也是我国第一部促进高等教育改革发展的地方性法规，明确上海市高等教育“应当以立德树人为根本任务”，规定政府支持保障措施，促进高校分类发展，确保高等教育投入与教师收入稳定增长。《条例》还明确了政府及相关部门在政策保障方面的职责和落实高等学校自主办学地位等方面的权利责任，采取一些特定的有效的鼓励、支持、引导、推动等方面的促进举措，着力解决制约高等教育发展的一些

① 周详．我国公立大学的法律属性与依法治教的推进［J］．中国高教研究，2015，267（11）：13-18+22.

体制机制性问题，加快建立与上海城市地位相匹配的更高质量的高等教育，形成政府依法宏观管理、学校依法自主办学、社会依法广泛参与支持高等教育的新格局，力求以创制性、促进性地方性法规的形式来引领和推动上海高等教育的改革发展。

2. 税收政策。政府通过税收（减税和增税）的形式，动态调整大学与城市之间的互动关系，特别是大学与城市企业、校办企业与城市、校办企业与城市企业之间的相互协作关系。同时，国家对教育事业也实施相关的税收优惠。增值税方面，从事学历教育的学校提供的教育服务免征增值税。对教师个人专属增值税实施优惠，教师从事咨询、讲学、翻译、审稿、书画、技术服务等劳务取得的收入以及因其作品以图书、报刊等形式出版、发表而取得的稿酬所得。根据《中华人民共和国增值税暂行条例》及其实施细则关于按次纳税的起征点有关规定，每次销售额未达到 500 元的免征增值税。2018 年末，财政部、税务总局、科技部和教育部四部委下发《关于科技企业孵化器大学科技园和众创空间税收政策的通知》，进一步放宽对国家大学科技园享受税收优惠的限定条件，取消了园区内孵化场地面积、孵化企业数量等要求限制，从而让更广泛的大学科技园享受政策红利，促进了大学科技园的创新发展①。此外，政府根据特殊时期，还会采取相应的税收措施。2019 年新冠肺炎疫情发生以来，国务院采用减税降费政策，支持企业纾困和发展。对涉及科技、就业创业、医疗、教育等 11 项税费实施优惠政策。主要包括：免征符合条件的科技企业孵化器、大学科技园和众创空间孵化服务增值税，对其自用及提供给在孵对象使用的房产、土地免征房产税和城镇土地使用税。免征高校学生公寓房产税和相关租赁合同印花税。自 2022 年 4 月 1 日至 2022 年 12 月 31 日，增值税小规模纳税人适用 3%征收率的应税销售收入，免征增值税。教师转让著作权（含专家、学者授课收入），免征增值税。等等。此外，还有进口免税、捐赠扣除、免征耕地占用税、免征契税、免征房产税、免征印花税（时间段内）等优惠政策。根据国家税务总局的统计，2021 年全年新增减税降费预计超 1 万亿元。2016 年至 2021 年新增减税降费累计超 8.6 万亿元，宏观税负由 2012 年的 18.7%预计降至 2021 年的 15.2%左右。

二、引导性措施

1. 城市规划设计。高水平高标准地制定城市发展规划是一个城市持续竞争力的重要保障，城市规划需要统筹规划建设管理，促进城市功能升级和布局优化，特别是要高标准地制定国土空间规划和总体城市设计等，科学合理地安排人口聚集区、产业分布区、生活功能区等。高校的空间规划是城市规划的重要内容之一。政府通过城市规划来调节教育资源，是转变教育管理方式的重要措施，合理规划高校在城市中的空间布局，预留

① 董淼军，陆震，杨智洁，等. 国家大学科技园税收优惠政策问题探究［J］. 中国高校科技，2021，392（04）：72-74.

土地资源，是高校发展的物质基础[①]。统筹优化产业和教育结构布局，同步规划大学与城市的共同体融合发展政策保障、资源配置、途径优化和项目落地等。城市在进行发展规划设计中，最引人注目的就是城市国土空间布局规划。近年来，城市国土空间布局规划中，都较为一致地划定了高科技产业园和大学城等规划设计，为大学发展、高科技产业聚集在空间上给予了指导。如北京的海淀区，聚集了众多“双一流”高校，还规划了昌平、良乡等外围的大学城，现在部分大学开始迁址雄安新区办学。上海也是聚集了大量的优质高等教育资源，在杨浦区、松江大学城、闵行紫竹科技园，南汇科教园汇聚了上海地区众多知名学府。2000 年初，“大学城”在全国范围内开始兴建，比较知名的包括广州大学城和广州第二大学城、杭州下沙大学城、南京的江宁和仙林大学城、上海松江大学城等。广州大学城始建于 2003 年初，2004 年的开学季第一批共十所高校入驻，包括中山大学、华南理工大学、华南师范大学、广东外语外贸大学、广东工业大学等名校，后来暨南大学、广州医科大学也加入进来，共计 12 所高校。杭州的下沙大学城是浙江省最大规模的高教园区，2000 年 12 月正式启动建设，规划面积 10.92 平方公里，总投资 86 亿元人民币，总建筑面积 480 万平方米，14 所高校，在校大学生将近 20 万人。此外还有武汉的黄家湖大学城、郑州的龙子湖大学城、西安长安大学城等等，这些大学城的建设有力地将大学与城市、产业连接起来，形成了产学研一体化平台和技术创新成果，有利于进一步加快大学与城市高新技术产业的发展。

还有城市规划中，典型的例子就是北京的总体规划设计，在北京市出台的《北京城市总体规划（2016 年—2035 年）》第 42 条，明确高水平建设三城一区，打造北京经济发展新高地。一是以三城一区为主平台，优化科技创新布局。聚焦中关村科学城，突破怀柔科学城，搞活未来科学城，加强原始创新和重大技术创新，发挥对全球新技术、新经济、新业态的引领作用；以创新型产业集群和“中国制造 2025”创新引领示范区为平台，促进科技创新成果转化。建立健全科技创新成果转化引导和激励机制，辐射带动京津冀产业梯度转移和转型升级。中关村科学城：通过集聚全球高端创新要素，提升基础研究和战略前沿高技术研发能力，形成一批具有全球影响力的原创成果、国际标准、技术创新中心和创新型领军企业集群，建设原始创新策源地、自主创新主阵地。怀柔科学城：围绕北京怀柔综合性国家科学中心、以中国科学院大学等为依托的高端人才培养中心、科技成果转化应用中心三大功能板块，集中建设一批国家重大科技基础设施，打造一批先进交叉研发平台，凝聚世界一流领军人才和高水平研发团队，做出世界一流创新成果，引领新兴产业发展，提升我国在基础前沿领域的源头创新能力和科技综合竞争力，建成与国家战略需要相匹配的世界级原始创新承载区。未来科学城：着重集聚一批高水平企业研发中心，集成中央企业在京科技资源，重点建设能源、材料等领域重大共性技术研

① 何明珂．高校在城市中布局的相关问题研究［J］．城市规划学刊，2006（02）：80-86.

发创新平台，打造大型企业技术创新集聚区，建成全球领先的技术创新高地、协同创新先行区、创新创业示范城。创新型产业集群和“中国制造 2025”创新引领示范区：围绕技术创新，以大工程大项目为牵引，实现三大科学城科技创新成果产业化，建设具有全球影响力的创新型产业集群，重点发展节能环保、集成电路、新能源等高精尖产业，着力打造以亦庄、顺义为重点的首都创新驱动发展前沿阵地。二是发挥中关村国家自主创新示范区主要载体作用。强化中关村战略性新兴产业策源地地位，提升制度创新和科技创新引领功能，建设国家科技金融创新中心。加强一区十六园统筹协同，促进各分园高端化、特色化、差异化发展。延伸创新链、产业链和园区链，引领构建京津冀协同创新共同体。支持科技创新成果向全国转移和辐射，推广形成可复制可借鉴的创新发展模式和政策体系。围绕“一带一路”建设实施科技创新行动，加快国际高端创新资源汇聚流动，使其成为全球创新网络的重要枢纽。三是形成央地协同、校企结合、军民融合、全球合作的科技创新发展格局。优化中央科技资源在京布局，形成北京市与中央在京科教单位高效合作、协同创新的良好格局。鼓励高等学校、科研院所和企业共建基础研究团队，开展产学研合作。建设具有国际影响力的现代新型智库体系。建立军民融合创新体系。面向全球引进世界级顶尖人才和团队在京发展，鼓励国内企业布局建立国际化创新网络，使北京成为全球科技创新引领者和创新网络重要节点。四是优化创新环境，服务科技人才。充分发挥中关村国家自主创新示范区改革试验田的作用，形成充满活力的科技管理和运行机制，加强三城一区科技要素流动和紧密对接。完善配套政策，为科技人才工作、生活和科技活动提供优质服务。构建完备的创新生态系统，打造一批有多元文化、创新事业、宜居生活、服务保障的特色区域，为国际国内人才创新创业搭建良好的承载平台。在望京地区、中关村大街、未来科学城和首钢地区等区域打造若干国际人才社区。

此外，上海也发布了《上海市城市总体规划（2017—2035 年）》，广州也制定了《广州市城市总体规划（2017—2035 年）》、深圳市的《深圳市国土空间保护与发展“十四五”规划》等等，这些综合性的一线城市在城市高质量发展的空间布局上都下足了功夫，凝聚了力量。建设大学城、科技园、科技城等等，推进高科技高水平产业发展的一个重要力量就是大学。深圳的规划中明确提出积极推动西丽湖国际科教城打造成为产学研用深度融合示范区，打造世界一流大学城、国家基础研究和应用基础研究高地，重点推进香港大学（深圳）、清华大学国际研究生院、天津大学佐治亚理工深圳学院等世界一流高校和鹏城实验室等重大科研机构集聚。因城市发展的需要，大学与城市的互动也更加紧密，大学已经融入到城市的发展之中。《中国西部（成都）科学城战略规划（征求意见稿）》中，成都提出，在成都市东部新区未来科技城规划建设国际合作高层次办学集聚区。支持高校和龙头企业围绕成都电子信息、智能制造、生物医药、新材料、现代金融等产业发展需要联合设立学科（专业），给予高校最高 2 000 万元补助。鼓励采取“产业功能区+

龙头企业+高校院所”方式创办高水平办学机构，联合开展研究生培养及科研活动，给予高校院所最高 500 万元补助。支持采取“产业功能区+校区”“企业+高校” 联合创办实训（实习）基地，给予高校最高 100 万元补助。支持采取“高校教学+企业实践”“企业提需求、高校出师资、政府给资助”和“校企双导师”方式，联合培养硕（博）士，给予 50%的学费补助。

2. 支持大学发展的指导意见。城市对大学发展的支持，最常见的方式就是通过政府、教育主管部门、职能部门等发布文件的形式，给予大学发展需要的办学资金、支持政策、人才政策等，以此为大学发展提供资源支持和保障。通过文件的形式，引导深化校地合作，促进教育资源、人力资源与产业布局、创新平台等有机衔接，实现城市与大学的深度融合，进而推动两者一体化高质量发展。一是省级层面。从一个地方甚至区域的角度考虑，制定的综合性的具有一定指导意义的文件，强化大学与地方的融合，促进大学与城市的资源要素流动，指导大学与城市的良性互动。如浙江省的《关于全面实施高等教育强省战略的意见》①，提出的目标是到 2022 年，基本建成高等教育强省。到 2035 年，全面建成高等教育强省。高等教育普及化程度达到发达国家水平，更多学科进入世界一流学科前列，若干高校建成世界一流大学，高质量人才培养能力明显增强，高质量拔尖创新人才、高素质应用型人才和技术技能人才结构优化；科研创新能力明显增强，产出一批重大基础研究成果和技术创新成果；服务支撑能力明显增强，高等教育形态和高等学校结构适应科技革命和工业革命发展需要，并有效支撑高水平全面建设社会主义现代化强国；综合竞争能力明显增强，高等教育的生态系统全面建立，高等教育具备较强的国际影响力和竞争力②。大学与城市发展互动方面，意见也提出了完善高校空间布局。全力打造杭州、宁波、温州、金义四大都市区等高等教育重点区域，引导高等教育资源向大都市区中心城市和大湾区重点集聚区布局。同时，提出了推进高教园区转型升级。统筹推进高教园区与经济技术开发区、高新技术产业园区联动发展，推动高教园区创新创业水平、产教融合水平、基础设施水平同步提升。推动高教园区内企业“腾笼换鸟”，腾出空间吸引优质高校、研究机构入驻，推进高教园区内高校与产业、企业合作共建创新孵化器、重大创新平台，打造区域创新创业高地③。二是地市层面。城市政府结合自身发展需要出台的相关意见，促进城市与大学的融合发展，同时吸引更多的人才服务于城市发展，更多的新技术、新工艺应用于城市经济社会，进而促进城市的发展。如山东省日照市以市委、市政府名义出台《关于推进“城市+大学”共同体融合发展的意见》（2021 年），把大学人才优势、学科优势、创新优势与城市资源以及地方、企业发展需求结合起来，加快构建“资源共享、平台共筑、学科共建、人才共用、创新共融”的良性互动格

① 中共浙江省委 浙江省人民政府关于全面实施高等教育强省战略的意见［N］. 浙江日报，2019-01-23（7）.

② 中共浙江省委 浙江省人民政府关于全面实施高等教育强省战略的意见［N］. 浙江日报，2019-01-23（7）.

③ 中共浙江省委 浙江省人民政府关于全面实施高等教育强省战略的意见［N］. 浙江日报，2019-01-23（7）.

局，促进“城市+大学”共同体融合发展，为加快建设现代化海滨城市提供智力支持和人才支撑。还有江苏省盐城市以市委、市政府名义出台的《关于支持驻盐高校发展促进校地协同创新的意见》（2019 年），也提出了非常明确的目标，经过三年左右努力，驻盐高校与地方经济社会发展协同创新机制全面建立，人才培养体系更加完善，科研创新能力明显提升，大学科技园综合实力显著增强，学校发展环境进一步改善。到 2022 年，驻盐高校建成 3～5 个与地方发展相契合的优势特色学科群，拥有博士学位专任教师比例提高 8～10 个百分点，毕业生在盐就业率不低于 30%，新创省级科技创新平台 1～2 个，大学科技园每年孵化高新技术企业 10 家左右，争创国家级大学科技园。还有浙大城市学院是 2020 年 1 月正式获批转设成为公办普通本科高校，2020 年 6 月，杭州市人民政府与浙江大学签署合作协议，全面支持浙大城市学院建设全国百强大学。杭州市给予了众多政策支持，并加大资源配置力度，从多个方面全力支持浙大城市学院提升办学水平，比如，10 年给予 100 亿元经费用于保障高水平学科建设和高质量发展；在国家级人才和学术团队引进方面实行“一事一议”，以项目化的方式给予大力支持。同时，制定了明确的发展规划，通过深化市校合作以创新机制、超常举措在学科建设、师资队伍建设、办学支撑条件等方面支持保障浙大城市学院跨越式高质量发展。第一步，经过五年左右努力，通过与浙江大学共建共享优势学科等举措，扶持浙大城市学院快速提升办学层次，到 2025 年成为博士学位授予权单位，具备若干个博士学位授权点，成为一所办学综合水平与浙江省重点建设大学相当的高水平应用型大学。第二步，再经过五年左右努力，到 2030 年，将浙大城市学院建成一所综合型全国百强大学和全国前十强一流应用型大学。三是县区层面。随着地方经济社会的快速发展，在我国县区引进大学已经不再是“新闻”，虽然没有对大学的管辖权，县区引进大学落地办学的热情却极为高涨，尤其是经济实力雄厚的“百强县”，对大学的渴望极为迫切。据有关调查显示，截至 2022 年 5 月，山东省在县域办学的高校有 67 所，浙江省有 47 所，江苏省有 41 所。第 21 届全国县域经济基本竞争力百强县（含县级市），已有 76 个县有高校入驻，入驻高校（含校区）185 所；其中，排位前 14 的县都有高校分布。杭州、宁波、苏州、青岛、威海所辖的县级行政单位，已实现了“县县有高校”。如浙江大学国际校区成立于 2015 年 10 月，是经教育部批准成立的学院，位于浙江省海宁，占地 1 200 亩，并于 2016 年 9 月正式开学。伴随着独立学院规范设置验收和转设不断推进，更多的独立学院选择到县区办学。浙江财经大学东方学院 2010 年 9 月从杭州市文华校区迁址至浙江省海宁市连杭经济开发区长安新校区，学院占地 938 亩，建筑面积 30 万平方米。2013 年 9 月，浙江农林大学天目学院结束了在杭州市临安区的办学历史，整体搬迁到绍兴市诸暨市，并更名为浙江农林大学暨阳学院，这也是诸暨市的第一所大学，结束了这个教育大市没有大学的历史，新的校区占地面积 500 亩，发展预留用地 300 亩，按 7 000 名学生、500 名教职工的规模建设。同时，诸暨市出台了包括“连续投入六年，每年投入 500 万元支持学院引进人才”等一系列政策，支持暨阳学院发展建设。

3. 建设现代产业学院。现代产业学院是指为了培养适应和引领现代产业发展的高素质应用型人才、复合型人才、创新型人才，以应用型高校为重点，在特色鲜明、与产业紧密联系的高校建设若干与地方政府、行业企业等多主体共建共管共享的产业学院。2020年7月30日，教育部办公厅、工业和信息化部办公厅联合发布《现代产业学院建设指南（试行）》[①]。提出了建设现代产业学院的指导思想、建设目标、建设原则、建设任务和建设立项等基本内容，提出了育人为本、产业为要、产教融合、创新发展的建设原则。现代产业学院作为区域创新资源与校内教育资源整合的新型载体，是学校人才培养链与地方产业链深度对接的关键纽带[②]。现代产业学院以区域产业发展急需为牵引，引导高校瞄准与地方经济社会发展的结合点，不断优化专业结构、增强办学活力，探索产业链、创新链、教育链有效衔接机制，建立新型信息、人才、技术与物质资源共享机制，完善产教融合协同育人机制，创新企业兼职教师评聘机制，构建高等教育与产业集群联动发展机制[③]。通过建设现代产业学院，加强了大学、政府和企业之间的互动联系，多方共同推进创新人才培养模式、提升专业建设质量、开发校企合作课程、打造实习实训基地、建设高水平教师队伍、搭建产学研服务平台、完善管理体制机制等方面的建设任务。

根据《现代产业学院建设指南（试行）》，按照“分区论证、试点先行、分批启动”的原则，培育建设一批现代产业学院。2021年12月10日，教育部网站公示了首批现代产业学院名单，共计49所高校的50个现代产业学院入选。强化高校、地方政府、行业协会、企业机构等多元主体协同，建设科学高效、保障有力的制度体系，统筹各类资源，对现代产业学院建设予以政策支持和资源倾斜，加大对毕业生的就业指导和服务力度，推动稳定发展。实现教育链、创新链、产业链的有效衔接和深度融合，培养符合产业高质量发展和创新需求的高素质人才。现代产业学院建在大学里，实践在企业，服务于地方，真正实现了大学与城市的高质量互动发展。

除了国家层面的强势推动之外，全国各省市也积极落实相关要求，四川首批确定立项建设15所普通本科高校的17个现代产业学院项目和 10个高职学校的省级产教融合示范项目纳入首批建设名单。浙江立项建设21个产业学院为省级重点支持现代产业学院。湖南首批认定13所高校16个省级现代产业学院等等。其中有些现代产业学院因独具特色的办学，获得了先机。宁波工程学院杭州湾汽车学院[④]，2021年入选首批国家级现代产

① 教育部办公厅、工业和信息化部办公厅关于发布《现代产业学院建设指南（试行）》的通知［EB/OL］. 2020-08-11［2022-06-20］http://www.moe.gov.cn/srcsite/A08/s7056/202008/t20200820_479133. html

② 孙振忠，黄辉宇. 现代产业学院协同共建的新模式——以东莞理工学院先进制造学院（长安）为例［J］. 高等工程教育研究，2019，177（04）：40-45.

③ 教育部办公厅、工业和信息化部办公厅关于发布《现代产业学院建设指南（试行）》的通知［EB/OL］. 2020-08-11［2022-06-20］http://www.moe.gov.cn/srcsite/A08/s7056/202008/t20200820_479133.html

④ 杭州湾汽车学院简介［EB/OL］.［2022-06-20］https://jxxy.nbut.edu.cn/xygk/xyjs.htm

业学院和浙江省重点支持现代产业学院。该学院于2014年9月迁入杭州湾新区办学，2016年，与吉利集团共建企业大学；2017年，入选宁波市试点产业特色学院；2018年，组建新能源汽车碰撞安全与轻量化、汽车振动噪声控制、智能制造技术与装备三大研究平台；2019年，获批浙江省高校产教融合示范基地、宁波市协同创新中心、省级重点建设实验教学示范中心；2020年，与企业合作入选浙江省产教融合工程项目建设单位，成为吉利汽车研究院技术供应商。校园环境优美，办学条件设施先进。学院充分发挥地处产业集聚区的优势，深入推进产教融合、校企合作，与吉利集团、中汽研、万都公司等知名企业建立战略合作关系，与吉利集团共建企业大学，努力建设政产学研“四位一体”，校园、产业园、研发园“三园融合”的国内一流的汽车产业特色学院。

同时，还有一些学院根据地方产业特色，有针对性地开展产业学院建设。浙江省诸暨市被誉为“中国珍珠之乡”，这里的淡水珍珠年产量占全国的80%，全球的73%。每年都有成交额高达400多亿元的珍珠产品从这里销往全国及全世界。2020年6月，浙江农林大学暨阳学院与诸暨市人民政府合作共建现代产业学院——中国珍珠学院。以培养珍珠产业技术型、技能型、创新型人才为出发点，助力珍珠产业高质量发展，高水平推进“珍珠小镇”建设，助推诸暨珍珠产业走向时尚化、生态化、国际化。通过珍珠学院特色产业班人才培养。如2021年，在校内开设了珍珠首饰设计与制作、珍珠市场营销、珍珠生态养殖与开发等特色产业班，组织大学生进行课程学习，并赴企业实习。根据《中国珍珠学院奖助学金评比办法（试行）》，大学生在校期间（大三、大四学年）可申请享受每年3 000元的助学金，大学生在校期间（大四学年）可申请享受4 000～10 000元的奖学金。此外，学生在实习期间享受诸暨市政府和珍珠学院合作企业提供的双重补贴。特色产业班大学生毕业后，由珍珠学院合作企业优先录用就业①。通过建设中国珍珠学院，实现了“校、政、行、企”的四方联动，在共同培养创新型、复合型、应用型人才的同时，助力地方产业转型升级，实现大学的学科专业与企业、专业群与产业链的有机对接，与地方产业深度融合发展，真正实现了大学与城市产业的同呼吸共命运，实现共建共享共赢。

三、保障性措施

1. 对大学的考核评价。大学评价是大学和学科建设的风向标、指挥棒，是检验大学和学科建设成效的重要手段②。对大学的考核评价主要是有教育主管部门和举办（主管）单位进行，一般都是代表政府行使相关职能。教育评价是综合性的，内容主要涉及到学

① 中国珍珠学院2021年招生简章［EB/OL］. 2021-09-14［2022-06-20］http://www.zjyc.edu.cn/info/1028/14745.htm.

② 王战军. 创新评估范式 引导大学评价［J］. 教育发展研究，2020，510（19）：3.

校办学的人才培养、科学研究、社会服务、文化传承与创新、国际合作与交流等方面。考核的方式主要是通过听取报告、实地考察、民主测评、查阅资料、调研访谈等形式进行。其一，国家层面的考核评价。中共中央、国务院印发了《深化新时代教育评价改革总体方案》和中共中央办公厅、国务院办公厅印发了《关于深化新时代教育督导体制机制改革的意见》，引导高校遵循教育规律，聚焦本科教育教学质量，培养德智体美劳全面发展的社会主义建设者和接班人。教育部按照文件精神，推进高校分类评价，改进本科教育教学评估，推动提高本科人才培养质量。2021 年 1 月，教育部印发了《普通高等学校本科教育教学审核评估实施方案（2021—2025 年）》①，对“十四五”新发展阶段普通高等学校本科教育教学审核评估工作作出整体部署和制度安排。方案中明确指出要主动适应高等教育普及化阶段多样化发展需求，依据不同层次不同类型高校办学定位、培养目标、教育教学水平和质量保障体系建设情况，提出以评估分类引导科学定位。采取柔性分类方法，提供导向鲜明的两类四种“评估套餐”由高校自主选择，引导一批高校定位于世界一流，建设世界一流大学所必备的本科教育教学质量保障能力，示范引领全国；推动一批高校以学术型人才培养为主要方向，注重科研反哺教学、服务国家和地方战略；促进一批高校以应用型人才培养为主，服务区域经济社会发展，彰显地方特色。同时还要求省级教育行政部门依据国家有关规定和要求，结合实际，负责制订本地区审核评估实施方案、总体规划，报教育部备案。组织所属高校第二类审核评估及推荐高校参加第一类审核评估工作。其二，地方组织的考核评价。地方对高校的考核评价是落实上级要求的重要举措，推进评估分类，以评促建、以评促改、以评促管、以评促强，推动大学建立健全发展质量保障体系。如 2019 年 9 月，浙江省教育厅结合《中共浙江省委 浙江省人民政府关于全面实施高等教育强省战略的意见》，着力引导促进高校在不同层次、不同领域办出特色、办出一流，印发了《普通本科高校分类评价管理指标体系（修订稿）》，构建了详细的指标体系。其中，按照高校分类，指标体系分为具有博士生培养高校、具有硕士生培养高校、学士学位授予型高校和独立学院四类。各类指标体系分为一级指标、二级指标、观察点及评分标准和计分办法 4 部分。各类指标体系的一级指标相同，即包括党建引领、思想政治工作、人才培养、师资队伍、科学研究与社会服务水平、学科专业建设成效、国际交流和学校影响力 8 个一级指标。具有博士生培养高校型共有 8 个一级指标，27 个二级指标，52 个观察点；具有硕士生培养高校型共有 8 个一级指标，27 个二级指标，53 个观察点；学士学位授予型共有 8 个一级指标，26 个二级指标，48 个观察点；独立学院型共有 8 个一级指标，25 个二级指标，46 个观察点。一级指标各类相同但分值不同，二级指标各类按内容不同确定分值及相应的

① 教育部关于印发《普通高等学校本科教育教学审核评估实施方案（2021—2025 年）》的通知［EB/OL］. 2021-02-03［2022-06-20］http://www.moe.gov.cn/srcsite/A11/s7057/202102/t20210205_512709.html.

评价标准及计分办法。

无论是国家层面还是地方层面的考核评价，对大学的社会服务工作都设计了一级指标，特别是成果转化、校企合作等方面都进行了较多赋分，大学与地方、企业的互动对大学本身的评价结果具有较大的影响，因此大学也很重视考核评价的得分情况。因为涉及到大学持续办学的可能性，比如教育部的评估会对大学进行警告，严重的可能会终止办学。地方大学在接受地方考核时影响也是很大，涉及到办学经费、办学资源的获取等，也会影响大学的持续办学后劲。

2. 立体监督体系。政府管理高等教育的模式是由教育内外多种因素综合作用形成的，包括政治与行政体制、高等教育传统、民族性格等。一个国家的高等教育管理模式不能脱其国情而存在，对政府管理高等教育模式的优劣难以做绝对化的论断，应当历史地、因地制宜地考察不同高等教育管理模式存在的条件①。大学的发展是一个治理体系有效运转和不断完善的过程，监督则是大学治理的内在要素，是各种权力在正常轨道运行的保障，也是治理能力提升的保证。对大学的监督是多样的，最主要的是政治监督，此外通过日常监督、经济责任审计等对大学发展过程中涉及的办学方向、人才培养、财经制度等进行监督。政治监督重点围绕贯彻上级精神，还有大学在贯彻党的教育方针、加强意识形态阵地建设、加强思想政治工作、推进教育教学改革、提升人才培养质量方面存在的偏差和问题，以及大学在贯彻党委领导下的校长负责制、坚守政治纪律和政治规矩、坚持民主集中制、“三重一大”事项集体决策、严肃党内政治生活等方面存在的偏差和问题。其他的监督方式主要是紧盯重点领域、关键少数，围绕权力运行各个环节，推动健全规章制度，完善风险防控机制等。强化对大学的监督，可以有效发现和纠正大学出现的政治问题之外，还可以对大学资源要素配置问题进行有效的干预，特别是涉及到人才培养、科学研究和社会服务等方面。大学与城市良性互动是大学治理体系和治理能力的重要体现，其实施效果和实施过程中的执纪监督也是对大学与城市良性互动的重要保障。

四、政府推动模式的主要优势与阻抗

1. 主要优势

（1）宏观调控作用发挥明显。宏观调控作为政府实施的政策措施之一，在调节城市经济运行、大学有序发展等方面，具有重要作用。市场经济体制下，商品或服务的供求关系受到价格规律和市场机制的影响。市场经济带来的都是“双刃剑”，经济快速增长的

① 朱彦臻，蒋凯. 政府如何管理高等教育？——控制模式与监督模式的比较研究［J］. 现代大学教育，2019，175（01）：81-89+113.

同时，可能会造成通货膨胀，也可能会造成经济体之间的不良竞争，而这些都会对生产力发展产生严重影响。经济发展规律具有周期性，宏观调控就是要抓住这样的周期性，主动调节整个经济社会的运作方式，通过强有力的干预，调控供求关系，进而实现经济的可持续发展。根据不同的市场发展阶段，宏观调控政策的力度和方向会有所调整，这个主要取决于市场的成熟度、环境的适应度和制度的合理性等。面对成熟的市场体系，市场经济本身自我调节能力较强，不需要政府过多的干预。如果是不成熟的市场体系，则需要政府加大调控力度。一般主要通过财政政策、信贷政策、价格和汇率等进行调控。一是财政政策调控。常见的方式是通过紧缩性或扩张性财政政策调控经济发展。不同的发展阶段，政府也会采用不同的具体措施，比如我国使用的稳健的财政政策，从经济学角度来看，接近一种中性的财政政策。财政政策一般具有加强的持续性和稳定性，对宏观经济发展具有指向性，不宜经常调动。二是信贷政策调控。主要是中央银行通过信贷去影响市场主体和个人经济行为的调控手段。面对企业投资紧缩、经济增长缓慢的情况，采用放款贷款的方式刺激市场；相反，当企业投资过热，经济膨胀发展，就需要通过收紧信贷的方式，为投资降温。三是价格或汇率调控，价格调控强调的是价值规律，将商品或服务放到市场进行评估，通过市场构建一个合理的价格体系。汇率调控主要是针对的国际经济与贸易，主要是为了更好地平衡国际经济关系。

（2）便于一体化发展整体推动。大学与城市的一体化发展，是在更高层次上的深化合作和共同发展，意味着大学作为城市不可分割的共同体，政府是大学与城市的良性互动的“领导者”，对大学与城市的良性互动具有顶层设计、统筹谋划、整体推进等作用，特别是在政策实施等方面具有绝对的权威性，组织化程度也相对最为完善。大学与城市的互动，涉及到经济社会发展的方方面面，不仅融入城市的有机更新和接受城市的滋养，而且成为重要的城市公共空间和发展引擎。一是在城市规划方面，对于一个城市来说，用活大学的科技资源，带动周边高科技产业发展，形成一个科技园区，进而打造一个城区的产业特色，这无疑是一条可持续的经济发展之路；而发挥大学的人才和文化辐射作用，构建一个充满活力而又和谐宽松的公共社区，则是提升城市综合竞争力的最佳途径[①]。将大学纳入经济社会发展总体规划，在城市规划、空间布局和重点建设中包括大学的重点项目。大学的学科建设、人才培养、科学研究等方面全方位接轨城市发展战略，为城市经济社会发展提供重要支撑。二是在科技成果转化方面。大学是城市最重要经济的增长极之一，是城市硬实力的重要表现形式，大学本身所承载的知识和人才优势对于城市的经济和社会发展而言，是一笔显而易见的宝贵财富。据估算，大学的科研投资所能获得的回报是其他投资的 7 倍左右，大学带来的价值是其他社会机构所不能比拟的[②]。共建共

① 章仁彪，王雁．大学与城市互动：矛盾与对策分析——再论“三区融合、联动发展”［J］．高等工程教育研究，2008，No．110（03）：11-14+38．

② 牛军明．形势与选择：大学与城市互动关系的理性审视［J］．当代教育科学，2017（12）：75-78．

享科技成果是大学与城市一体化发展的重要体现。大学能够在人才、科技等方面给予城市强有力的支持，帮助城市产业结构的优化升级，提升了城市科技创新能力和核心竞争力。三是在人才引培方面。城市与大学的一体化发展也体现在双方对人才的重视和支持，特别是在引进高层次创新人才和领军人物方面的共同努力。利用大学国际交流与合作频繁和城市的人文社会环境，共同创造有利条件，成功引进学术大师和领军人物，这些人才使得大学的学术声誉和发展能力得到显著提升，同时也提升了城市的形象和国际影响力。此外，城市和大学通过战略合作方式，通过沟通协同，聚焦人才培养、科技创新等方面，共同凝炼形成推动城市发展的若干重大项目，从而把一体化发展的理念落到实处。

2. 阻抗

一是容易出现匹配度难以掌握的情况。大学与城市良性互动共生体系的构建，关键在于共生主体间的沟通与协调。参与者之间如果缺乏沟通协调，就会出现无效投入、造成资源浪费。部分政府部门、企业过分强调物质上需求，对于自身长期发展的需求，没有进行很好的梳理，导致大学与城市良性互动的相关政策匹配度不是很高，或者没有得到有效的实施。

二是灵活性不够高。政府行为代表的是一种“权威”，面对多变的市场经济时，政府能运用的市场手段有限，缺乏市场主体的灵活性和专业性。法律法规、政策意见等都是政府主导下的推动手段，代表着政府的公信力、行政权力等，客观要求其具有普惠性和稳定性，由此，很多时候就会缺乏弹性，在一定程度上会对市场主体、大学的行为造成过度的束缚，对大学与城市良性互动的方式、模式，起到一定的限制性，使得企业经营、大学发展等缺乏灵活性和适应性。同时，政府行为的控制力度不断加大，但政府的指导意见、发展规划等往往落后于市场需要，政府干预与现实需求就会出现不协调，政府如果继续加大调节力度，也会导致“政府失灵”的情况出现。

三是易忽视市场规律和教育规律。市场经济运行具有其本身的规律，经济利益最大化是资源要素配置的出发点，而政府措施导向的出发点是资源要素最优化配置，此时需要经济利益的同时，还要兼顾社会效益、生态效益等。资源要素要同时达到利益最大化和配置最优化，是一种理想状态，而在此过程中，由于政府措施的强大约束性，资源要素首先会向政府措施方面进行配置，“看得见的手”的力量就会远远大于“看不见的手”，经济利益就会受到一定的损害，市场经济运行也会因此发生一定的变化，有时甚至出现干预大于其自身规律的情景。教育规律同其他规律一样，具有其自身发展特征的一种变化趋势。教育规律的形成是教育资源要素运行的结果，也是教育内部各构成要素之间相互作用的结果。大学与城市良性互动过程中，政府措施的介入，对教育资源要素的流向、流量等进行了干扰或引导，势必会对教育规律产生影响，而这种影响是深远的。会造成对大学职能的再塑造，大学的社会服务功能会得到很大提升，大学科学研究、人才培养的本身职能，会出现“功利化”的倾向，甚至出现实用主义倾向。大学职能的转变，就会造就新的大学的出现，特别是专业化的大学的出现，与城市的发展会更加密切，但大学办学的持久性和公益性就会受到挑战，大学将不再是“象牙塔”那么的简单。所以，政府措施对市场规律和教育规律会产生较大影响，也是容易造成大学与城市良性互动的很多不确定性。

第三节　以企业为主导的市场引领模式

习近平总书记指出：“在社会主义条件下发展市场经济，是我们党的一个伟大创举。”1978 年改革开放以来，立足我国国情和发展阶段，国家创造性地提出在社会主义条件下发展市场经济、创造性地建立起富有活力的社会主义市场经济体制，我国社会生产力得到飞速发展。我国目前是仅次于美国的世界第二大经济体，我国自改革开放以来，经济飞速发展，城市化水平也不断提升，从低于发展中国家平均水平，发展到目前已经远远超过发展中国家的平均水平。我国的城市化水平从 1978 年的 17.9%，到 2012 年上升到 52.6%，而到了 2020 年，我国城市化水平达到了 63.9%，到目前我国城市数量达到了 687 个。总体上与区域社会经济发展水平相适应，东部发达省份，城市化水平较高，比如浙江省 2020 年常住人口城市化水平达 72.2%，接近发达国家水平。从城市发展史来看，城市是因人而产生的。当今时代，城市越发达，对人才的渴望越强烈，对大学就越渴望。市场引领大学与城市的良性互动，主要是以企业为主体参与其中。企业主要的作用是参与到大学与城市互动的中间，有时候起到桥梁、资源配置的作用。让大学与城市的互动，去“行政化”，朝着符合社会主义市场经济体制发展。这样的互动才能更长久，有了第三方的检验，政策、科技、人才、资金等要素的绩效才能更好地发挥到极致，更加符合现代城市、现代大学的发展趋势。

一、市场经济的多变性

市场经济本身是一个开放的体系，开放是社会主义市场经济的鲜明特征。市场经济作为迄今为止最有效率的资源配置方式，推动社会生产力持续快速发展。同时，由于市场经济存在自发性、盲目性等缺陷，也会使实体经济和金融运行出现无序波动。一是价格波动幅度过大、市场调节失灵的情况。如国内发生的猪肉、大蒜等农副产品价格的波动，市场调节失灵不仅能够引起产品价格波动，也会影响到产量大幅波动情况的出现，造成经济社会失序的问题。二是引发结构的失调。如我国出现过的钢铁、水泥等产能过剩的情况，以及房地产结构性和区域性过剩的情况，这都是由于资本的趋利性导致的产业结构失衡、区域经济结构失衡和城乡发展失衡等问题。三是引发宏观层面的经济危机，如1980至1982年、1997至1998年以及2008年都发生了世界范围的经济剧烈波动，以致形成较大经济危机。

大学与城市的互动，必须在市场经济体制下进行，必须符合社会主义市场经济规律，其自身也受市场经济复杂性的影响。一是易受外界环境影响。当城市面对交通拥挤、住房紧张、环境恶化等问题，城市化地域不断向农村推进，一些大城市的人口和工商业迁往离城市更远的农村和小城镇，使得大城市人口减少，出现逆城市化现象时。所以，大学与城市互动，面对着产业、行业、企业等市场因素，主体之间互动关系错综复杂，需要处理好各方面的资源分配关系，让大学与城市都能够得到快速发展，资源要素得到有效利用。二是参与主体的多样性。首先，大学是相对单一的存在，但也涉及上级管理部门、隶属部门和附属单位等，大学与城市互动时，也要综合考虑这些因素，合理整合资源优势，发挥最大效能。其次，城市本身就是一个复杂的综合系统。城市的经济、社会、文化等包含着更为多样、复杂的参与主体，城市这个复杂的系统，牵一发而动全身，必须要有更高的管理技能和管理思路，城市的发展也是由多种资源要素综合推动的结果。最后，市场引领更加注重资源的高效配置，强调的是资源要素的最大化利用。三是互动方式的不确定性。在市场经济体制下，大学与城市互动的方式变得更加复杂多变，通过市场机制进行调节，大学与城市之间加入了市场要素，其中包括了企业、产业、行业等，其组合方式可以是大学到某一个要素再到城市，也可以是大学到某一个要素，某一个要素再到另外一个要素，通过不停的转换，再到城市之间的互动，互动的方式变得极为复杂。在互动期间，甲方乙方在不停转换，良性互动的具体方式存在很大的不确定性，让大学与城市之间的互动关系通过两种或更多种的方式紧密联系起来，推动大学与城市带动更多的资源要素交换，实现共同发展。

二、资源要素的高效配置

对市场经济而言，它的基本特征是以市场为基础手段进行资源配置，是商品经济发展的高级阶段[①]。以企业为主导的市场引领模式，大学与城市互动的资源要素配置特征与市场经济特征相似，具有自主性、平等性、竞争性和开放性。一是资源要素的流动更加自主。在市场经济体制下，大学与城市互动的主体间都具有独立思考的能力，都会从自身利益出发，能够独立作出自身资源要素交换的决定，呈现出快速流动与难以交换两种极限。一种是当互动的目标或结果，与各互动主体的利益目标一致时，互动主体就会主动交换自身的资源要素，形成高效的要素配置方案，促进大学与城市的良性互动。相反，当互动的结果与其中一方的目标利益不一致时，互动的主体间很难达成资源要素的流动

① 周文，包炜杰．再论中国特色社会主义市场经济体制［J］．经济学家，2019，243（03）：17-25．

交换。二是资源要素的交换更加的公平。市场经济是一个平等的经济模式，只承认等价交换，对各种特殊要求、指令命令都不承认。资源要素的平等交易构成了大学与城市资源配置的基本规律。三是对稀有资源的渴望更加强烈。竞争是市场经济的重要特征，也是市场经济产生和发展的内在动力，市场经济就是风险与挑战的并存。大学与城市互动过程中，企业对资源要素交换意愿与资源的稀缺程度有很大的关系，特别是涉及到资金、人才、科技等，对企业发展产生重要影响的资源要素，很容易形成竞争局面。四是资源要素交换途径更加多样。市场是一个开放的市场，大学与城市互动的主要参与主体（大学、城市、企业）都是置身于市场经济之中，资源要素的交换对象是全市场范围内的主体，资源要素不再受制度性、强制性的要求进行流动，而是根据经济利益的去向流动，只要符合自身利益，都可以进行交换，资源要素配置不断呈现出高效向更高效流动的趋势。

三、合作形式的多样性

企业是市场经济的主体，也是最活跃的市场主体，在经济社会发展中发挥着越来越重要的作用。同时，企业是创新的主体，是推动创新创造的生力军。要推动企业成为技术创新决策、研发投入、科研组织和成果转化的主体，培育一批核心技术能力突出、集成创新能力强的创新型领军企业。[①]企业按照不用的标准又分为不同的企业类型，大学与城市良性互动中，所有的企业都可以参与其中，都能够产生一定的影响，参与主体的多样性，也就造就了合作形式的多样性，但总体上，可以根据参与主体的身份类型，分为校企合作为主型，政企合作为主型，以及校政企协同合作三种主要类型。

（1）校企合作为主型。大学与企业直接合作，城市作为参与者或受益者参与到项目之中，这种类型是最为普遍的合作类型。大学与企业可以在技术研发、人才培养、平台建设、项目联合攻关以及人才就业实习等方面展开合作。借助高校雄厚的科技资源和教育资源，进一步加强企业人才队伍建设，满足企业科技赋能、创新发展的需要。这种合作方式，很容易达成合作共识，大学与企业两个主体合作意愿都比较强烈，能够发挥各自资源要素优势，形成精准对接。对大学而言，可以解决技术成果转化、大学生就业等问题。对企业而言，可以攻关技术难题，通过联合开发和技术转让等手段降低投入成本。此外，企业技术、管理等人员培训可以借助高校平台，再次降低人力资源的投入成本，提升人力资源素质，进而提升生产力。对城市而言，大学的发展增强了城市的活力，在科技、人才等领域都可以为城市发展提供支撑。企业的发展可以为城市贡献税收、GDP等经济指标的同时，还可以吸纳就业、增加居民收入等社会指标的改善，甚至还可以对

① 习近平．习近平谈治国理政（第三卷）[M]．北京：外文出版社，2020.06.

城市生态等产生影响。

（2）PPP 合作模式。政府是城市的管理者、运营者、服务者，城市的发展政府起到重要的作用。政府的治理水平和治理能力影响着生态环境、居住环境和营商环境等，直接关系着整个城市的发展。在市场经济环境下，政府参与市场经济，除了使用政策、税收等手段进行调控之外，政府也通过多种方式与企业合作，助力企业和推动城市经济社会发展，最常见的方式是 PPP 模式。推广政府与社会资本合作模式（Public Private Partnership，PPP）创新对于加快新型城镇化、实现国家治理现代化、提升国家治理能力、构建现代财政制度具有重要意义。在基础设施及公共服务领域通过 PPP 机制引进民间资本、吸引社会资金参与供给，一方面可以减轻政府财政压力，在更好发挥其作用的同时，使社会公众得到更高质量的公共工程和公共服务的有效供给；另一方面将为日益壮大的民间资本、社会资金创造市场发展空间，使市场主体在市场体系中更好地发挥其优势和创造力[①]。由于 PPP 融资模式介入教育领域在法律政策方面的滞后性、教育项目风险评估与管控的复杂性等诸多原因，我国教育 PPP 项目的总体情况并不乐观[②]。随着我国高等教育的不断发展，大学兴建新校区、合作办学、异地办学等也较为普遍，通过采用 PPP 的方式，可以促进伙伴关系的建立、利益效益的共享以及投资风险的共同承担，同时强化社会资本作用、引入新进技术与工艺、提高资源配置效率等取得新成效，这种模式融资渠道将会更加通畅。近年来，大学通过 PPP 方式进行项目建设的案例也有很多。2018 年 4 月，开工建设的济源职业技术学院高新校区 PPP 项目，包括新校区续建工程建设大学生活动中心、汽车实训中心和旅游实训中心，三个项目总建筑面积 6.3 万平方米，计划投资 1.6 亿元。2020 年 9 月，湖北省首家采取 PPP 模式建设的黄冈大学科技园 PPP 项目合同和股东协议签订，中标单位为北京北航星空科技发展有限公司。该项目总用地面积 20 917.11 平方米，总建筑面积 49 977.4 平方米，园区产业定位为软件和信息服务（卫星导航）、新材料、智能制造装备。2021 年 5 月，开工建设的烟台大学科教园区 PPP 项目，中建五局作为投资建设方，该项目是山东省属重点综合性大学、山东省“一流学科”建设单位、山东特色名校工程重点建设的高校项目，规划占地面积 610 亩，总建筑面积 42.5 万平方米，一期规划可容纳学生近 10 000 人，建设内容包括教室、实验用房、图书馆、室内体育用房、办公用房、学生宿舍、学生餐厅、学术交流中心用房等。

（3）校政企协同型。大学、政府和企业正探索集中优势，在产教融合、人才培养、应用研究、联建共建等方面深度合作，推动区域经济社会发展。有学者认为，尽管学校、政府和企业在具体追求目标方面有一定差异性，但从培养理念和人才输出的角度看，人才培养整体上是一种集体利益的体现，不论是学校、政府还是企业，其人才培养最大交

① 刘薇．PPP 模式理论阐释及其现实例证［J］．改革，2015，251（01）：78-89．

② 吕宜之．民办高校融资路径优化与选择策略［J］．教育发展研究，2019，39（05）：60-65．

集还是在于学校输出的人才能满足市场需求，能服务地方经济社会，即校政企合作的共同利益点在于人才供方与人才需方的协调一致，学校在专业、课程及其实践教学内容方面要以企业人才需求与长期发展需求为导向，这也是双方利益分配的基点。而达成合作共识，需要政府回归其本色地位[①]。政府部门可以通过规划设计、对接联系，将区域内大学的教育资源和企业的发展资源进行深入对接，不断深化教育供给侧的结构性改革，为大学、企业能够走在一起、干在一起，创造出有利的政策环境。通过政府搭台的方式，大学与企业进行深入合作，建设校企合作平台和成果转化平台，政府对平台的产出给予政策和税收优惠等方面支持，从而打造出政产学研用示范基地和高水平多方合作战略联盟，推进产教融合成为城市建设中的示范平台。

通过大力促进校政企合作，深化产教融合，更加紧密结合产业企业所需，进而促使产学研服务更加有力，破解行业关键技术难题。通过优化校地合作政策和资源配置，促进教育供方和产业需方紧密协同。对大学而言，需要大学走出学校内部办学的小循环，融入区域产业融合的大循环，持续优化提升应用型人才培养质量和层次水平，为服务区域和地方经济发展提供更高质量的智力支持和人才供给。在此方式的推动下，我国的独立学院得到蓬勃发展。如浙大城市学院的前身浙江大学城市学院，组建学院的三方先期投入分别为：浙江大学以品牌斥资 6 000 万元，杭州市人民政府投入 6 000 万元，浙江省电信实业集团以所属校产斥资 5 000 万元。校董事会由三方代表组成，浙江大学校长出任董事长，杭州市人民政府主管文教卫的副市长担任副董事长，法人代表，浙江省电信实业集团副局长担任副董事长。三方各有办学长处，优势互补。浙江大学具有名校优势，综合实力和潜力可以保证学院的师资队伍、教育质量和管理水平；杭州市人民政府具有社会资源融合优势，产学研合作优势；浙江省电信实业集团具有资金优势、产业优势等。

四、市场引领模式的主要优势与阻抗

1. 主要优势

（1）遵循价值规律，实现优胜劣汰。市场经济下，以企业为主体的经济活动能够遵循价值规律的要求，适应供求关系的变化，通过价值杠杆和竞争机制的功能，把资源要素配置到经济效益较好的环节中去。随着市场化改革的推进，社会生产力获得很大释放。今天的中国已经成为全球第一制造业大国、第一贸易大国、第一大市场、第二大经济体，五百多种主要工业品中有两百多种的产量位居世界首位。是全世界的第一大钢铁工业国、

① 丰云，张向超．整体性治理视角下的校政企合作长效机制构建——以湖南电大行政管理专业实践教学基地建设为例[J]．中国远程教育，2017，506（03）：67-74+80.

第一大汽车生产国和出口国、第一大船舶生产国和接受订单国、第一大海外投资国、第一大外汇储备国、第一大出境旅游国、第一大花卉生产基地，无论是从经济总量扩张、商品销售量呈几何级数增长、市场繁荣供销两旺程度、人民生活水平得以大幅度提高看，还是从所有制结构呈多元化、经济充满活力等各个侧面观察，国家经济实力与人民生活都发生了质的变化，体现了市场经济的无穷魅力[①]。对市场中各种经济信号反映更加灵敏，在生产、交换、供需等方面及时做出调整。同时，在交换过程中，对参与主体施加压力和释放动力，实现优胜劣汰，促使其加强自身变革，不断提高劳动生产效率，加强经营管理，降低消耗，不断提升自身资源要素的价值。

（2）发挥市场主体作用，提升资源效能。市场的主体作用在于对资源要素配置中的决定性作用，让企业、社会资本、新产业新业态主体在市场经济中做好运动员，互为补充、互相促进，形成有机统一的格局。此时，政府要尽可能减少对市场的直接干预，为企业生产经营、参与公平竞争提供更宽松环境，催生更多新企业，充分发挥市场主体作用助力社会经济发展。大学参与到市场经济之中，作为其中的一个主体，将自身的资源要素拿到市场上，由市场进行配置、交换，可以发挥大学资源要素的最大效能，获取最高的经济效益。同时，将大学资源要素与城市、企业需求相统一，此时的要素流转成本降到最低，形成大学发展、城市经济社会发展和企业持续发展的强大动力，将科技链、供应链、产业链全部打通，最终实现三者良性互动、协同共生。

（3）科技成果的快速转化，形成发展合力。要发挥市场对技术研发方向、路线选择、要素价格、各类创新要素配置的导向作用，让市场真正在创新资源配置中起决定性作用。要完善政策支持、要素投入、激励保障、服务监管等长效机制，带动新技术、新产品、新业态蓬勃发展。要加快创新成果转化应用，彻底打通关卡，破解实现技术突破、产品制造、市场模式、产业发展“一条龙”转化的瓶颈[②]。大学与企业合作进行科技创新，可以实现从提出原始概念的提出到实验室的初级成果、拥有成熟技术，在逐步开始实现初级产品最终达到市场化产品。有学者把科技成果按社会功能不同分为基础公益类、共性技术类和专有技术类三类。在此基础上研究不同类别科技成果转化模式，发现基础公益类科技成果转化多采用政府主导转化模式，共性技术类科技成果多采用介于政府主导模式和市场化模式的一种混合转化模式，专有技术类科技成果转化为私人标准多采用市场转化模式[③]。大学的参与使得科技成果转化成现实生产力过程复杂性大大降低，科技成果转化的速度大大提升。一是从科技成果设计之初就注入了生产力应用需求。让大学的实验室，不再是科学研究的“孤岛”，通过企业将政策、技术、市场、资本等各要素在全链

① 黄文忠．从市场化改革的成就再认识价值规律的作用——基于市场化改革成就的视角［J］．福建论坛（人文社会科学版），2020，333（02）：5-14．

② 习近平．习近平谈治国理政（第三卷）［M］．北京：外文出版社，2020：251．

③ 戚湧，朱婷婷，郭逸．科技成果市场转化模式与效率评价研究［J］．中国软科学，2015，294（06）：184-192．

条中发挥作用。二是将大学的科研成果走出实验室，落地转化、服务社会。企业根据自身需求，通过与大学的对接，找到自身需要的科技成果，将大学的知识产权进行转化运用，为大学的知识转化提供路径。三是通过企业与大学共同创新的方式开展技术成果转化，将企业较多的应用技术研究与大学的基础研究相结合，针对新材料新技术等，找到新路径、新方向和新机制，促使平台间的合作能够发挥出各自的资源要素配置优势，加强城市经济社会融通，促进产业结构优化升级。

2. 阻抗

（1）过分强调实用主义容易功利化。市场经济说到底是一种以自身利益最大化作为最基本追求的利益共同体。在市场主导情况下，大学与城市良性互动过程中，有两个最为主要的特点参与的共生主体都追求经济利益最大化和共生主体的各个共生单元也都追求其自身利益最大化。正是这两个最大化，在此状态下的市场经济机制运转中，形成了一个竞争激烈、效率至上的“共生体”，从整体上形成了推动大学与城市互动不断发展的动力和优胜劣汰法则。但是，如果放任对两个最大化的“无限度”追求，就必然导致经济失调，市场秩序无法维持，实用主义和功利化思想不断“扩张”，经济活动就可能畸形演变，社会效益和生态效益等就会磨灭，共生主体之间的欲望吞噬理想，进而城市、企业、大学的心灵、精神、信仰被物化、被抛弃。在发展社会主义市场经济、推动大学与城市良性互动中必须引起高度重视，政府要及时干预，确保城市经济社会发展、大学发展和企业发展等不偏轨、不脱轨。

（2）市场调节也会“失灵”。在市场经济体制大背景下，大学参与到市场经济运行之中，采取一定的手段进行市场化运作，在一定程度上能够有力地推动大学与城市的良性互动，也是高等教育发展的客观需要。但是，现实中的市场经济，由于其调节功能的特殊性，造就了其本身具有一定的不确定性、隐蔽性、盲目性和短期性。而大学的功能实现却具有较长的周期性和反应速度的相对滞后性等特点，由此就造成了大学和市场之间的需求与供应错位。两者之间的巨大反差，加大了市场调节的难度，无法通过市场调节方式达成互动，如果再缺乏有力的行政手段介入，很容易出现“市场失灵”的情况，使人才、专业和科研上的供需平衡往往只是昙花一现，由此，导致大学学科专业设置、科研方向和人才培养的盲目性和短期性。

（3）大学的伪市场化。大学与城市互动过程中，大学除了受到市场等外部因素影响之外，大学自身在市场化的过程中，内部要素也在发生着巨大的变化。从学科专业和人才培养等方面来看，直接带来物质利益和经济效益的专业和研究方向在大学的结构中被过分张扬，大学自身有限的公共资源要素会大量向这些地方流动，而文史哲等人文学科和其他研究型基础学科则受到前所未有的冷落，甚至面临着被边缘化的命运。特别是民办大学，在市场化发展模式下，举办者的办学目的就是以营利为目的。尽管教育法规规定民办高校举办者“不得以营利为目的”，并且从法规实质上迫使举办者只能捐资办学，而不是投资办学。种种法规限制仍然无法改变绝大多数举办者的办学目的是营利的社会事实①。与此同时，大学中的师生关系、校生关系都在发生着变化，特别是一些大学会用“促进学生个性发展与全面发展”的口号，根据所谓的需要，随意地设置专业，随意地放宽对学生的管理，甚至采用放任自流的管理模式，这种情况是对教育发展规律的严重挑战，是对大学培养人才、传播思想、引领社会的严重破坏，其造成的后果是不可估量的。

① 查明辉. 论民办高等教育市场化发展模式的特征［J］. 黑龙江高教研究，2011，202（02）：68-72.

第七章

大学与城市良性互动的策略研究

大学与城市之间有着特殊的渊源与联系，大学的发展基本上都得益于城市的支持与发展，城市也因大学而变得更加富有活力。一所一流的大学能够支持一所城市的发展，一批一流的大学便能够促进整个国家成为引领世界发展的中心，没有大学的城市是没有灵魂的，难以融入城市的大学也仅是“空中楼阁”，很难有长远发展。大学与城市的互动合作是大学和城市得以基业长青的重要源泉，也是世界一流大学产生和发展的关键因素。中国建设世界一流大学必须重点关注大学和城市的关系问题，以中国生机蓬勃的城市化进程为契机，促进大学适应和引领城市发展，构建大学与城市互利共生的新格局①。大学与城市良性互动有着共同的责任使命，是利益共同体。大学不再是一个封闭于城市之中与世隔绝的“象牙塔”，而是围绕城市的发展，在互动中发挥知识与技术服务功能，逐渐成为城市发展的“加油站”。大学与城市由疏离到依赖，在互动中逐渐走向共生共荣②。但在互通互融的过程中，还是存在着不少的阻力。从个体上来看，大学与城市互动主体的个体差异明显，资源要素的价值评价各不相同。从互动机制上看，互动主体间的沟通协调机制还不够健全，资源要素的配置效率有待进一步提升。面对存在的问题，需要良性互动的参与主体，充分发挥主体作用，根据时代环境变化，抢抓发展机遇，积极调动资源要素参与到大学与城市良性互动之中，形成大学与城市的良性互动局面。共生理论对大学与城市良性互动具有较好的借鉴意义，把共生理论引入到互动机制之中，可以分析大学与城市良性互动的共生单元、共生环境和共生模式，为大学与城市实现互惠共生提供路径参考。

第一节　问题导向：大学与城市良性互动的阻力因素

大学与城市的良性互动受到内外部因素的双重影响，从内部因素来看，主要包括大学与城市良性互动主体间的个性特征、组织化程度、沟通协调机制、作用发挥等方面的

① 陈星，张学敏．世界一流大学与城市的共生关系及启示［J］．教育发展研究，2018，462（Z1）：1-8.

② 刘晖，李嘉慧．论大学与城市发展的时空逻辑［J］．教育发展研究，2018，38（05）：1-7.

影响因素。外部因素主要是经济、政治、科技等不断发展变化的影响，包括国际经济政治环境影响和国内经济转型发展压力等，同时还包括对发展环境影响较大的国际地缘政治冲突事件，公共卫生事件等。外部因素具有普遍性、变化性和不可控性，同时对内部产生一定的影响。通过分析主体间的内部要素对良性互动的影响，以便更好地应对外部环境变化。

一、互动主体的特征差异，导致资源要素交互存在不确定性

大学、政府、企业作为大学与城市良性互动的最重要的三个参与主体，在组织目标、功能熟悉、发展规律等方面都存在着差异性，个体特征的不同，也造就三者在推动大学与城市良性互动上存在明显的差异。在推动城市发展、高等教育发展的过程中，三个主体会从自身立场出发，采取有利于自身发展的行动。主体间的行动方式，对大学与城市良性互动资源要素配置的目标实现产生不同的影响。

1. 组织目标对大学与城市良性互动的影响

大学的目标主要是实现人才培养、科学研究和社会服务等大学职能；政府的目标主要是经济社会的全面、高质量发展；企业的主要目标是获取经济利益。综合来看，三者在组织目标上存在着差异性。当面对相同的问题时，需要三者作出决定的时候，他们就会考虑不同的组织目标。当面对目标较为一致的行动，就会采取积极主动的措施；面对目标一致性不是很高但也不影响组织目标实现的行动，就会采取跟随性的措施；当面对目标不一致的行动，就会放弃采取行动，甚至采用抵抗的行动。

组织目标决定了大学与城市良性互动的行动方式。大学实现组织目标和自身功能的主要方式是教育手段，人才培养的过程就是教育的过程，通过使用教学、科研、实践等手段，将知识传输给大学生或教师，实现教育价值。大学与城市良性互动过程中，大学的资源要素与自身职能都有着较强的行动意愿，所以大学的行动方式是积极的，有时候甚至存在一定意义上的主体作用，大学会主动发起相关活动，寻求政府和企业的支持。政府作为管理者，其行动方式主要是行政命令、法规等强制性、宏观性的指引，而且具有很强的权威性和指向性，对大学与城市互动发展有很强的指导性意义。企业的行动方式主要就是经济领域，从事生产、加工、销售、服务等经济活动，对大学与城市良性互动的经济类活动具有很强的参与意愿，但对于纯粹的奉献性的支出，具有一定的消极态度，只能依靠其自身的社会责任和道德约束迫使其参与其中。

2. 功能属性对大学与城市良性互动的影响

大学最基本属性是教育性，大学最基本的职能是人才培养，这里的人才至少包含两类人才，一类是根据社会发展需要培养的高级专业人才，还有一类的知识传播和延续需要培养的高级研究人才。此外大学的属性还包括了政治性、学术性、文化性、服务性等

方面。政府是代表国家行使行政权力的机构，行政职能是其最主要的职能，依法对国家和社会公共事务进行管理时应承担的职责和所具有的功能。政府职能反映着公共行政的基本内容和活动方向，是公共行政的本质表现。所以政府职能最突出的属性是公共性，是面对所有社会群体和阶层的，提供具有普遍性、公平性和普惠性的高质量公共服务。此外政府的属性还有法定性、强制性、执行性和动态性等属性，其中法定性和强制性也是较为普遍的功能属性。企业是经济组织，主要从事的是商品生产和商品流动的经济活动，所以，企业最首要的属性是经济性。企业的经济属性，主要是通过企业自身的商品、服务等交换从货币实现的，营利是其首要目的。企业的经济性是从企业的营利水平来体现的，构成企业的一个根本性的标志就是营利，其资源要素进行交换的目的就是利益的最大化。此外企业还具有一定的独立性，自负盈亏是最好的例证。功能属性影响着大学与城市良性互动主体间的价值取向，进而决定了资源要素的流动倾向。大学与城市良性互动主体三者不同的功能属性，注定其在资源要素流动时具有一定的倾向性，促使其采取最有利于自身功能属性实现的资源要素交换途径。

3. 发展规律对大学与城市良性互动的影响

大学的发展规律与大学所肩负的使命和具备的职能紧密相连，大学的使命在不同的历史时期呈现出不同的特征，往往与当时的国家命运相关联。和平时期的大学，与国家的经济社会发展相关联，这是大学使命的鲜明特征。大学职能是一个不断演变的过程，伴随着大学“走出象牙塔”，大学的职能已经不仅仅局限在围墙之内，也不是为一些权贵服务的工具，大学职能已经与经济社会发展紧密相连。大学的发展规律就是一个不断互动、融合、共享、共生的过程，与所有的积极要素都能形成教育的实践，推动大学不断发展。政府的使命除了为广大市民提供优质的服务之外，最主要的使命就是贯彻落实执政者的执政理念和施政决策。政府跟随社会发展，但又高于社会发展，其发展规律具有前瞻性。政府需要城市高质量的发展，通过大学与城市良性互动调动所有积极的要素投入城市发展、社会进步。企业是一个经济循环体，发展规律就是市场经济规律的体现，其自身发展又反作用于市场。大学与城市良性互动中涉及到的所有经济活动，都能调动不同类型的企业参与其中，这也是企业的动力源泉。大学与城市良性互动过程中的三个主体发展规律虽各不相同，但其发展过程中的资源要素能够在良性互动中产生促使其发展的动力动能，对其自身的发展也能形成良性影响，促使其内部单元的良性运转。

由于互动主体间的差异性，对大学与城市良性互动产生影响的因素还有很多，比如，思想理念上的不同。受到传统理念的影响，大学还是以培养人才为主，过多地参与社会事务会被认为是“不务正业”的行为，其自身缺乏主动参与城市发展内在动力。政府也还是管理者的身份自居，对城市发展的涉及的各个方面，还是喜欢使用最直接的行政命令的方式进行解决，考虑问题也是“指令性”思维，对促进城市与大学发展相融合，顶层设计和搭台唱戏思考得不够，行动也缺乏动力。企业的思维模式与大学、政府有很大的不同，对社会责任、伦理道德等因素考虑得偏少，更多的还是经济思维，获利为主。此外大学提倡的“学术自由”，往往被误解为“自由”学术，科研人员根据自己的喜好开展一些研究，考虑经济社会发展的因素不多，当自己的研究无法得到社会认可时，往往“怨天尤人”，自叹“生不逢时”。其实，他并没有意识到，恰恰是其自身的思想理念违背了“学术自由”的本质。其二，隶属关系的影响。由于历史和法律规定等原因，在我国大学主要由国家和省级两级进行管理，大部分城市对大学没有直接的管理权，大学的行政级别基本上也都是厅局级以上，也就存在有的大学在一座城市里，但其隶属于上一级单位，这个城市的政府对大学没有管理权，行政级别上甚至高于城市。当前，大学又特别看重自身的行政级别，有时不会主动放下架子与地方城市合作，担心降了“级别”，因此，在较长时间里大学从城市获取的资源就非常有限。除了大型国企、央企和股份制企业外，一般的企业基本上没有隶属的概念，个别开办有分公司形式的企业才会存在一些隶属关系的公司。归根到底，企业存在的主要目标是获取利润，参与互动的积极性与获利多少直接相关。其三，考核评价的影响。大学的考核指标由教育主管部门制定，主要是根据大学的使命、职能等下达的目标任务的考核。针对大学与城市之间的指标设定只能在部分指标里面体现，大学自身参与城市的互动在考核上得不到体现，特别是涉及为城市提供的一些无偿的服务方面，以及人才支撑方面，很难有一个量化指标，进而降低了大学参与城市管理、城市发展的热情。政府部门的考核也更倾向于经济、社会、生态等指标，鲜有涉及与大学互动的指标，所以政府部门同样也不会有太大的积极性，更多的还是职责内的工作为主。综合来看，大学与城市良性互动主体间的个体差异对互动效果产生着巨大影响，特别是影响着大学与城市良性互动关系的稳定性、可持续性等，大学与城市的良性互动需要充分考虑、分析参与主体的资源要素属性，积极调动有利因素，实现大学与城市良性互动。

二、互动主体间沟通协调机制不健全，组织化程度不够高

大学与城市良性互动体系的构建，关键在于互动主体间能够形成资源要素的良性互动，互动的起点在于相互之间的沟通与协调。首先，参与者之间如果缺乏沟通协调，就会形成各自为战的局面，资源要素的无序流动，导致资源浪费、资源效能不高。在城市发展的现实中，政府易陷入以“输血式”“灌输式”为主的“主导者”角色，常见的做法是发布行政命令的方式，代替城市发展规律和市场规律做选择，对城市发展做出过于“一刀切”“理想化”的规划设计，造成城市发展同质化现象严重，缺乏“本色”。甚至会出现无效投入和重复投入，造成资源要素浪费。其次，大学则只会根据自身发展或政府指令办事，对城市发展需求缺乏调研，强行将知识、人才、科技等要素流向城市，造成“水土不服”，造成大量的资源浪费，还会影响社会上对大学的信任度。最后，还存在市民对

科教兴国、人才强国等丰富内涵、战略意义认识不足，部分市民过分强调物质需求，对于自身长期发展的需求缺乏一定的思考。

长期以来，大学与城市互动关系的组织化相对比较单纯，没有构建起完整的组织体系框架。一是大学主动服务城市经济社会发展的内在动力不足。大学办学主要精力还是集中其自身建设，尤其受到评价导向的影响，主要是在加强人才培养质量、强化学科专业建设、提升科学研究水平等方面。大学的办学经费基本上依赖于上级单位的拨款，所在城市本身对大学的办学投入比较有限，大学服务城市，参与社会服务多数是“志愿”“无偿”的形式去服务，基本上以送科技、送人才为主，很难调动教师积极性。因此，以学校为主体组织的服务地方经济社会发展的队伍相对偏少。二是组织化建设程度参差不齐。在推动城市经济社会发展方面，政府的组织化程度优于大学组织化程度，在调动全社会要素方面还有一些欠缺。自实施产教融合以来，政府牵头对产教融合、校地合作项目进行了顶层设计和整体规划，相较于政府而言，大学的组织化程度相对偏低。大学大多数还是依托科技队伍等开展一些技术服务的工作，呈现出碎片化和分散化特征，导致大学整合科技资源的组织优势难以发挥，学科专业集团化优势无法施展，经常会陷入短期化、表面化、效果差的困境，很难达到资源要素的最优化配置。三是大学对接政府机构、企业等需求合作机会的主动性不够。城市发展涉及的面广人多，大学所能够提供的资源要素是有限的，组织协调更多的教育资源是推动城市发展的有效途径，高校间、高校与研究机构、高校与企业等协同服务城市发展缺乏统一组织。

三、资源要素难以对等交换，配置效率有待优化提升

大学与城市的良性互动核心是资源要素的流动与交换。大学拥有人才培养、科学技术等资源，城市拥有区域空间、产业聚集等资源。两者通过一定的形式，进行资源要素的有序流动、交换是完全有基础、有条件、有责任的，这样可以实现大学与城市的优势互补、资源共享。现实中，大学与城市的良性互动还是存在一些薄弱点。一是互动主体对资源要素的价值判断各不相同，缺乏普遍认可的评价体系。城市在不同的发展阶段，对自身的资源要素评价有很大的区别。如土地资源，早期作为一种可赠予的资源，城市将土地赠送给大学进行办学，也出现了较早时期的“赠地学院”。到如今城市的高速发展，城市已经发展到了寸土寸金的地步，此时，大学的办学，往往被规划在大城市的卫星城或郊区，此时的土地资源更多的是通过市场进行价格估计，实现大学与城市资源的交换。但诸如人才培养后到城市的贡献度，政府相关政策对大学的影响等，很难进行衡量，各方在进行“谈判”的时候，就很难有一个统一的标准，大学与城市良性互动之间的参与主体，无法根据市场规律做出相应的价格估算，资源要素的流动和交换变得“不对等”起来，会出现所谓的总有一方“获利”的情况。此外，对资源要素发挥的作用，参与主

体会根据自身获利情况进行判断，很难给出准确的评判，大学与城市的良性互动评价总是在不断地“左右摇摆”，很难形成一致的评价体系。二是资源要素流动的干扰因素过多，交换速度、实际效能受到影响。大学与城市良性互动的资源要素流动，大部分时间不是“大学到城市”或“城市到大学”的流动方式进行，而是以“大学到中间介质到城市”“城市到中间介质到大学”的流动方式进行，中间介质是由市场中的各要素组成，企业是参与最为频繁、最为密切的。大学与城市良性互动过程中的资源要素流动经过的中间层级层次越多，该资源要素在良性互动上价值就越难体现。比如，大学的人才资源要素推动城市经济社会发展的过程中资源要素的流动受到很多因素的影响，较为复杂，甚至漫长。大学培养出来的人才，到企业工作，推动企业的技术创新或变革，该项技术又推动了企业的发展，企业的发展对城市进行“反哺”，如积极纳税、促进就业等。企业得到发展的源头是大学的人才培养，但在企业促进城市发展的情况来看，却看不到大学的贡献。政府出台的法律法规、规划意见等除了最直接的针对大学发展的之外，还有一些针对经济社会发展的，也会通过各种方式反馈到大学。这些资源要素的流动也会受到中间介质影响。进而影响大学的发展。三是供求关系复杂，缺乏稳定的资源要素交换机制。供求关系是一种互相联系、互相制约的商品供给与交换的关系。大学与城市良性互动中，资源要素一方面是按照供求关系进行流动，另一方面由于资源要素的特殊性，资源要素并非按照市场规律的供求关系进行交换。价格因素对供求关系产生影响最为直接，大学资源要素的人才因素，受总数控制，不会因为市场价格的变化，改变供应数量。政府受法律性约束的资源，也不会因为大学发展需要，给予更多的资源配置。同时，用于城市经济社会发展的科学技术要素，除了大学之外，还有企业、科研机构等给予支持，其资源要素流动也会根据供给方的不同发生变化，大学与城市之间资源要素流动交换机制变得更加复杂。

第二节 解决策略：大学与城市良性互动策略

大学与城市的互动方式很多，根据不同的特点，主体间也会存在不同的互动策略。无论采取何种方式何种策略，都是基于大学与城市之间紧密相连的互动关系。任何一所大学和其所在的城市必然有着血脉相连的关系。借助城市的发展将高校的资源优势发挥到最大将高校的影响扩展到最广。同时高校以自己的资源、人才优势加入到城市的发展之中促进城市的发展和对外的交流提升城市竞争力[①]。大学与城市的良性互动有着多样的动力来源，其主要是资源要素的供求关系，国内外环境也推动着大学与城市在多个领域

① 曾典，刘知己．从中国矿大的发展看大学与城市的交融与共生［J］．山西建筑，2006（01）：27-28．

开展合作。互动主体间能够进行有序、高效的资源要素交换，使得大学与城市之间确定了良性互动关系。从西方大学与城市间的关系当中，最值得我们借鉴的是大学有所为又有所不为的策略。所谓有为，即从求知和人类、社会责任担当角度，发挥自己的学术资源优势，关注城市现实问题解决，有所不为的方面是淡化作为商业投资者角色[①]。大学与城市良性互动中，涉及的资源要素很难形成绝对的等价交换。在不同的发展阶段，资源要素的交换过程就需要对参与大学与城市良性互动的主体进行分工协作，让大学、政府、市场明确自身所处的地位，应该发挥的作用，通过采取不同的策略，优化大学与城市的良性互动路径。

一、大学与城市良性互动的动力来源

1. 国内外环境为大学与城市良性互动提供强大的“推力”

当前，国际形势复杂多变，国际竞争深刻变化。既要把握世界多元化多极化快速裂变的世界大势，又要高度关注世界大国之间深入调整的态势。同时，既要把握经济全球化竞争化日益复杂的局势，又要重视不断演变的世界经济格局。我国经济体量大、回旋余地广，又有超大规模市场，这是应对冲击和挑战的底气所在。面对“多重压力”，中国运用各种经济政策、手段、工具，激发各类市场主体活力，塑造增长内生动力。需要引起关注的是国际环境总体稳定，但国际安全挑战错综复杂。各种文明交流互鉴、互通共享，但也存在不同思想文化之间的现实碰撞。把握世界发展大势，用好发展资源，才能够实现与世界的同频共振，才能更好地助力国家走向世界，推动全球经济社会的和谐共生。

谋大事者必先观大势。复杂多变的环境，要求大学与城市高质量发展。需要学会观察形势、认识形势、掌握形势，并能够科学准确地制定发展策略。从发展历史上看，中华民族已经从站起来到富起来的伟大飞跃。这是在极其复杂严峻的国内国际形势下，经过长期艰苦卓绝的斗争实现的。我们已经站在新的历史起点上，迎来实现中华民族伟大复兴的光明前景，但前进道路上必然会面临各种难题和挑战，需要我们勇于从国内国际结合的战略点上，不断提升自我变革和敢于斗争的能力，努力走在世界的前列。从全球化上看，世界正处于百年未有之大变局，和平与发展虽然仍是时代主题，但是，从全球看仍然存在着各种乱象，也反映出还有许多需要解决的问题。城市化发展进程中，仍有很多亟待解决的问题。大学作为人类知识的聚焦地和传播地，大学参与到城市化，助推高质量城市发展的作用仍需发挥，同时，大学自身的发展也是一个新的挑战。从主体关系上看，我国正在不断走近世界舞台中央，我国经济社会的发展与外部世界的联系更加

① 阎光才. 大学与城市、社区间关系的历史与现实［J］. 比较教育研究，2006（06）：24-30.

密切。我国的发展对世界的影响在不断加大，世界对我们的影响也在不断加深。未来的城市去向何处，大学发展与城市发展的融合，都会起到很强的引领作用。这也要求我们把自己发展好，给世界带来更多地机遇，更多地参与到世界范围的城市与大学的治理之中，为世界上的大学与城市发展提供更多地范例与优化路径。

国家战略的实施为大学与城市互动提供了结合点。国家战略是筹划指导发展国家的实力和潜力，以实现国家发展目标的方略。它是包括政治、经济、社会、科技、文化、国防等各个领域的战略。在我国实施的国家战略涉及生产、生活的方方面面，包括科教兴国战略、人才强国战略、创新驱动发展战略、区域协调发展战略、乡村振兴战略、军民融合发展战略等等。大学需要主动对接国家重大战略与城市经济社会发展需求，充分发挥特色优势，着力探索把国家需要、区域经济社会需要变成学科优势或特色，把国家战略实施过程中的困境转化为科学研究、人才培养的强点、优势，并以此形成大学的核心竞争力，为服务国家战略和地方经济社会发展作出了积极贡献。城市发展要立足新发展阶段、贯彻新发展理念、构建新发展格局，切实加强城市规划建设管理，加快建设国际化、绿色化、数字化、人文化的城市建设，进一步提高竞争力、增强带动力，在服务国家战略中展现更大担当、发挥更大作用。由此，大学与城市都有服务国家战略的责任使命，也都是重要的参与者和实施者，只有融入到国家战略和经济社会发展，才能确保大学与城市的发展方向同我国发展的现实目标和未来方向同力同行、同频共振。

新技术革命的冲击促使大学与城市加强互动协同。随着第四代工业革命浪潮的到来，特别是以互联网技术为代表的新技术、新产业对生产生活带来巨大改变，有些颠覆性的新技术的出现，更是促使人类认知的改变，也造成了一些传统企业、行业的变革与消失，社会发展的很多方面已经不再是按照之前的周期性规律进行，而且有的变化周期更迭得越来越快。大学功能的实现也面临着巨大的改变，原有的人才培养方式基本上以“培养什么向社会输送什么”，近年来，加入了城市、企业需求的因素，开设了一些联合培养班、企业班、订单班，但还是大学里面很小的一部分。新技术革命的到来，逼迫大学作出改变，要按照“你需要什么，我就培养什么”“培养一段时间，锻炼一段时间，再回校学习”等方式进行，大学的学制、学分等固定结构都将面临变革。城市发展已经不再是过去的“高楼大厦、车水马龙”，城市的发展空间已经逐步外延，新技术革命，不需要占据城市建设的“中央”，但却在城市经济社会的“舞台中央”，并对城市的发展起到变革性的影响。新技术革命时代的到来，需要大学与城市作出改变，采取更加积极、主动的姿态去迎接新时代的到来，促进大学、城市与时代的共同进步。

2. 城市高质量发展需要大学注入“活力”

城市发展，特别是城市的科技、经济、社会发展是适应新形势新常态的内在要求，推动城市发展，强化创新驱动是关键，重视提升城市发展质量、综合实力和竞争力。当前，城市发展普遍存在城市结构不合理、发展动力后劲不足等问题，这些问题不解决，我们的城市就缺乏持续发展的动力，后发先至也只能成为一句口号。大学作为城市的人才聚集地，具有学科专业优势，代表着城市学术的最高学府。大学对于城市发展、人才培养和科技创新有着义不容辞的责任。大学通过自身的人才培养的改革，科学研究的加强，不断提升服务地方的能力，并根据经济社会的需求更新大学发展理念，真正促进大学与城市的良性互动，为城市发展提供高质量的人才、高水平的科技和持续的“活力”。一是优化城市结构。城市的快速发展与扩张，使得城市发展很难十全十美，总有一些不尽合理的地方。表现在产业、人口等结构方面，产业结构是一个城市经济发展重要指标，城市建设普遍存在“因产业兴而兴、因产业衰而衰”的现象。城市的产业结构要主动适应新形势新要求，主动进行转型升级和迭代升级，产业结构布局不合理，发展水平不够高是城市存在的普遍性问题。人口结构方面，主要是年龄结构和聚集效应，目前老龄化凸显，城市劳动力的可持续性有待进一步提升，人口分布不均，城市中心聚集的年轻人相对较多，而具有活力的生产企业往往聚集在郊区，城市服务业与制造业布局的不合理，导致城市人口分布存在块状分布的特点，但总体上，人口的集聚性绩效没有发挥出来。二是为城市发展输送动力。近几年，很多城市陆续实行经济转型升级，丢掉了占用土地多、人工成本高的工业和制造业，转而进行金融、零售、高科技等高利润产业。从市场经济角度来看，追求利益最大化是无可厚非的事情，但是，从长远来看，还是隐藏着一些问题，比如人员的流失，实体产业转移后只能依靠“外援”“进口”的问题等。人才也是城市发展的重要推动力，而高精尖人才的培养并非一朝一夕能够完成的，需要投入大量的时间、资金等。科学技术是第一生产力，创新驱动是最有效的助力方式，创新实践中，一项成熟的技术，从设计开发到实验试验再到投入使用，需要经历漫长复杂的过程，往往会伴随着风险与挑战。此时的城市，由于内生动力的不足，很难鼓起勇气进行大的改革，实现新的转型。三是沉淀城市文化底蕴。文化是城市发展的“软实力”。文化建设能够为城市发展注入新的活力，也是现代化城市建设的重要内容，一个城市文化建设的水平高低常被用作衡量城市建设水平的标尺，所以文化往往是经济指标外的最重要指标。整体上看，我国城市都具有一定的历史积淀，不少城市还是“古都”或“历史文化名城”，为城市建设特色鲜明的文化符号奠定了极佳的基础。在看到部分城市拥有文化建设的优势时，我们也应当看到其文化建设的不足之处，而最为直接的，就是地方经济与文化建设之间还不够匹配，经济发展对文化的支撑作用还不够明显。

解决城市结构不合理、动力不足、底蕴欠佳的问题，最直接最有效的方式就是升级产业结构、加强人才引育、加大科技创新投入和加强文化传承与创新，而这些工作大部分是大学职能可以支撑的。大学的发展水平往往被用作衡量一个城市经济社会文化发展水平的重要参考，也是一座城市发展的“形象名片”。大学与城市的良性互动可以帮助城市解决发展中的困境问题，不断提升城市发展质量，优化城市经济社会发展结构。

3. 大学高水平发展需要城市提供“动力”

党的十八大指出“把立德树人作为教育的根本任务，培养德智体美全面发展的社会主义建设者和接班人”。突出教育的重要位置，提出并实施了科教兴国战略、人才强国战略和创新驱动发展战略，我国的教育体系、教育规模得到空前改观，人口大国逐步向人力资源强国转变，为社会主义现代化建设提供了强大的人才支撑和智力支撑。大学为国家培养各个行业领域的专门人才，不断满足经济社会发展的人才需求。大学作为重要的创新力量，创造了大量的科技成果。而城市资源要素的变化对大学的生源结构、办学定位、专业和课程设置、人才培养方式等产生重要和深远的影响。从教育发展规律上看，大学已经从中世纪游离于社会之外的“象牙之塔”变为当今时代社会进步的“动力源泉”，大学总是通过解决重大技术难题攻关，服务国家重大战略和区域经济社会发展。大学还在通过不断突破人类知识的边界，与城市市场产业的良性互动和协同发展持续提升治理水平，大学与城市之间无时无刻不在进行信息、能量、技术等资源要素的交换，大学发展离不开城市，城市也离不开大学。从大学肩负的使命来看，“为党育人、为国育才”是大学的使命担当，大学是人才培养、科技创新的聚集地，在建设创新型国家中承担着重要的使命，肩负着不可替代的历史责任。一所大学体现了一个城市的精神气质。一所大学涵养了一座城市的市民素质。进入新时代，社会主要矛盾的变化，使得人民群众对更高质量的教育和更加丰富的精神文化生活的需求与日俱增。高水平的大学建设，需要提升大学服务经济社会发展的能力，不断增强国家的核心竞争力。从大学职能上来看，一般来说，大学具有人才培养、科学研究、社会服务、文化传承创新和国际交流合作的重要职能。城市的发展需要大量的人才、科技支持，同样作为回报，城市会为供给者提供丰富的报酬。大学必须通过改革，不断提升人才培养质量、科学研究水平、社会服务能力等，促进所在城市经济社会发展，并实现大学自身的内涵发展。高水平的大学建设，必须积极关注现实、服务现实，这样大学的职能才能得到最有效的发挥与实现。

以学术为业是大学永恒不变的使命，而学术服务于社会是大学不可回避的时代使命。任何反对、拒绝、逃避与城市合作的举动都是不切实际的，期望大学仍处在象牙塔而对城市发展、国家经济、社会环境的变化所赋予的诉求置若罔闻更是失策之举[①]。无论是大学肩负的使命，还是大学职能的实现，大学与经济社会发展相结合是解决大学发展问题的关键，大学与城市形成良性互动，大学所具备的资源要素优势与城市经济社会发展的各个单元相结合，形成助推城市发展的重要力量。当然，城市能够为大学使命、职能的实现提供办学资金、配套设置，一座城市的发展是吸引高层次人才的关键因素，同时为大学师生提供创新创业平台、就业岗位等。此外，一座城市的文化基因往往对大学的发展产生潜移默化的影响，进而成为大学的办学特色和文化底蕴。大学与城市的良性互动，

① 杨九斌，卢琴. 二战后美国研究型大学与城市互动的历程考察［J］. 教育学术月刊，2022，354（01）：11-18.

城市资源要素对大学发展具有重要的作用，为其源源不断注入“发展动力”，使得大学在完成自身使命的同时，还能够不断创新发展、高水平发展。

二、大学与城市良性互动的关系确立

良性互动的关系确立需要具备一定的必要条件和充分条件，资源要素的流动促使大学与城市良性互动关系的确立。经济社会发展过程中，大学与城市都需要调动、协同、融合自身优势的资源要素，促使其互动关系转化为良性关系需要满足的必要条件，即两个主体形成良性互动机制。大学与城市之间的信息流、能量流、物质流、技术流等通过两种方式进行频繁流动，一种是两者之间的直接资源要素流动，一种是通过中间介质的间接资源要素流动。在此过程中，良性互动的充分条件是大学、城市能够将物质、技术、信息等进行交换流动，进而形成推动良性互动的能量。

资源要素的流动、交换、反馈机制促使良性互动关系的确立。近年来，随着产教融合的不断深入，大学与企业之间进行了较为频繁的互动，在人才培养、科研成果转化等方面进行了较多的合作，二者之间的能量流、信息流、技术流、人才流等得到了充分的流动。企业是市场经济的主体，在引领经济社会发展发挥着重要作用，为大学产教融合、协同发展注入大量的资金、岗位和平台等能量。大学是创新技术和人才培养的高地，为企业发展提供了大量的人力支持和技术支持，产教融合也促使企业经济获益，进而推动城市经济水平的提升。市场经济的调节作用不是万能的，总难免会有“失灵”的时候，此时政府的宏观调控功能，就可以像“舵手”一样，为市场经济、产教融合指明方向。需要大学与企业及时将相关问题通过信息流及时反馈给政府部门，让城府部门快速做出反应，及时调配资源和调整政策措施等。大学与城市的良性互动需要充分发挥大学、政府和市场的协同作用，通过这种互动协同机制，大学、政府、企业三者之间的资源要素有序流动，形成一个良性互动的资源流动、交换、反馈系统。同时，从供给的角度来看，相比于政府单一主体推动经济社会发展，大学的参与，将高校的知识、人才、科技、思想等进行产教融合，可以有效提升经济社会发展中在教育资源整合、科技创新支持、人才培养等方面的建设效果。城市的实施目标、建设进度和完成情况等，通过政策、资金等方式对大学、企业进行指导、调控。由此，在推动经济社会发展的过程中大学与城市的良性互动关系成立。

三、大学与城市良性互动的路径选择

城市是大学的资源，大学是城市的资源，大学与城市在资源特质上存在巨大差异，这种差异性构成了大学与城市在资源构成要素上的互补性依赖关系。大学与城市互补性的资源依赖和资源流动不等于大学的寄人篱下或城市的高高在上[①]。大学与城市的良性互动就是资源要素流动交换的过程，良性互动包括了大学、政府、企业等主体要素，同时包括了人才、知识、技术、土地、税收、住房、交通、教育、环境等资源要素，大学与城市的资源要素之间相互联系、相互制约，又相互作用。选择不同的资源要素流动交换路径，影响着城市发展定位、方向等，同时，不同的路径也决定了大学的类型和发展。大学与城市的良性互动还受到政治环境、经济环境、技术环境、社会环境、文化环境和生态环境等影响，是整个社会运行机制的组成部分。

1. 强化顶层设计，充分发挥政府引导作用

大学与城市互动，政府引导推动是最常见也是最有效的方式，政府是推动大学和城市良性互动高质量发展的“领导者”。政府要加强统筹领导，主动协调好政府的教育、财政、人社、税务、科技等部门统筹好规划设计、资源配置、经费保障、教育教学改革、实习实训基地建设、师资培养、科技成果转化、资产监管、风险监控、督导评估等工作。会同行业主管部门、行业组织，引导大学与城市良性互动的有序开展。一是统筹谋篇布局。推动大学与城市的良性互动，要坚持科学规划，不仅让大学与城市焕发出勃勃生机，还要塑造大学与城市发展的核心竞争力。政府要发挥宏观调控作用，紧扣城市经济社会发展，引导大学根据城市经济社会发展需求动态调整学科专业结构、培养高质量专业化人才，积极搭建大学专业教育与城市经济社会发展良好互动环境。要始终坚持规划引领，坚持按照经济发展规律、高等教育发展规律谋篇布局，针对不同大学的实际情况，搞好大学发展规划，以战略目光和鸿篇布局描画发展蓝图，通过政府的立法、规划、意见、指导等宏观调控手段，对大学与城市的互动行为进行引导、评价、规范与保障。政府的规划要确定区域主导产业、优势产业，进一步扩大大学在学科专业设置等方面的办学自主权，引导区域内大学围绕区域产业特色，明确学科、专业发展方向及人才培养目标，从顶层设计上形成学科—专业—产业一体化链条。着眼长远通篇布局，为大学与城市良性互动保驾护航。二是主动搭台唱戏。大学与城市的互动，关键在于推动发展，而人才、科技是推动发展的重要力量。政府在“搭台唱戏”中，首先要重点考虑“搭台”的问题，政府要千方百计做好“搭台”的工作，只要台子搭得好，就一定能发挥大学的人才、科技等资源要素优势，唱响大学、政府和市场互相融合发展的“大戏”。同时，依托城市各种资源，比如产业、企业、企业家、政策拨款等多种方式，科学规划大学布局，推动大学发展。政府也要主动参与“唱戏”，注入有效的政府资源要素与大学的资源要素一起共同服务地方经济社会发展，特别是推动地方产业发展，把能吸引的人才都吸引过来，把能聚集的资源要素都聚集起来，积极构建大学与城市良性互动的组织载体，助力大学学科、专业与区域产业融合发展，包括建设大学创业孵化园、共建产业学院、共建重点实

① 牛军明．形势与选择：大学与城市互动关系的理性审视［J］．当代教育科学，2017（12）：75-78．

验室等，形成良性循环，促进大学与城市良性互动。三是确保推动有力。首先，落实支持政策，政府牵头重点支持校企联合建立技术研究团队，提升企业技术研发水平，共同申报科技创新类项目。支持大学教师参与企业的技术研发和管理工作，并合法取得报酬。支持大学教师发明专利技术，引导专利技术成果向企业转化实施，并取得科技成果转化收入，促进企业技术进步和产业转型升级。优先支持企业技术改造、新产品研发等项目建设，优先支持大学创建一流（重点建设）大学、一流（重点建设）学科专业、实习实训基地建设等。其次，落实保障经费，由地方财政统筹安排校地合作、校企合作经费并纳入财政预算，用于奖励或资助大学与城市良性互动的优质项目。最后，强化责任落实，政府要重点做好规划、政策保障、资源配置、督导评估等工作。通过扶持奖励、入库培育、平台建设、优化环境等措施，为市场主体提供政策支持和服务保障。大学也要加强组织领导，强化责任落实，密切协作配合，细化工作措施，确保各项工作和政策措施落到实处并取得实效。

2. *深化产教融合，充分发挥大学主体作用*

大学是高等教育面向社会的办学实体。在高等教育内部激烈竞争的背景下，大学要在合作中求发展，在服务中获资源，转变城市经济社会发展“与己无关”的错误理念，积极服务城市经济社会发展，同时谋取城市经济社会发展的反哺效应。一是注重科学应变。随着时代发展，经济社会结构发生着重要变化，需要大学形成学科专业动态调整机制，以此带动人才培养、科学研究的变革。大学学科建设水平彰显大学综合实力和核心竞争力。对大学而言，只有构建科学、协调、可持续发展的学科专业体系，才能推动高等教育内涵式发展，培养更多适应时代发展需求的高层次人才。动态调整学科专业布局，防止学科专业设置的雷同、低水平建设现象，引导高校及师生关注国家和社会发展需求，主动对接服务国家战略、区域经济社会和产业发展需要，把握科技和文化创新潮流。打造属于自己的核心竞争力，提升大学教育与城市发展的耦合度。二是强化产教融合。习近平总书记在十九大报告中指出，要深化产教融合。加快一流大学和一流学科建设，实现高等教育内涵式发展。大学应该根据办学层次、学科范围、自身优势，确定在服务城市经济社会发展中的地位和作用。大学不止于作为知识生产和人才培养的重要场所，还日渐参与产业政策制定及商业模式决策。丰富的创意资源、广泛的校友网络以及在知识密集型产业领域内的品牌影响力，均具有不菲的商业价值，并成为大学与其他机构合作联盟的资源基础①。大学要精准对接社会需求、发展战略、产业布局，扛起服务城市经济社会发展的使命任务。合理的产教融合体系是大学实践教育有效实施的重要载体。大学构建产教融合体系要突出区域性、针对性和可操作性，着力培养具备创新意识创业能力

① 朱华晟，赵雪平，吴骏毅，刘兴．大学与城市创意产业空间—网络构建——以北京市规划设计业为例［J］．经济地理，2013，181（03）：84-92．

的高素质专业化人才。依托专业办产业，办好产业促专业。同时，也促进城市经济社会发展。三是做到主动求变。大学要主动推进基层学术组织变革，不断总结经验、凝聚力量、改革创新，建设一套“内部激励、外部拓展”的知识生产和转让体系，构建系统完备的科技创新和学术创业体系，鼓励教师们积极开展技术成果转化，将大学所具备的资源要素服务于城市经济社会发展，提升大学科技成果转化率和实用价值。强化提升大学治理体系和治理能力，从思想认识、行为方式、实施内容等方面主动适应时代变化，主动思考城市需求，主动参与城市建设，与城市同呼吸共命运，为城市发展提供个性化、多样化、高质量的高等教育服务。

3. 激发企业活力，充分发挥市场主导作用

市场经济打破了传统的包分配、“铁饭碗”就业方式，当下大学生就业难正在深刻反映着市场倒逼高等教育改革的趋势。推动大学与城市发展良性互动，政府主要是引导、调节作用，起到主导作用的仍是市场，市场决定着资源要素配置，两者互相结合，才能够推动经济社会的快速发展。大学与城市良性互动，离不开市场这只“无形之手”，离开了市场，大学职能的实现就像“无源之水”难以维持，更是一身抱负，无法施展。一是壮大市场主体。充分发挥大学学科专业优势，结合市场需求，吸引更多的大学孵化器、自然人及社会组织成为市场主体，突出一二三产业一起上，实现大中小微企业全面抓。特别是大学涉及的个转企、小升规、规做精、优上市、独角兽企业等不同类型的市场主体，要根据发展需求，通过个性化定制、针对性发掘寻找、多元化孵化培育、持续性扶持壮大的全过程培育机制，大力推动大学龙头企业、高新技术企业发展，进而推动城市市场主体总量快速增长，以及市场主体质量的明显提升。二是创新经营模式。企业是区域经济的基本细胞，是区域市场的主体。实现大学与城市良性互动，企业要主动担负起社会责任，不断拓宽大学参与城市经济社会建设的途径，将产业和市场需求传导至大学，推进大学教育教学改革和科技创新改革等。要加强与大学的研发协同，重点围绕产业发展的关键技术加强合作、协同创新，引导大学围绕城市产业发展需求，加强基础理论研究及成果转化，培养大学生创新创业能力和动手实践能力，提升大学与城市良性互动实效。三是优化资源配置。从资源要素配置的效率来看，市场经济体制是最有效的方式之一。我国采用的社会主义市场经济体制通过不断的完善，已经能够适应市场环境变化，对城市经济社会发展产生重要影响。强化市场主导作用，通过改善供需关系、科学合理设定价格、营造公平竞争环境等，推动资源要素的合理流动与交换，提高资源要素的使用效率，更好地推动大学、城市的发展。当前，新业态新产业新型市场主体发展极其迅速，就业、医疗等问题还较为突出，大学与城市的良性互动，就必须依靠市场的力量，不断优化资源要素配置，提升资源效能，促使城市经济发展更加符合市场规律，进而促进就业等问题的解决，真正促进大学、城市的持续、健康发展。

第三节　互惠共生：大学与城市良性互动典范

良性互动需要各主体间自身要素的高效运转与交换，并产生可以推动发展的能量。首先，受历史、投入等原因综合影响，大学在办学条件、师资力量等方面均受到一定限制，尤其是缺乏“实战”领域的领军、顶尖人才，在高科技、高附加值成果产出上也不够多，进而导致高水平的科研平台、成果转化平台建设相对落后。受多重因素的影响，大学很难有较高科技成果转化为生产力，那么就很难满足政府期盼和企业发展需求。其次，企业是城市经济发展的主体，当前，我国城市周边普遍以中小企业为主，大多数企业发展基础薄弱，对城市经济社会发展很难有主导作用。同时，政府作为实施良性互动的“领导者”，在强化干预、搭建平台上还不够，也存在重建轻管、重建轻用的现象。在受到市场失灵情况下，政府做出反应的速度不够快，导致城市发展过程中，资源要素流动易出现无序性，影响良性互动效果。互促共生是当代大学与城市关系的主旋律，明确定位，借助各自优势进行深层次的互动是实现双方协调发展的有益方式[①]。所谓共生，是一种生物现象，多指不同的共生单元之间在一定的环境条件下（共生环境）按照一种或多种模式（共生模式）形成的互相存在关系。德国学者德贝里最早对共生理论作出了阐释，起初主要运用在生物学领域，后来逐步运用于社会学、经济学等领域。共生理论体系中包括了共生单元、共生环境、共生模式等要素。大学与城市良性互动系统的共生演化过程都需要建立在完备的共生环境之中，两者具有共生的基础，能够形成稳定的共生关系。在不同的发展阶段，又可以形成不同的共生模式，并努力打造一体化互惠共生的模式。

一、大学与城市良性互动共生关系的构建

存在“目标-利益”耦合是大学与城市良性互动共生关系形成的原动力。突破大学理念的实践论束缚并增加市场和社会捐赠对大学的资源投入，无不需要大学和城市的互利合作。一方面，大学要想获得城市中的政府、社会组织的资源，必须为这些资源投入主体提供相应的产品或服务，同时为他们提供参与大学治理的机会以保障其资源“回报”和正当权益；另一方面，大学只有从灵魂上走进城市，才能践行和创新自己的理念，才能在解决城市问题中形成有价值的学术成果，才能用自己的知识技术造福于城市，发展

① 曲纵翔，赵丽文．从对抗到共生：中世纪大学与城市关系变迁——以牛津大学为例［J］．现代大学教育，2020，181（01）：61-68+111-112．

为具有国际影响力的一流大学[①]。经济因素是大学与城市最终形成共生关系的主要动力，城市的经济水平对大学质量产生了重要影响[②]。大学与城市的互动，主要是将大学发展的“地区维度”嵌入和融入教学和科研等关键职能中，促进社会包容和流动，提供技能培训，通过基础科学研究推动创新[③]。大学是服务城市经济社会发展的主要参与主体之一，大学与城市之间能够形成共生，主要是其组织目标、利益诉求等方面存在一定的耦合性，而且这种耦合关系在一定程度上还具有可靠性和持续性。从组织目标角度来看，大学与城市的总目标是一致的，都是为了更好的发展。各共生单元之间的具体事项、具体目的会有所不同，对大学与城市良性互动的效果会产生一定的影响。从利益诉求来看，也就是共生单元自身的利益出发点，利益的一致性与否，决定了三者之间共生关系能否存在。大学、地方政府、企业三者的利益的共同点较为一致或参与各方的利益诉求可以得到满足时，在大学与城市良性互动的问题上就可以形成共同利益。

在运用共生理论研究大学与城市良性互动时，需要首先确定大学与城市的共生单元，分析其面对的共生环境，并结合实际，构建相适应的共生模式。这样由共生单元、共生环境、共生模式共同组成大学与城市的共生关系。共生单元指的是在共生关系中具有一定的资源要素并且能够形成交换互动的单位或组织，在分析大学与城市互动的问题中，主要指大学、政府、企业等可以形成共生关系的资源要素或基本条件。共生环境主要是指共生单元以外的对大学与城市良性互动产生影响的所有要素的集合。共生模式指的是共生单元之间的大学与城市良性互动过程中的共生方式以及资源要素之间的流动配置方式等。

大学与城市良性互动的共生单元。大学、政府和企业是大学与城市良性互动的三个最重要的共生单元。大学与城市良性互动是大学扎根社会主义办大学的本质要求，也是实现高校服务社会价值的重要途径。大学依托区域经济社会、自然环境特色办学，是地方科技创新与成果转化的重要力量，是地方专业化人才培养、培训的聚集地。特别是学科、专业、研究平台的建设也颇具地方特色，能够很好地适应地方经济社会发展需要。企业是城市发展的主动力，激发企业活力关键在于人才、产业和生态等资源要素的协同发展。在大学与城市良性互动中，政府具有双重角色，一方面自身作为发展主体，通过不断的变革，适应与引领区域经济社会发展。另一方面作为领导者和供给主体，通过法规、政策和规划等“看得见的手”（政府干预）的措施，对大学、企业给予指导和保障，为大学与城市良性互动注入强大推动力。政府的引导、调节、激励等贯穿大学与城市良性互动全过程，使得大学与城市互动各共生主体之间资源要素流动更加有序、高效。大

① 陈星，张学敏．世界一流大学与城市的共生关系及启示［J］．教育发展研究，2018，462（Z1）：1-8.

② 刘晖，李嘉慧．论大学与城市发展的时空逻辑［J］．教育发展研究，2018，38（05）：1-7.

③ 沈蕾娜．互惠与正义：大学与城市协同发展的空间逻辑——以英国大伦敦区为例［J］．国家教育行政学院学报，2020，275（11）：88-95.

学、政府和企业的资源要素互补优势通过大学与城市良性互动形成共生能量，推动各资源要素（人才、技术、信息）在共生主体之间流动，构成各共生主体良性互动的共生界面。资源要素的使用方，将要素流动的效能通过信息流反馈给提供方，形成互动反馈和不断优化改进机制，进而增强三者良性互动的稳定性、可持续性，推动共生系统的良性运转。

大学与城市良性互动的共生环境。共生环境是指共生单元以外的所有要素的总称。大学与城市良性互动是一个系统工程，涉及到城市经济社会发展的各个方面。借助宏观环境分析模型（PEST 分析模型）分析大学与城市良性互动的共生环境，即政治、经济、社会和技术这四大类涉及影响大学与城市良性互动的环境因素。共生环境源于现实存在的宏观环境，容易受到“看不见的手”（市场机制）的影响，共生环境是一个动态、变化的系统，相对于共生单元而言，就充满了不确定性。调动共生环境中的积极因素参与到大学与城市良性互动中来，为共生单元之间的互动提供正向驱动力，于是进行共生环境分析是大学与城市良性互动共生系统构建的关键。当共生单元良性互动、资源要素互补流动和资源配置效率高位运转时，共生环境的驱动因素得到了积极调动。在此基础上，如果对共生环境进一步优化有利于将共生单元的作用关系和资源配置有效率推向更高层次，实现共生关系的进一步稳定和升级，进而使得大学与城市良性互动共生体之间的共生度不断提高。以此类推，良性互动推动良性循环，良性循环推动配置优化。由此，大学与城市良性互动的共生体也会趋于完善，共生单元的资源要素效率达到最优，大学与城市良性互动的共生体价值也达到最大化。

二、大学与城市良性互动的共生模式

共生模式能够使共生单元之间形成物质流、能量流和信息流，同时，包括共生单元之间的相互作用的方式和强度，以及资源要素交换的方式以及交换的数量。共生模式由组织、行为两部分组成。

1. 组织模式

根据组织的互动和合作方式等不同，大学与城市良性互动的共生组织模式可以分为点共生、间歇共生、连续共生和一体化共生等。具体到大学与城市良性互动中，点共生一般是大学与政府或企业之间在某种特定的情景下进行的短时间、一次性、清单式的合作互动关系，这种共生关系一般发生在处于组织共生的初级阶段但会延续很长的时间。间歇共生是具有一定时间间隔的合作互动关系，大学与企业或政府之间有着多次的合作关系，三者能够形成一定的互动，而且互动趋于频繁，关系趋于稳定。连续共生是在一定时间段内为实现大学与城市良性互动三者进行的长期的合作互动关系，共生主体之间的关系更加密切，互动趋于良性，资源要素流动趋于有序，资源配置更加高效。一体化共生是大学、政府和企业建立起全面的战略合作互动关系，促使物质、信息、技术等资源要素在合理空间高效流动。当然，点共生、间歇共生和连续共生是大学与城市良性互动最常见的共生模式，也是大学与城市一体化共生的有效补充。

2. 行为模式

受资源要素流动量和产生效果等因素影响，大学与城市良性互动的共生行为模式可以分为寄生型、偏利型、非对称互惠型和对称互惠型等。在共生的组织模式分析中，可以看出大学与城市良性互动的共生组织模式可以根据实际需要进行调整，没有绝对的最优解。但在共生行为模式中，受到资源要素流动影响，对称互惠型是稳定性最强、有利于建立最佳互动状态的模式。资源要素的流动为共生主体间长期良性互动的动力源泉，资源要素高度的互补性、流动性与稳定性，有助于形成要素禀赋高度融合的多边互动交流机制，这也是共生关系的理想化模式。受大学与城市共生主体个性特征、共生环境变化等影响，在大学与城市良性互动的过程中，非对称互惠型是最常见的一种，政府更多的资源要素通过能量流、信息流转化为企业、大学发展的能量，大学同样将更多的资源要素流向企业与城市，在此过程中，非对称互惠也能够保障共生主体相对稳定的共生关系。

三、打造互惠共生模式

推进大学与城市的协同发展，既要从互惠互利的角度推进大学与城市在知识生产、人才培养和成果转化等方面的优势互补与相互嵌入，又要从空间正义的角度推进大学在城市空间与社会关系再生产中的关键作用，实现城市的协调发展与人的解放，消除空间资源占有与分配的非正义等问题。此外，还要管控好大学与城市之间的背离和冲突[①]。实现大学与城市一体化互惠共生是共生的理想状态。大学与城市面对国家战略时有着共同的责任与使命。大学与城市在良性互动的基础上，需要不断深化组织共建、资源共享、科技共促等，着力推动共同体建设。一是用系统思维推动组织变革。系统思维具有整体性、结构性、动态性与综合性等基本特征[②]。通过系统思维的方法分析大学与城市互动的现状，不难发现，大学作为一个子系统，受到政府和社会主系统制约的同时，也受到内部治理体系的影响。所以，大学与城市的互动是一个内外联动的系统工程。大学针对服务城市发展要制定详细的“路线图”，内部组织职能变革与外部组织共建同步进行，彻底打通高校与城市、企业之间的组织壁垒，把共生主体间的“鲜往来”变为“常来往”。二是以共享理念充分发挥资源效能。高等教育资源的共建共享，是不同的主体为了各自的

① 沈蕾娜. 互惠与正义：大学与城市协同发展的空间逻辑——以英国大伦敦区为例［J］. 国家教育行政学院学报，2020，275（11）：88-95.

② 薛凤冠，王立新. 系统思维下高等教育改革的困境与突破［J］. 教育理论与实践，2017，37（30）：3-6.

利益需要，通过合作的方式实现优势互补，共享合作成果，实现共同发展①。大学与城市资源要素共建共享的主体类型主要包括各级政府、大学和企业。以大学为中心，大学要全面激活人才、学科、平台等资源潜能，服务于城市经济社会发展，服务于企业发展。同时，强化政府、企业资源要素的参与，着力解决共生意识不足、资源要素配置不协调和体制壁垒等问题。通过大学、政府和企业等共生单元的共同治理，资源要素配置更加的科学，资源效率更加高效，共生系统就会平稳顺利运行，这样就可以把封闭的“象牙塔”与城市经济社会一体化协同发展。三是凝聚协同创新合力。长期以来，大学科技创新以自身教师独自创造为主，共生主体间的组织模式也比较分散。通过共生主体间的资源要素分配，将相关学科、研究机构、企业等专业技术人才与大学的研究人员聚集起来，形成服务城市发展的科技创新服务团队。同时，将原本分散的合作项目进行择优整合，以点带面助力科研成果落地转化，带动产业转型升级，把科技创新的“独角戏”变为共谋城市发展的“大合唱”。大学与城市的共同体建设要与城市、企业建立起关系共同体、利益共同体、行动共同体、命运共同体，使命相融、主体共生，全力推动产业高质高效、生活宜居宜业、人民富裕富足。

① 王成端，叶怀凡，程碧英. 高等教育资源共建共享——基于成渝经济区现状的考察及思考[J]. 中国高教研究，2017，282（02）：48-53.

第八章

研究结论与展望

通过对大学与城市良性互动的理论分析，并开展了大学与城市互动的国外考察，还分别以大学、政府和企业为主导进行了大学与城市良性互动的模式研究，最后，有针对性地提出了大学与城市良性互动的策略。从研究的结果来看，大学与城市良性互动在不同的条件下，可以选择不同的互动模式。具体的模式选择主要由所处的环境、自身优势和现实阻力来确定。当前，大学与城市良性互动的主要阻力来源于互动主体的个体差异、组织体系的缺失以及作用发挥欠佳等方面。综合来看，大学与城市的良性互动需要具备“天时、地利、人和”，才能真正实现共生共赢的发展局面。这里的“天时”就是要充分利用国内外有利环境为大学与城市良性互动提供强大的“推力”；还要具备“地利”，充分发挥政府的顶层设计作用，推动城市高质量发展，大学恰恰可以为其发展注入“活力”。所谓“人和”就是充分发挥大学与企业的产教融合优势，不断激活市场主体活力，把大学、企业的资源要素调动、融合起来，充分发挥其能量作用。使大学融入到城市经济社会发展的“血脉”之中，真正实现大学与城市的共生共赢。

一、主要结论

1. 为大学与城市良性互动研究提供一个理论分析框架。在对国内外大学与城市良性互动的研究现状进行文献分析的基础上，分别从哲学视角、政治学视角、社会学视角、生物学视角进行系统的研究与理论准备，发现学者们的研究更多倾向于大学与城市在经济、文化、竞争力等方面的互动研究，对大学全面融入城市的研究还不够充分。虽然大学与城市互动路径研究也较为普遍，但都体现为讲述从对抗到互动的历史、互动模式及策略，对于机制性研究较少，尚没有形成系统的理论分析框架与理论支撑体系。因此需要对大学与城市良性互动的内在机制、运行机制与互动模式等进行深入研究。

2. 从国外大学与城市的互动历程来看，我国的大学与城市互动不能照搬照抄，需要实事求是、因地制宜，形成独具特色的大学与城市良性互动的典范。从欧洲和美国大学与城市互动的发展历程来看，在受到国内革命和国家经济社会发展影响的同时，受工业技术革命影响较大，而且发展时间早，大学与城市的融合度很高。日本和俄罗斯等国家的大学与城市互动，政府参与度较高，发展进程相对不够快，对于我国早期的大学与城市互动具有较大影响，特别是受到苏联时期高等教育的影响较深，在学科分布、专业设置上仍有很多需要改进的地方。我国的大学与城市的关系愈加密切，发展正处于上升期，两者之间的良性互动关系需要进一步加强，让大学真正地融入城市，也让城市真正地拥有大学。

3. 分析大学与城市良性互动存在的现实阻力，寻找良性互动的路径。现实中参与到大学与城市良性互动的主体单元较多，而且每个主体都有自身特性，其自身所具备的资源要素也各不相同，资源要素流动交换的意向程度也不同，导致了资源要素配置的不确定性。此外，即使建立了一定相互联系沟通的机构，也因组织化程度不够高，大多数时间是“需要的时候联系”，互动主体彼此之间没有建立起资源要素流动和交换的长期有效的互动机制。当面对重要事项、突发事件时，积极的响应机制也不够健全，极易造成资源要素配置短缺或过剩的情况。面对众多阻力因素，研究中找到了大学与城市良性互动的动力来源，有来自内外环境的强大“推力”，大学注入的“活力”和城市提供的“动力”。通过资源要素的流动、交换、反馈机制确定了大学与城市良性互动关系，并找到了以政府引导、市场主导和大学主体的良性互动路径。

4. 基于学术驱动、政府推动、市场引领三个方面资源要素的流向与交换，构建了大学与城市良性互动的模式。以大学为主导的学术驱动模式，这种模式的优势在于可以充分发挥大学的作用，特别是在高等教育资源整合、科技创新研究和人才聚集等方面优势明显，但由于大学本身“先天受限”，“造血”功能没有充分发挥，进而造就了其办学空间、资金投入、学科专业和师资队伍建设等方面受到限制。以城市为主导的政府推动模式，受自身历史与苏联影响，较多地采用约束性措施，通过法律、法规、税收等，强有力的手段进行推动大学与城市的互动。不过随着经济社会的发展，政府更多地采用引导性措施，在城市规划设计、出台指导意见和建设现代产业学院等方面引导大学与城市互动，并提供相应的保障。政府主导也存在一定的局限性，比如忽然市场规律和高等教育发展规律、灵活性不够高等。以企业为主导的市场引领模式，主要考虑市场的主体作用，由市场进行资源要素的配置，注重大学与城市良性互动的资源要素配置效率，市场为主导是“看不见的手”的行为，也会出现“失灵”的情况，而且教育自身发展规律与市场规律也有所不同，为了更好地发挥这种高效的资源配置模式的作用，就需要加强政府“看得见的手”的调控，才能行稳致远。

5. 共生视角下的大学与城市良性互动研究。共生理论对大学与城市关系的研究具有很强的适用性，互动主体之间存在“目标-利益”耦合促使大学与城市共生关系的形成。通过对共生单元、共生环境的分析，进一步清晰了大学、政府和企业的共生关系，以及资源要素在共生环境的影响下的流动趋向。大学与城市良性互动共生模式包括了组织模式和行为模式两种，每一种模式又可以分为不同的类型，其中，一体化共生是最全面的共生组织模式，能够促进物质、技术、信息等能量在共生单元中进行高效配置。对称互惠型是共生关系的理想化行为模式，受大学与城市共生主体个性特征、共生环境变化等影响，非对称互惠型行为模式成为保障共生主体相对稳定的共生关系。从资源要素流动量和产生的效果着重考虑，提出了打造大学与城市良性互动的互惠共生模式的具体措施。

二、研究展望

大学与城市良性互动是城市经济社会发展的重要一环，是推动城市高质量发展与区域、国家协同发展的重要基础与保证。通过文献综述发现，大学与城市协同发展的研究已经取得了较为显著的成果，在经济、社会、技术创新等方面上获得了一定成功，并且已经能够形成良好的协同发展效应。结合我国大学与城市发展的历史进程与现实基础，从多个理论分析角度对大学与城市良性互动进行了探索，但由于作者水平、研究时间等所限，研究上仍存在一些不足及有待进一步深入探讨的问题。

1. 城市经济社会发展是一个包含众多主体要素和资源要素，同时还包括各种组织、协同主体要素和资源要素进行配置的体系、制度、政策等，进而形成一个庞大而又复杂的生态系统。那么，在本研究中构建了大学与城市良性互动的内在机制，分析的参与主体是大学、政府和企业之间的内在机制，与涉及大学、城市发展的众多要素来比，显然是不足的。同时，对于大学、政府和企业三者的良性互动的理论分析、选取范围、优势缺点、演化阶段和作用机理等都还是初步的探讨阶段，需要在今后的研究中进一步发展完善，尽可能覆盖到对大学与城市良性互动各主体要素。

2. 初步构建大学与城市良性互动的运行机制，但是对于涉及到政治、经济、文化、技术、社会、人口等诸多资源要素的复杂城市系统而言，构建能够推动城市发展，又能充分发挥大学资源要素作用的运行机制，还需要进一步的深入探讨和努力。研究中，运用定性和案例相结合的方法比较多，运用到实践的定量的分析还有待进一步加强，这也将是本研究下一步对大学与城市良性互动深入研究的主要方向。

3. 基于共生理论打造大学与城市互惠共生的良性互动模式，但是该模式还是在理论层面的理想状态。大学的学科专业、人才培养、科学研究都存在着较大差异，城市的发展也是参差不齐。同一所大学在面对城市不同的发展阶段，进行共生的资源要素配置是有差异的，同一座城市面对不同的大学，需要获取的资源要素也各不相同，城市用于交换的资源要素也不相同。由此，很难用一种模式去框定大学与城市良性互动的模式。共生的最好状态就是资源要素的高效配置，需要进一步梳理大学与城市良性互动的关键性因素，让大学与城市在选择合作互动之初就能根据关键因素选择合适的模式，并能够根据影响因素的变化，及时调整互动模式。

4. 本研究中尚未涉及大学与城市良性互动的绩效评价问题。最直观的评价是大学与城市都得到彼此想达到的发展状态。那么大学、城市所涉及的资源要素发挥的效能对发展的推动作用还就有待考量。在针对部门资源要素数据的实证调研中发现，有些城市的统计数据较难获得，且不同的部门统计口径还存在不一致的情况，同时，还有大学统计的数据与城市的数据无法形成互相佐证等问题，造成数据收集存在较大的局限性，数据的局限性也就对实证分析造成较大影响，很难通过定量或指标来衡量大学与城市良性互动效果。随着大学、城市互动体系的逐步发展，对收集大学与城市互动相关数据也将会更加科学、合理和完善，进而为实证分析提供更加可靠和有效的支撑。届时，可以有针对性、深入地开展大学与城市良性互动评价的实证分析。